覚えやすく、学びやすい、ソムリエ試験対策問題集

2024年度版

CBT方式に勝つ！
受験のプロが分析した出題高確率の

1250問

藤代浩之、藤代美穂

（ワインクリンクス）

はじめに

　この本を手に取ってくださったみなさん、はじめまして。ワインクリンクスです。私達は2011年にワインの資格取得をサポートする仕事を開始し、2015年から東京・六本木でワインスクールを主宰しています。

　みなさんがめざしている「ソムリエ」「ワインエキスパート」は、「ワインのプロ」の資格です。「難しい」と思われていますが、司法試験や気象予報士試験などに比べると、合格率は高い資格です。特に一次試験に関しては、約半年間、学習にしっかりと時間を充当できれば、ほとんどの方が通過できるはずです。しかし、実際に資格取得をめざして分厚い教本を手に取ってみると、その膨大な情報量に驚かれることでしょう。ですが、教本はプロへのバイブルであることに違いなく、試験では教本に記載されている内容からしか出題されませんし、応用力が問われるものでもありません。「暗記力」がモノをいう内容です。

　資格取得にチャレンジしようと考えているのは、酒類飲料業界に従事している人か、ワイン愛好家など、それぞれ忙しい方々ばかりだと思います。「時間がない中で、どう勉強すれば良いのか？」という戸惑いも当然でしょう。そうした方々にとって最も重要なのは、しっかりとした出題傾向の分析と情報力をもとに、効率的な「覚え方」で知識を積み上げていくことです。

　本書は、従前より出題されてきた「ワインのプロ」として必須の項目や、CBT方式導入後の出題傾向を徹底的に分析して作成した問題集です。2019年の発売以来、多くの受験生にご活用いただき、合格へと導いてきた問題の内容をさらに精査し、よりパワーアップした「一次試験合格」のための1冊に仕上げました。2024年度版の1250問とともに一緒に頑張りましょう！

藤代ワイン塾主宰
㈲ワインクリンクス

藤代浩之
藤代美穂

大きく変化した一次試験の、傾向と対策

　2018年度から一次試験にCBT方式が導入され、今年で7年目となります。CBT方式とは、Computer Based Tastingのことで、試験期間中、各々の都合の良い日程・試験会場を選び、コンピューターを使用して実施される試験です。AIによる問題抽出で試験の総合的な難易度は公平化されますが、問題は受験者それぞれにランダムに出題されます。従来の「すべての問題が全受験者共通」というかたちではなくなったのです。

　2017年度までは試験問題が公開され、いわゆる"過去問"として受験者に活用されていましたが、CBT方式の導入によって、そうしたかたちの過去問は存在しなくなりました。出題内容についても変化があります。これまで頻繁に出題されてきた問題に加え、それぞれのカテゴリーの中でかなりマニアックな問題も増えつつあります。そうした傾向は引き続き今後の試験の特徴になりそうです。

　CBT方式導入後、合否を分けているのは、「しっかりとした基礎知識の土台と、"最新の出題傾向への対応力"を持ち合わせているかどうか」であるといえます。「対応力」は簡単に身に付くものではありません。最新の情報を収集してから記憶として定着させるまでには、時間も集中力も必要になります。おそらく今後もこの傾向は継続します。「絶対に失点してはならない基礎知識」を土台に、上級の知識を積み重ねていくことが必要です。

　実際のCBT方式の試験では、ソムリエ協会はかなりの数の問題を作成、ストックしていると思われますが、本書に掲載されている1250問は、それぞれの解説と併せて学習することで問題数の2倍あるいは3倍以上の内容になるはずです。ぜひ、「本書の使い方」をよく読んでご活用ください。現在の一次試験は、試験期間内に2回の受験が可能であり、2019年度からは受験後即時に合否の判定を得られるようになりました。2回の受験機会の中で各々の戦略を立て、一次試験通過を確実なものにしましょう。

本書の使い方

　本書は、「ワイン概論」「酒類飲料概論」に関する問題からスタートし、その後、国別の問題が「日本」からはじまります。各国の登場順は『2024 日本ソムリエ協会 教本』に準じています。また、掲載している問題については、各国の情報などを独自に確認し、できる限り最新の内容を反映しています。

　問題には、「必」や「難」といったマークが付いているものと、それらのマークが付いていない「無印」のものとがあります。このマークは、2018年度までの過去問題及び昨年度の出題傾向などを分析した結果に基づいて記してあります。本書では、これらのマークの有無によって問題を3つのタイプに分けています。

★　難易度別三段階方式
①「必」　　　出題傾向がかなり高く、「絶対に失点してはいけない」問題
②「無印」　　出題傾向が高く、「基礎的な知識として覚えるべき」問題
③「難」　　　「教本を読み込まないと解答できない」、上級レベルの問題

　教本を手に取り、「必」の問題の内容が記載されている箇所を読み込んでみましょう。まずは、「必」問題にしっかりと取り組み、そのうえで再度教本を参照しながら、「無印」「難」問題へと知識を広げていきましょう。右頁には各問題の正解に加え、覚えておくべきポイントも赤字にしてあります。チェックシートを使って「解説」の内容も充分に理解し、覚えてください。また、同じ問題にも繰り返しトライすることが、「記憶」の定着につながります。

　この本には1250問の問題が掲載されていますが、解説部分もしっかりと読み込めば、2倍以上の問題数をこなすことになるはずです。地図問題にもどんどん自分で書き込みをしましょう。余白に自分なりのコメントや書き足しをすることで、この問題集が「究極のバイブル」に成長することでしょう。

　CBT方式による1次試験は、今年で7年目となります。「過去問」だけに頼ることなく、基礎的な知識とともに、伝統と進歩という両面を持つワイン業界のトレンドにも敏感になる必要があるでしょう。日本ソムリエ協会の教本には、そうした幅広い内容がたくさん掲載されています。この問題集からポイントを掴み、効率よく教本の内容を理解していきましょう。この本を手に取ってくださったみなさんが、無事に1次試験を突破され、次のステップに進まれることを心より願っています。

＊本書で使用している表記は、『2024日本ソムリエ協会　教本』（一般社団法人 日本ソムリエ協会）とは異なる場合があります

＊とくにカタカナ、数値、原語などについては、参考文献に応じて適切と思われるものを採用しています

＊参考文献一覧を巻末に掲載しました

デザイン／矢内　里

編集／吉田直人、丸田　祐

CONTENTS

① ワイン概論

1 日本の酒税法において混成酒類のものを1つ選べ。

1. ラム 　　2. クレーム・ド・カシス
3. ジン 　　4. ウォッカ

2 日本の酒税法において粉末酒はどれに分類されるか、1つ選べ。

1. 混成酒類 　　2. 発泡性酒類 　　3. 蒸溜酒類 　　4. 醸造酒類

3 ブドウ1kgから搾汁される果汁の量を1つ選べ。

1. 400〜600mℓ 　　2. 600〜800mℓ
3. 800〜1,000mℓ 　　4. 1,000〜1,200mℓ

4 ワインの中の有機酸のうち主に発酵によって生成される酸を1つ選べ。

1. コハク酸 　　2. 酒石酸 　　3. リンゴ酸 　　4. クエン酸

5 次の記述に該当する、ワイン中に含有される有機酸を1つ選べ。

「貴腐ワインの熟成中に酸化され粘液酸となり、さらにカルシウム塩となって白色結晶の粘液酸カルシウムとして折出する」

1. グルコン酸 　　2. ガラクチュロン酸
3. 酒石酸 　　4. コハク酸

6 酒石は主として酒石酸と何が結合したものか、1つ選べ。

1. ナトリウム 　　2. マグネシウム
3. カリウム 　　4. ヘリウム

1 　正解　2．クレーム・ド・カシス（リキュール）
　解説　混成酒類にはリキュールのカテゴリーが含まれ、そのリキュールの中にはクレーム・ド・カシスの他、パスティス、キュラソー、アマレットがある。

2 　正解　1．混成酒類
　解説　混成酒類には粉末酒のほか、みりん、合成清酒、甘味果実酒、リキュール、雑酒が含まれる。

3 　正解　2．600〜800mℓ
　解説　ワインは基本的に醸造の際、「仕込み水」として水を用いることはない。

4 　正解　1．コハク酸
　解説　酒石酸、リンゴ酸、クエン酸はいずれもブドウに由来する酸。

5 　正解　2．ガラクチュロン酸
　解説　1．グルコン酸 ⇒ 貴腐化することで濃度が上がる有機酸
3．酒石酸 ⇒ ブドウに由来する酸
4．コハク酸 ⇒ 発酵によって生成される酸

6 　正解　3．カリウム
　解説　ワインの中に析出する酒石は、ブドウの中の酒石酸とカリウムなどが結合し、それが不溶化することにより析出するもの。

7 [難] ワインの中のリンゴ酸が、乳酸菌によって乳酸と炭酸ガスに分解される際に生成される香気成分を1つ選べ。

1. Ester　　　2. Precursor
3. Phenol　　4. Diacetyl

8　一般的なワインの通常pH（水素イオン指数）の値を1つ選べ。

1. pH2.2〜2.8　　2. pH2.9〜3.8
3. pH3.7〜4.3　　4. pH4.4〜4.9

9　醸造法におけるワインの分類でFlavored Wineに属するものを1つ選べ。

1. Sherry　　2. Madeira　　3. Sangria　　4. Perlwein

10　醸造法におけるワインの分類でFortified Wineに属するものを1つ選べ。

1. Vermouth　　2. Marsala　　3. Petillant　　4. Lillet

11　醸造法におけるワインの分類でVin Doux Naturel（V.D.N.）が属するカテゴリーを1つ選べ。

1. Flavored Wine　　2. Still Wine
3. Fortified Wine　　4. Sparkling Wine

12　EU加盟国のワイン法による品質分類において、地理的表示保護を指すものを1つ選べ。

1. P.D.O.　　2. D.A.C.　　3. I.G.P.　　4. D.O.P.

13　EU のラベル表記の規定において、収穫年を記載する場合の最低ブドウ使用比率を1つ選べ。

1. 75%　　2. 85%　　3. 95%　　4. 100%

---

7 正解 4．Diacetyl（ダイアセチル）

解説 ワインの中のリンゴ酸が、乳酸菌によって乳酸と炭酸ガスに分解される発酵をマロラクティック発酵と呼び、発酵中にはダイアセチルや少量の酢酸なども生成される。

8 正解 2．pH2.9 〜 3.8

解説 ワインは長期に保存が可能な代表的な食品である。その最も大きな理由はワインが高濃度のエタノールを含み、またその水素イオン指数がpH2.9 〜 3.8と非常に低いことにある。

9 正解 3．Sangria（サングリア）

解説 1．Sherry（シェリー）⇒ Fortified Wine（フォーティファイドワイン）
2．Madeira（マデイラ）⇒ Fortified Wine
4．Perlwein（パールヴァイン）⇒ Sparkling Wine（スパークリングワイン）

10 正解 2．Marsala（マルサラ）

解説 1．Vermouth（ヴェルモット）⇒ Flavored Wine（フレーヴァードワイン）
3．Pétillant（ペティヤン）⇒ Sparkling Wine
4．Lillet（リレ）⇒ Flavored Wine

11 正解 3．Fortified Wine（フォーティファイドワイン）

解説 Fortified Wineは酒精強化ワイン。醸造中にブランデーやアルコールを添加し、コクをもたせるとともに保存性を高めたもの。スペインのSherry、ポルトガルのPortとMadeira、イタリアのMarsala、フランスのV.D.N.（Vin doux naturel ／ヴァン・ドゥー・ナチュレル）、V.D.L.（Vin de liqueur ／ヴァン・ド・リキュール）などがある。

12 正解 3．I.G.P.

解説 地理的表示保護は英語：P.G.I.、フランス語・イタリア語・スペイン語・ポルトガル語：I.G.P.、ドイツ語：g.g.A.。原産地呼称保護はEUではA.O.P.、英語：P.D.O.、フランス語：A.O.C.、イタリア語・スペイン語・ポルトガル語：D.O.P.、ドイツ語：g.U.。

13 正解 2．85%

解説 収穫年及び単一のブドウ品種名を記載する場合は、そのブドウ品種を85%以上使用しなければならない。

14 スパークリングワインにおいて、Asciutto の残糖量を1つ選べ。

1. 12g/ℓ未満　　　2. 12～17g/ℓ
3. 17～32g/ℓ　　　4. 32～50g/ℓ

---

15 スパークリングワイン以外において、ドイツの Lieblich と同じ残糖量のカテゴリーに入るものを1つ選べ。

1. Moelleux　　　2. Trocken　　　3. Semiseco　　　4. Abboccato

---

16 EU の栽培地域のゾーン区分において、フランス：ブルゴーニュはどの Zone に区分されるか1つ選べ。

1. Zone A　　　　2. Zone B
3. Zone C- I　　　4. Zone C- II

---

17 EU の栽培地域のゾーン区分において、Zone B に区分される地域を1つ選べ。

1. ギリシャ　　　2. フランス：シャンパーニュ
3. スペイン　　　4. ドイツ

---

18 世界主要ブドウ種の中で、フィロキセラや雨が多い気候には弱いが、乾燥した気候に適応しているブドウ種を1つ選べ。

1. Vitis vinifera　　　2. Vitis amurensis
3. Vitis labrusca　　　4. Vitis rupestris

---

19 「Foxy flavor」と呼ばれる香りを持つブドウ種を1つ選べ。

1. Vitis labrusca　　　2. Vitis amurensis
3. Vitis vinifera　　　4. Vitis coignetiae

---

14 正解 3. 17〜32g/ℓ

解説 残糖量が17〜32g/ℓなのはイタリアではAsciutto（アシュット）と Secco（セッコ／Dry）。ほかに17〜32g/ℓのカテゴリーなのはフランスの Sec（セック）、ドイツのTrocken（トロッケン）、スペインのSeco（セコ）。

15 正解 1. Moelleux（モワルー／フランス）

解説 Moelleux の残糖量はドイツのLieblich（リープリッヒ）と同じで、 Demi‐Sec の条件を上回る45g／ℓ未満。同カテゴリーにはほかにイタリア の Amabile（アマービレ）、スペインのSemidulce（セミドゥルセ）がある。

16 正解 3. Zone C‐I

解説 Zone C‐Iには、フランス：ボルドー、イタリア北部、スペインが含 まれる。

17 正解 2. フランス：シャンパーニュ

解説 Zone Bには、フランス：シャンパーニュ、ロワール、アルザスが含 まれる。

18 正解 1. Vitis vinifera（ヴィティス・ヴィニフェラ）

解説 ChardonnayやMerlotなど多くのブドウ品種はVitis viniferaに属し ている。

19 正解 1. Vitis labrusca（ヴィティス・ラブルスカ）

解説 Vitis labruscaは北米大陸原産。湿った気候に適応し、耐病性も強い。

20 世界の主要ブドウ種の中でアジア系種を1つ選べ。

1. Vitis amurensis　　2. Vitis vinifera
3. Vitis riparia　　4. Vitis labrusca

21 ブドウの果粒において「酒石酸、リンゴ酸、ブドウ糖などが含まれる部分」を1つ選べ。

1. 果肉　　2. 種子の間　　3. 果皮の内側　　4. 梗

22 ブドウの生育サイクルで「Pleurs」が意味するものを1つ選べ。

1. 展葉（てんよう）　　2. 萌芽（ほうが）
3. 樹液の溢出（いっしゅつ）　　4. 土寄せ

23 ブドウの生育サイクルで「畝くずし」を意味するものを1つ選べ。

1. Débuttage　　2. Floration
3. Rognage　　4. Vendange

24 北半球の温暖な地域における、開花から収穫までの日数を1つ選べ。

1. 約50日　　2. 約100日　　3. 約150日　　4. 約200日

25 ブドウが充分に成熟するのに必要とされる生育期間の日照時間を1つ選べ。

1. 500～1,000時間　　2. 1,000～1,500時間
3. 1,500～2,000時間　　4. 2,000～2,500時間

26 ブドウの栽培に必要な年間降水量を1つ選べ。

1. 500～900mm　　2. 900～1,300mm
3. 1,300～1,700mm　　4. 1,700～2,000mm

20 正解 1. Vitis amurensis（ヴィティス・アムレンシス）
解説 代表的なアジア系種は、Vitis amurensis、Vitis coignetiae（ヴィティス・コワニティ）。Vitis vinifera（ヴィティス・ヴィニフェラ）は欧・中東系種、Vitis riparia（ヴィティス・リパリア）と Vitis labrusca は北米系種。

21 正解 1. 果肉
解説 果肉には酒石酸、リンゴ酸、ブドウ糖などが含まれ、さらに若干の風味成分も含まれていて、主に水分からなる。

22 正解 3. 樹液の溢出（いっしゅつ）
解説 英：Sap bleeding ／サップ・ブリーディング、仏：Pleurs ／プルールは樹液の溢出を意味する。冬眠から覚めたブドウが活動を再開し、冬期剪定した枝の切り口から樹液が滴ること。

23 正解 1. Débuttage（デビュタージュ）
解説 「畝（うね）くずし」のことを英：Dehilling ／ディヒリング、仏：Débuttage ／デビュタージュという。

24 正解 2. 約100日
解説 品種によるものの、開花（英：Flowering ／フラワリング、仏：Floraison ／フロレゾン）から収穫（英：Harvest ／ハーヴェスト、仏：Vendange ／ヴァンダンジュ）までは、一般的には約100日が目安となる。

25 正解 2. 1,000 ～ 1,500時間
解説 日照の強さでは、南向きの斜面に位置するブドウ畑のほうが、北向きの斜面よりも有利と言える。

26 正解 1. 500 ～ 900mm
解説 ブドウは発芽期から果粒軟化期まで十分な水分が必要となり、年間降水量は500 ～ 900mmが望ましい。

27

[難]

土壌の種類によってどのような違いがあるかを把握する指数：陽イオン交換容量の略号として正しいものを1つ選べ。

1. AXR   2. 5BB   3. CEC   4. SO4

28

[難]

フィロキセラ対策としての台木用ブドウを考案した人物を1人選べ。

1. セルジュ・ルノー博士
2. ジョン・ペズット博士
3. ジュール・エミール・プランション博士
4. ジャン・マルク・オルゴゴゾ教授

29

大台木原種の中で、「乾燥土壌に強い」「石灰質土壌に強い」「挿し木の際に根が出にくい」といった特徴を持つものを1つ選べ。

1. V. riparia   2. V. rupestris   3. V. berlandieri

30

支柱間に張った針金と柱などに枝を誘引し、樹形を地面に対して垂直な平面にする仕立て方で、長梢剪定と短梢剪定に分けられる仕立て方を1つ選べ。

1. 棒仕立て   2. 棚仕立て   3. 株仕立て   4. 垣根仕立て

31

下記の図柄に該当するブドウの仕立て方を1つ選べ。

1. Guyot Double   2. Gobelct
3. Cordon Royat   4. Guyot Simple

---

27 【正解】 3．CEC

【解説】 Cation Exchange Capacityを略してCEC。一般的にCECは土壌粒子の表面にどれだけの陽イオンを保持できるかの尺度で、その量が大きいほど土壌の保肥能力の高い土壌であるとされている。

28 【正解】 3．ジュール・エミール・プランション博士（モンペリエ大学）

【解説】 Jules Emile Planchon博士は、V. riparia（ヴィティス・リパリア）、V. rupestris（ヴィティス・ルペストリス）、V. berlandieri（ヴィティス・ベルランディエリ）の根に強いフィロキセラ耐性があることを発見し、これらを台木とすることを考案し、フィロキセラ対策を推進した。

29 【正解】 3．V. berlandieri（ヴィティス・ベルランディエリ）

【解説】 1．V. riparia ⇒ 湿った土壌に強い。石灰質土壌に弱い。収量少なめ
2．V. rupestris ⇒ 乾燥土壌に強い。石灰質土壌に弱い。収量多め

30 【正解】 4．垣根仕立て

【解説】 長梢剪定（ちょうしょうせんてい）はGuyot Double（ギヨ・ドゥーブル）とGuyot Simple（ギヨ・サンプル）、短梢剪定（たんしょうせんてい）はCordon Royat（コルドン・ロワイヤ）。

31 【正解】 2．Gobelet（ゴブレ）

【解説】 仏：Gobelet（＝英：Head training／ヘッド・トレーニング、Bush training／ブッシュ・トレーニング）は「株仕立て」のこと。南フランス、スペイン、ポルトガルなど、主に乾燥地で樹勢の強くない品種に使われる。

32 「短梢剪定」として広く用いられている仕立て方を1つ選べ。

1. Cordon Royat　　2. Guyot Simple
3. Gobelet　　4. Guyot Double

---

33 ブドウ樹の仕立て方で、モーゼルなどの急斜面の畑に用いられ、2本の枝がハート型のようになる仕立て方を1つ選べ。

1. 棒仕立て　　2. 垣根仕立て　　3. 株仕立て　　4. 棚仕立て

---

34 南フランスやスペインなどの乾燥地で用いられる、新梢を針金や棒に固定しない仕立て方を1つ選べ。

1. Gobelet　　2. Guyot Simple
3. Guyot Double　　4. Cordon Royat

---

35 Pergola と言われる仕立て方を1つ選べ。

1. 棚仕立て　　2. 株仕立て
3. 棒仕立て　　4. 垣根仕立て

---

36 日差しの強いイタリアやポルトガルなどで使われる仕立て方を1つ選べ。

1. Gobelet　　2. Pergola
3. Guyot Double　　4. Cordon Royat

---

37 「受粉、結実不良により、果房に付く果粒が少なくなり、ブドウの収穫量が減る現象」を何というか、1つ選べ。

1. Phylloxera　　2. Coulure
3. Xylella fastidiosa　　4. Millerandage

---

32 【正解】 1. Cordon Royat（コルドン・ロワイヤ）
【解説】 Cordon Royatは垣根式の短梢剪定として世界で広く採用されている。主幹から枝を左右に分け、その枝に2芽の短梢を等間隔に整える方法。

33 【正解】 1. 棒仕立て
【解説】 棒仕立ては、ドイツのモーゼル、フランスのローヌ渓谷地方北部などで用いられており、針金で垣根を張ることができない急斜面に適している。

34 【正解】 1. Gobelet
【解説】 仏：Gobelet（＝英：Head training ／ヘッド・トレーニング、Bush training ／ブッシュ・トレーニング）は「株仕立て」のこと。新梢を針金や棒に固定しないシンプルな仕立て方。

35 【正解】 1. 棚仕立て
【解説】 仏：Pergola ／ペルゴラ（＝英：Overhead vine training ／オーバーヘッド・ヴァイン・トレーニングは「棚仕立て」のこと。降雨量の多い地域では、雨による跳ね返りや害虫からブドウを守り、ブドウ果実が人の目の高さになることで細かい手入れが行いやすく、生食用ブドウの栽培に適用されることが多い。

36 【正解】 2. Pergola（ペルゴラ）
【解説】 仏：Pergola（＝英：Overhead vine training ／オーバーヘッド・ヴァイン・トレーニング）は植栽密度が低いことが多く、樹体は比較的大きくなる。降雨量の多い日本などの地域に向く仕立て方でもある。

37 【正解】 2. Coulure（クリュール／クルール）
【解説】 花振い（花流れ）とも呼ばれ、開花結実期の低温・多雨など光合成が妨げられる様々な原因で起こる現象。

38
（必）

ブドウが完全に肥大せずに小粒の状態を含むもの何というか、1つ選べ。

1. Coulure   2. Phylloxera
3. Millerandage   4. Xylella fastidiosa

39
（必）

防除に「ボルドー液」が有効とされる病害はどれか、1つ選べ。

1. Ripe rot   2. Powdery mildew
3. Grey mold   4. Downy mildew

40
（必）

ボトリティス・シネレア菌が引き起こすブドウの病害を1つ選べ。

1. Grey mold   2. Ripe rot
3. Downy mildew   4. Powdery mildew

41
（必）

開花時に硫黄を含んだ農薬を散布することが有効とされる病虫害はどれか、1つ選べ。

1. Mildiou   2. Oïdium
3. Pourriture grise   4. Ripe rot

42
（必）

収穫期のブドウ果実を侵し、腐敗・ミイラ化させる病害で、日本でのブドウ病害被害中最大のものを1つ選べ。

1. Ripe rot   2. Grey mold
3. Downy mildew   4. Powdery mildew

43
（必）

最も古くからあるカビによる病気で、菌類が剪定の際ブドウの切り口から感染し、ブドウ樹を枯れ死させる病害を1つ選べ。

1. ESCA   2. Leaf roll   3. Fleck   4. Corky bark

---

38 正解 3. Millerandage（ミルランダージュ）
解説 ブドウのサイズが大粒と小粒が混合した不揃いの状態をMillerandage
と呼ぶ。

39 正解 4. Downy mildew（ダウニー・ミルデュー）
解説 英：Downy mildew（＝仏：Mildiou／ミルデュー）。ベト病のことで、
1878年にヨーロッパで被害が発見された。防除するにはボルドー液が有効
（Downy＝綿）。

40 正解 1. Grey mold（グレー・モールド）
解説 英：Grey mold（＝仏：Pourriture grise／プリチュール・グリース）
は灰色カビ病のこと。防除にイプロジオン水和剤などを使用する。

41 正解 2. Oïdium（オイディウム）
解説 仏：Oïdium（＝英：Powdery mildew／パウダリー・ミルデュー）は
ウドンコ病のこと。

42 正解 1. Ripe rot（ライプ・ロット）
解説 Ripe rotは晩腐病のこと。Ripe＝熟した、rot＝腐敗）。防除として休
眠期にベンレート（ベノミル剤）を散布することが有効。

43 正解 1. ESCA／エスカ
解説 ESCAとともにカビによる病害にExcoriose／エスコリオーズがある。

44 **必** シャープシューターと呼ばれるヨコバイ科の昆虫が媒体となる病害を1つ選べ。

1. ミルランダージュ 　　2. ピアス病
3. フィロキセラ 　　4. 灰色カビ病

---

45 **必** ウイルス病による病害を1つ選べ。

1. Crown gall 　　2. Excoriose
3. Corky bark 　　4. ESCA

---

46 ワインの醸造において、澤を取り除くためタンク内の上澄みワインを別の容器に移し替える作業を1つ選べ。

1. Collage 　　2. Égrappage 　　3. Soutirage 　　4. Pigeage

---

47 発酵・貯蔵する際、気密性が高くワインの酸化を防ぎやすいものを1つ選べ。

1. 木樽 　　2. ステンレスタンク
3. オーク樽 　　4. コンクリートタンク

---

48 ボルドーで使用される225ℓ容量の樽の名称を1つ選べ。

1. Pièce 　　2. Butt 　　3. Puncheon 　　4. Barrique

---

49 ワインは樽の中で徐々に蒸発していき、その蒸発した分の空寸を埋めるため補酒することを何というか、1つ選べ。

1. Élevage 　　2. Égrappage 　　3. Foulage 　　4. Ouillage

---

50 ヨーロッパを中心に自生している、学名では「Quercus petraea」と呼ばれるオーク材を1つ選べ。

1. ペドンキュラータ・オーク 　　2. ホワイト・オーク
3. セシル・オーク 　　4. ブラック・オーク

---

44 **正解** 2．ピアス病（Pierce's Disease）

解説 ピアス病は、シャープシューターと呼ばれるヨコバイ科の昆虫がブドウの樹液を吸う際にバクテリア（細菌）を感染させてしまう病害。バクテリアによる病気は、他に根頭癌腫病（Crown gall／クラウン・ゴール）、Flavescence dorée／フラヴサンス・ドレなどがある。

45 **正解** 3．Corky bark（コーキーバーク）

解説 ウイルス病は他に Grapevine Leaf roll／ブドウ・リーフロール（葉巻病）、Fleck／フレックなどがある。

46 **正解** 3．Soutirage（スーティラージュ）

解説 Soutirage（＝英：Racking／ラッキング）は滓引きのこと。
1．Collage／コラージュ（＝英：Fining／ファイニング）⇒ 滓下げ
2．Égrappage／エグラパージュ（＝英：Destem／ディステム）⇒ 除梗（じょこう）
4．Pigeage／ピジャージュ（＝英：Punching Down／パンチング・ダウン）⇒ 人力による櫂（かい）つき

47 **正解** 2．ステンレスタンク

解説 ワインは酸が高いので、酸に強いステンレスタンクが使われる。温度管理がしやすいなど品質管理上のメリットもある。

48 **正解** 4．Barrique（バリック）

解説 Barriqueはボルドーで使用される225ℓ容量の樽、Pièce（ピエス）はブルゴーニュで使用される228ℓの樽。

49 **正解** 4．Ouillage（ウイヤージュ）

解説 ワインの目減り分の補酒。
1．Élevage（エルヴァージュ）⇒ オーク樽やタンクに入れ保管・熟成させる作業
2．Égrappage（エグラパージュ）⇒ 除梗
3．Foulage（フーラージュ＝英：Crush／クラッシュ）⇒ 破砕

50 **正解** 3．セシル・オーク（学名：Quercus petraea／ケルカス・ペトラエア）

解説 ヨーロッパには、セシル・オークとペドンキュラータ・オーク（学名：Quercus robur／ケルカス・ロブール）の2種が自生している。

51 樽材の自然乾燥のことを何というか、1つ選べ。

1. Hilling　　2. Seasoning　　3. Pruning　　4. Tying

52 樽の内面をトースティングすることで生成される、クローブやナツメグの香りを持つ化合物の名称を1つ選べ。

1. Diacetyl　　2. Vanillin　　3. Oak lactone　　4. Eugenol

53 ワインの醸造過程における「Chaptalisation」の意味を1つ選べ。

1. ブドウ剪定　　2. 補糖　　3. 補酸　　4. 補タンニン

54 果皮、果肉、種子を果醪（かもろみ）に漬け込む工程を1つ選べ。

1. Sur Lie　　2. Skin Contact　　3. Soutirage　　4. Macération

55 「Remontage」の効果について正しくないものを1つ選べ。

1. 果醪液への酸素の供給
2. 糖分、酵母、温度の平均化
3. 果皮・種子からのフェノール類その他の成分抽出
4. ワインの酸味がやわらぎ、まろやかになる

56 赤ワインの醸造過程でRemontageと同じ目的で行う作業を1つ選べ。

1. Foulage　　2. Ouillage　　3. Pressurage　　4. Pigeage

57 白ワインの醸造過程において、圧搾後、低温で半日ほどおいて不純物を沈殿させる作業のことを何というか、1つ選べ。

1. Pigeage　　2. Débourbage
3. Remontage　　4. Bâtonnage

51 【正解】 2. Seasoning（シーズニング）
【解説】 英：Seasoning ／シーズニング（＝仏：Séchage naturel ／セシャージュ・ナチュレル）とも呼ぶ。

52 【正解】 4. Eugenol（オイゲノール）
【解説】 トースティングの度合いが強いと樽材からのタンニン抽出は少なくなり、煙、コーヒー、カラメルなどのロースト香が強くなる。

53 【正解】 2. 補糖
【解説】 Chaptalisation（シャプタリザシオン）は補糖のことで、Jean-Antoine Chaptal（ジャン・アントワーヌ・シャプタル）の名に由来する。

54 【正解】 4. Macération（マセラシオン）
【解説】 Macération とは「醸し」のこと。赤ワインの場合、発酵が始まると果皮から赤色色素のアントシアニンが溶出され、さらに発酵が進むと種子からタンニンも溶出される。

55 【正解】 4. ワインの酸味がやわらぎ、まろやかになる
【解説】 4.はマロラクティック発酵による効果。仏：Remontage（ルモンタージュ）＝英：Pumping over（ポンピング・オーバー）は、タンク下部から発酵中の果醪液を抜いてタンク上部の果帽に振りかける作業。

56 【正解】 4. Pigeage（ピジャージュ）
【解説】 Pigeage は人力による櫂つき。
1. Foulage ⇒ 破砕
2. Ouillage ⇒ 目減り分の補填
3. Pressurage（プレシュラージュ）⇒ 圧搾

57 【正解】 2. Débourbage（デブルバージュ）
【解説】 仏：Débourbage（＝英：Settling ／セットリング）は、アルコール発酵前、圧搾したブドウ果汁の濁りを清澄するのが目的。

58 ワインの製法の中で「Saignée」と関係のあるものを1つ選べ。

1. 白ワインとスパークリングワイン　　2. 白ワインとロゼワイン
3. 赤ワインとスパークリングワイン　　4. 赤ワインとロゼワイン

59 イタリアのフリウリ・ヴェネツィア・ジュリア州で、ピノ・グリージョから造られる「銅色のワイン」と呼ばれるものを1つ選べ。

1. Vino Liquoroso　　2. Vin Gris
3. Vino Ramato　　4. Amber wine

60 「密閉ステンレスタンクに、未破砕の黒ブドウを房ごと詰め、二酸化炭素（炭酸ガス）を充満させた状態で数日間おく方法」を何というか、1つ選べ。

1. Skin contact　　2. Macération carbonique
3. Saignée　　4. Sur lie

61 発酵終了後に澱引きをしないで、一定期間澱とワインを接触させ、澱の風味を取り込む醸造方法を1つ選べ。

1. Skin contact　　2. Macération carbonique
3. Saignée　　4. Sur lie

62 圧搾の前に、果皮と果汁を発酵までの一定期間、低温で接触させる技法を何というか、1つ選べ。

1. Sur lie　　2. Macération pelliculaire
3. Saignée　　4. Macération carbonique

63 ワインの醸造において、アルコール発酵の開始と同時に乳酸菌を添加することで、アルコール発酵とマロラクティック発酵を並行して行う手法を1つ選べ。
[難]

1. Macération carbonique　　2. Skin contact
3. Co-inoculation　　4. Vendange entière

58　**正解**　4.　赤ワインとロゼワイン
解説　Saignée（セニエ）とは「瀉血」（＝血抜き）の意味で、醸しの途中、程よく色素が抽出された果醪から果汁を引き抜く工程。

59　**正解**　3.　Vino Ramato（ヴィーノ・ラマート）
解説　ピノ・グリージョの灰色がかったピンク色の果皮から造られるラマート＝銅色のワイン。

60　**正解**　2.　Macération carbonique（マセラシオン・カルボニック）
解説　ボージョレ・ヌーボーなどに使われる製法で、渋味の少ないフレッシュな赤ワインが得られる。

61　**正解**　4.　Sur lie（シュール・リー）
解説　Sur lie は「滓の上」の意味。フランス、ロワール渓谷地方のPays Nantais（ペイ・ナンテ）地区や日本でも採用されている醸造法。ワインを滓引きせずに翌年の春以降にワインの上澄みだけを取り出し瓶詰めする。

62　**正解**　2.　Macération pelliculaire（マセラシオン・ペリキュレール）
解説　Skin contact（スキン・コンタクト）とも呼ぶ。ブドウの品種香は果皮に含まれることが多く、果皮に含まれている香り成分を果汁に溶け込ませる技法。

63　**正解**　3.　Co-inoculation（コ・イノキュレーション）
解説　Co-inoculation はオフ・フレーバーや多量の揮発酸発生の危険はなく、さらにはエネルギーを節減できるなどのメリットもある。一方、アルコール発酵からマロラクティック発酵へと移行する発酵を、"一連"という意味のSequential（シークエンシャル）という。

64 除梗の工程を行わずに、果梗をブドウの果皮、種子、果肉と一緒に醸す赤ワインの醸造法において、この醸造法が行われることが多いブドウ品種を1つ選べ。

1. Pinot Noir　　2. Merlot
3. Cabernet Sauvignon　　4. Grennache

---

65 「Flaschengärung」表記のスパークリングワインの製法を1つ選べ。

1. Méthode traditionnelle　　2. Méthode rurale
3. Méthode de transfert　　4. Méthode charmat

---

66 Méthode charmatの意味として正しいものを1つ選べ。

1. 一次発酵を終えたワインを瓶に詰め、糖分と酵母を加えて密閉し、瓶内で第二次発酵を起こさせる方式
2. スティルワインを大きなタンクに詰めて密閉し、その中に二次発酵用の糖分と酵母を加えて第二次発酵を起こさせて造る方式
3. いったん瓶内二次発酵させた二酸化炭素含有のワインを、密閉タンクに開け、冷却、濾過してから新しいボトルに詰め替える方式
4. 一次発酵途中のワインを瓶に詰め、王冠などで打栓して瓶内で発酵を継続させる方式

---

67 スパークリングワインの製造において、「空気に接触しないため、ブドウのアロマを残したい時に造る発泡性ワインの製法」を1つ選べ。

1. Méthode charmat　　2. Méthode de transfert
3. Méthode traditionnelle　　4. Méthode rurale

---

68 トラディショナル方式のRemuageとDégorgementという費用のかさむ複雑な工程を省いたスパークリングワインの製法を1つ選べ。

1. Méthode rurale　　2. Méthode de transfert
3. Méthode charmat　　4. Méthode traditionnelle

---

64 正解 1. Pinot Noir

解説 全房発酵。果梗にIBMP（ピーマンを連想させる香気成分）がそれほど含まれないPinot Noirの醸造で行われることが多く、また果梗からのタンニンを抽出する意図もある。

65 正解 1. Méthode traditionnelle（メトード・トラディッショネル）

解説 Méthode traditionnelle（＝英：Traditionnal Method／トラディショナル・メソッド）製法を用いるスパークリングワインはドイツのFlaschengärung（フラシェンゲールング）、フランスのChampagne（シャンパーニュ）、イタリアのMetodo Classico（メトド・クラシコ）、スペインのCava（カバ）。

66 正解 2. スティルワインを大きなタンクに詰めて密閉し、その中に二次発酵用の糖分と酵母を加えて第二次発酵を起こさせて造る方式

解説 Méthode charmat／メトード・シャルマ（英：Tank Method／タンク・メソッド）は、密閉タンク方式のこと
1.⇒ Méthode traditionnelle（＝英：Traditional Method）
3.⇒ Méthode de transfert／メトード・ド・トランスフェール（＝英：Transfer Method／トランスファー・メソッド）
4.⇒ Méthode rurale／メトード・リュラル、Méthode ancestrale／メトード・アンセストラル（＝英：Ancestral Method／アンセストラル・メソッド）

67 正解 1. Méthode charmat（メトード・シャルマ）

解説 Méthode charmatは、空気に接触しないで短期間に製品化できることから、ブドウのアロマを残したい発泡性ワイン（マスカットやリースリングなど香りが華やかなブドウが原料）を造る場合に向く。また一度に多量に造ることができるため、コストを抑えた発泡性ワインの製造にも広く用いられている。

68 正解 2. Méthode de transfert（メトード・ド・トランスフェール）

解説 Méthode de transfertは、いったん瓶内二次発酵させた二酸化炭素含有のワインを密閉タンクにあけ、冷却、濾過してから新しいボトルに詰め替える方式。トラディショナル方式のRemuage（ルミュアージュ／動瓶）とDégorgement（デゴルジュマン／澤抜き）という費用のかさむ複雑な工程を省いたもの。

69 Ancestrale Méthode の意味として正しいものを1つ選べ。

1. 一次発酵を終えたワインを瓶に詰め、糖分と酵母を加えて密閉し、瓶内で第二次発酵を起こさせる方式
2. スティルワインを大きなタンクに詰めて密閉し、その中に二次発酵用の糖分と酵母を加えて第二次発酵を起こさせて造る方式
3. いったん瓶内二次発酵させた二酸化炭素含有のワインを、密閉タンクに開け、冷却、濾過してから新しいボトルに詰め替える方式
4. 一次発酵途中のワインを瓶に詰め、王冠などで打栓して瓶内で発酵を継続させる方式

---

70 フランス・Rhône 地方の A.O.C.Clairette de Die のスパークリングワインの製法を1つ選べ。

1. Méthode de transfert　　2. Méthode ancestrale
3. Méthode traditionnelle　　4. Méthode charmat

---

71 「果醪に熱を加える赤ワインの醸造法」を1つ選べ。

1. Macération à chaud　　2. Saignée
3. Sur lie　　4. Skin contact

---

72 「Macération à chaud」の一種で、色素や香り成分などの果皮の成分の抽出を良くする製法を1つ選べ。

1. Micro-oxygenation　　2. Osmose inverse
3. Saignée　　4. Flash Détente

---

73 赤ワインの醸造において、発酵前の果醪を一定期間低温（5〜15℃程度）で維持し果醪の成分を抽出する方法を1つ選べ。

1. M.P.C.　　2. M.C.F.　　3. M.F.C.　　4. M.P.F.

---

69 【正解】 4. 一次発酵途中のワインを瓶に詰め、王冠などで打栓して瓶内で発酵を継続させる方式

【解説】 Ancestrale Méthode は Méthode rurale ともいう。

70 【正解】 2. Méthode ancestrale（メトード・アンセストラル）

【解説】 Clairette de Die（クレレット・ド・ディー）のほか、フランス Languedoc（ラングドック）地方の Blanquette（ブランケット）と Sud-Ouest（シュッド・ウエスト）地方の Gaillac（ガイヤック）でも同様の製法を用いる。

71 【正解】 1. Macération à chaud（マセラシオン・ア・ショー）

【解説】 Macération à chaud は熱を加えるタイミングにおいて、Macération préfer- mentaire à chaud（MPC）と Macération finale à chaud（MFC）とに分けられる。

72 【正解】 4. Flash Détente（フラッシュ・デタント）

【解説】 通常の Maceration à chaud よりも果皮の組織などが破裂をおこしやすい状態にすることで、色素や香り成分などの果皮の成分の抽出を良くする。

73 【正解】 4. M.P.F.

【解説】 M.P.F. = 仏：Macération préfermentaire à froid（マセラシオン・プレフェルメンテール・ア・フロワ）、英：Cold Maceration（コールド・マセレーション）。果皮の色素アントシアニンや香り物質の抽出をより早める効果がある。

74 「収穫したブドウを－7℃以下に冷却し、凍結したまま圧搾して糖度の高い果汁を得る方法」を何というか、1つ選べ。

1. Micro-oxygenation　　2. Cold maceration
3. Saignée　　4. Cryo-extraction

75 Cryo-extractionと関係が深いものを1つ選べ。

1. ロゼワイン　　2. 極辛口ワイン
3. 甘口ワイン　　4. 赤ワイン

76 Micro-bullageと関係が深いものを1つ選べ。

1. 氷果凍結　　2. 無滓下げ　　3. 酸素供給　　4. 減圧濃縮

77 ワイン醸造において、発酵が終わり清澄化処理をする際に使用される滓下げ剤を1つ選べ。

[難]

1. カゼイン　　2. 卵黄　　3. リグニン　　4. ソトロン

78 天然コルクの主要な産地はスペインとどこの国か、1つ選べ。

1. フランス　　2. ドイツ　　3. ポルトガル　　4. イタリア

79 DIAMと関係の深いクロージャーを1つ選べ。

1. 圧搾コルク　　2. 天然コルク
3. スクリュー・キャップ　　4. 合成コルク

80 「Liner」と関係が深いものを1つ選べ。

1. 天然コルク　　2. スクリューキャップ
3. 圧搾コルク　　4. 合成コルク

74 　**正解**　4.　Cryo-extraction（クリオ・エキストラクシオン）

　解説　Cryo-extractionは、収穫したブドウを－7℃以下に冷却し、凍結したまま搾ることで糖分を濃縮させる方法。Cold Maceration（コールド・マセレーション）は発酵前の果醪に亜硫酸を添加し、低温（5～15℃）に保ちながら数日間発酵が起こらない状態で保持する方法。

75 　**正解**　3.　甘口ワイン

　解説　Cryo-extractionによって糖分を濃縮させ、その果汁を発酵させて甘口ワインに仕上げることが多い。

76 　**正解**　3.　酸素供給

　解説　Micro-bullage（ミクロ・ビュラージュ／ミクロの泡立て）はMicro-oxygenation（ミクロ・オキシジェナシオン／ミクロの酸化）とも呼び、発酵中あるいは貯蔵中の赤ワインに酸素の細かい泡を注入する方法。

77 　**正解**　1.　カゼイン

　解説　清澄度を向上させるために、カゼインの他、卵白、ベントナイトなどの清澄剤を用いる。

78 　**正解**　3.　ポルトガル

　解説　主要産地はポルトガル、スペインなどが最大の供給国。

79 　**正解**　1.　圧搾コルク

　解説　DIAMコルクはコルク臭などによる品質劣化を防ぎ、さらに安定的な長期熟成を可能にする高品質の圧搾コルク。

80 　**正解**　2.　スクリューキャップ

　解説　スクリューキャップの天面内側の接液部に、Liner（ライナー）と呼ばれるクッション材が使われる。

❷
酒類飲料概論

1 日本酒（清酒）の酒税法による定義として、米、米麹、水、清酒粕以外の物品の合計重量が、米の重量の何%を超えるものは除外されるか、正しいものを1つ選べ。

1. 20%　　2. 40%　　3. 50%　　4. 80%

---

2 酒税法で定められている日本酒のアルコール度数を1つ選べ。

1. 18%未満　　2. 20%未満　　3. 22%未満　　4. 24%未満

---

3 日本酒造りの主な工程で、「酒槽（さかぶね）」と呼ばれる道具を使用する作業を1つ選べ。

1. 段仕込み　　2. 上槽　　3. ろ過　　4. 火入れ

---

4 日本酒造りの主な工程で、「1回の火入れ」で造られる日本酒の名称を1つ選べ。

1. 原酒　　2. 生酒　　3. 生原酒　　4. 生詰酒

---

5 一旦出来上がった日本酒に、アルコール分の調整をするため加える水の名称を1つ選べ。

1. 差水　　2. 止水　　3. 仕込み水　　4. 割水

---

6 仕込み水の一部を、水の代わりに日本酒を使用して造る甘口の日本酒のことを何というか、1つ選べ。

[難]

1. 樽酒　　2. 貴賓酒　　3. 原酒　　4. 貴醸酒

1 　**正解**　3.　50%
　解説　日本酒（清酒）は、米、米麹、水、清酒粕、そのほかの政令で定める物品を原料とし、発酵させて濾したもの。米、米麹、水、清酒粕以外の物品の合計重量が、米の重量の50%を超えるものは除外される。

2 　**正解**　3.　22%未満
　解説　日本酒のアルコール度数は22%未満と酒税法で定められている。

3 　**正解**　2.　上槽（じょうそう）
　解説　「上槽」とは、約1ヵ月かけて丁寧に育てた醪を搾り、原酒と酒粕に分ける工程のこと。使用する箱形の器は、形が舟に似ているところから「槽（ふね）」と呼ばれる。

4 　**正解**　4.　生詰酒
　解説　生詰酒とは、貯蔵する前に一度だけ火入れをするタイプの日本酒。瓶詰め・出荷前の2回目の火入れは行われないため「生の状態で詰める」＝「生詰」というのが表現の由来。

5 　**正解**　4.　割水
　解説　割水の目的は2つあり、1つめはアルコール度数を調整すること。2つめは香味のバランスを調整すること。一般的に搾った直後の酒には18～20度ほどのアルコールが含まれており、そこからアルコール度数15～16度程度を目指して割水が行われる。

6 　**正解**　4.　貴醸酒
　解説　貴醸酒は希少価値が高く、濃厚で気品のある甘味を特徴としている。

7 「単行複発酵」で造られる酒類を1つ選べ。

1. ビール　　2. 日本酒　　3. ワイン　　4. 焼酎

8 酵母培養法である「生酛」が確立された時期を1つ選べ。

1. 安土桃山　　2. 江戸　　3. 明治　　4. 大正

9 「速醸系酒母」の開発年を1つ選べ。

1. 1910年　　2. 1920年　　3. 1930年　　4. 1940年

10 速醸系酒母づくりに必要とされる日数を1つ選べ。

1. 約1週間　　2. 約2週間　　3. 約3週間　　4. 約4週間

11 日本酒酵母「真澄」の酵母種別番号を1つ選べ。

1. きょうかい6号　　2. きょうかい7号
3. きょうかい9号　　4. きょうかい14号

12 吟醸香成分「カプロン酸エチル」などを多く生成する酵母に由来するものを1つ選べ。

1. M315　　2. きょうかい7号
3. きょうかい1300号　　4. きょうかい1801号

13 蒸米、米麹、仕込み水を何回かに分けて酵母の増殖をはかりながら仕込んでいく日本酒の仕込み方法で、2日目の工程の名を1つ選べ。

1. 留　　2. 仲　　3. 添　　4. 踊り

7 正解 1．ビール（単行複発酵）

解説 単行複発酵は糖化とアルコール発酵の工程を別々に管理する醸造法。
2．日本酒 ⇒ 並行複発酵／糖化とアルコール発酵の工程が同時進行の醸造法
3．ワイン ⇒ 単発酵／酵母の働きだけで酒類が醸される
4．焼酎 ⇒ 並行複発酵後に蒸溜する

8 正解 2．江戸

解説 酵母培養法である「生酛」は、江戸時代の初期から使われていた「寒仕込み酛」をベースにして、江戸時代後期に灘で大規模な酒造りが行われるまでの間に確立された。

9 正解 1．1910年

解説 速醸系酒母は1910年に開発された。速醸とは人工的につくられた乳酸を直接添加して酒母を育成する方法。

10 正解 2．約2週間

解説 生酛系酒母づくりが約4週間を要するのに対し、最初から乳酸を投入できる速醸系酒母では約2週間に短縮することができる。

11 正解 2．きょうかい7号（真澄 / 長野）

解説 1．きょうかい6号 ⇒ 新政／秋田
3．きょうかい9号 ⇒ 熊本または香露
4．きょうかい14号 ⇒ 金沢

12 正解 4．きょうかい1801号

解説 吟醸酒造りにおいて、カプロン酸エチルなどの吟醸香を多く生産する酵母が用いられ、特に「きょうかい1801号」は全国新酒鑑評会への出品酒の醸造に最も多く使われている。

13 正解 4．踊り

解説 日本酒造りでは三段階に分けて仕込みをする段仕込みが行われる。1日目は初添。翌日仕込みは行わず酵母はゆっくりと増えていき、この2日目の工程を踊りという。3日目に2回目の仕込み（仲添）をし、4日目に3回目の仕込み（留添）をして仕込みは完了する。

14 農産物規格規定における日本酒用の米の呼び名を1つ選べ。

1. 酒造好適米　　2. 醸造用玄米
3. 日本酒用玄米　　4. 日本酒用好適米

---

15 1986年、「純米酒の県」宣言を行った県を1つ選べ。

1. 長野県　　2. 新潟県　　3. 兵庫県　　4. 宮城県

---

16 （必）「生産量は酒造好適米の品種中トップを誇り、大粒で砕けにくいため精米がしやすく、晩生（おくて）品種で、そのうえ吸水性が高い」ことが特徴の酒造好適米を1つ選べ。

1. 山田錦　　2. 五百万石　　3. 美山錦　　4. 雄町

---

17 （必）山田錦の交配品種は山田穂と何か、1つ選べ。

1. 新200号　　2. 二本草　　3. 菊水　　4. 短稈渡船

---

18 （必）山田錦の命名年として正しい年を1つ選べ。

1. 1923年　　2. 1936年　　3. 1938年　　4. 1956年

---

19 （必）山田錦の著名産地である旧美嚢郡吉川町の現在の市名を1つ選べ。

1. 加西市　　2. 三田市　　3. 小野市　　4. 三木市

---

20 （必）2021年の山田錦の生産量を1つ選べ。

1. 38,987t　　2. 27,609t
3. 13,612t　　4. 3,816t

---

21 （必）「早生品種で主に新潟県をはじめ富山県、福井県などの寒冷な北陸地方などで多く栽培されている酒造好適米」を1つ選べ。

1. 美山錦　　2. 雄町　　3. 山田錦　　4. 五百万石

---

14 【正解】 2．醸造用玄米
【解説】「2023年産 醸造用玄米の産地品種銘柄一覧」によれば、125の品種が45の道府県で産地品種銘柄となっている。

15 【正解】 4．宮城県
【解説】 宮城県は1986年にササニシキ100％の純米酒造りによる「みやぎ・純米酒の県」宣言を行った。

16 【正解】 1．山田錦
【解説】 山田錦は問題文の特徴に加え、造られた日本酒はバランスのよく取れた味わいになりやすい。

17 【正解】 4．短稈渡船（たんかんわたりぶね）
【解説】 山田錦は1923年に兵庫県立農事試験場にて、山田穂を母、短稈渡船を父として生み出された。

18 【正解】 2．1936年
【解説】 山田錦は1923年に生み出され、1936年に命名された。

19 【正解】 4．三木市
【解説】 山田錦は東北から九州まで幅広い地域で栽培されていて、生産量は酒造好適米の品種中トップを誇る。なかでも兵庫県三木市および加東市の「特A地区」で収穫されたものは品質が高いことで知られている。

20 【正解】 2．27,609t
【解説】 全国検査総量74,756tのうち、山田錦が27,609t（約36.9％）を占める。なお、五百万石は13,612t、美山錦は3,816t。

21 【正解】 4．五百万石
【解説】 淡麗ですっきりとした酒質を生む「五百万石」は、新潟県の淡麗辛口の日本酒造りに欠かせない。

22

必

五百万石の交配を1つ選べ。

1. 菊水×新200号　　　2. 清見×新200号
3. 菊水×山梨27号　　　4. 清見×山梨27号

23

必

五百万石の命名年を1つ選べ。

1. 1938年　　　2. 1957年　　　3. 1967年　　　4. 1978年

24

必

「早稲（わせ）」品種であり心白発現率が高く、そのためすっきりと軽やかな味わいとキレを持つ日本酒になりやすい酒造好適米を1つ選べ。

1. 山田錦　　　2. 美山錦　　　3. 五百万石　　　4. 雄町

25

必

2021年の美山錦の生産量を1つ選べ。

1. 38,987t　　　2. 27,609t
3. 13,612t　　　4. 3,816t

26

必

美山錦の祖先を1つ選べ。

1. 強力　　　2. ひとごこち　　　3. 亀ノ尾　　　4. 祝

27

必

「岡山県の岸本甚造による穂の発見がその始まり。1866年に選出、二本草と名付けた」とされる酒造好適米を1つ選べ

1. 五百万石　　　2. 美山錦　　　3. 雄町　　　4. 山田錦

28

必

酒造好適米で今も残る唯一の混血のない品種を1つ選べ。

1. 短稈渡船　　　2. 雄町　　　3. 山田錦　　　4. 菊水

29

必 難

山形県で造られる酒造好適米を1つ選べ。

1. 夢の香　　　2. 雪女神　　　3. 華吹雪　　　4. 吟風

---

22 正解 1. 菊水×新200号
解説 五百万石は1938年、新潟県農事試験場で菊水×新200号の交配によって生み出された。

23 正解 2. 1957年
解説 五百万石は1957年に命名された。新潟が主産地で福井、富山と続く。

24 正解 2. 美山錦
解説 美山錦は米質が硬く醸造の際に溶けにくいという性質があり、寒さに強い品種なので長野県を中心として秋田、山形などの東北各県で栽培されている。

25 正解 4. 3,816t
解説 全国検査総量74,756tのうち、美山錦が3,816tを占める。なお、山田錦は27,609t、五百万石は13,612t。

26 正解 3. 亀ノ尾
解説 美山錦は長野県生まれ。亀ノ尾らを先祖とするたかね錦へのガンマ線照射による突然変異種から選抜、育成された。

27 正解 3. 雄町
解説 雄町は栽培が難しいことから一時は生産量が激減し"幻の米"と呼ばれるようになったが、酒蔵の根強い要望により再び生産量が回復し、近年では広く全国の酒蔵に愛用されている。

28 正解 2. 雄町
解説 雄町は今も残る唯一の混血のない品種。短稈渡船やその子の山田錦、菊水やその子の五百万石をはじめ、多くの優良品種を造り出した。

29 正解 2. 雪女神
解説 1. 夢の香 ⇒ 福島　3. 華吹雪 ⇒ 青森　4. 吟風 ⇒ 北海道

30 日本酒の成分で主原料の「水」が占めるおおよその割合を1つ選べ。

1. 約70%   2. 約75%   3. 約80%   4. 約85%

---

31 酒造用水で含有量が少ないことが好ましいとされる成分を1つ選べ。

1. クロール   2. マンガン   3. カルシウム   4. カリウム

---

32 「清酒の製法品質表示基準」（国税庁）が定められた年を1つ選べ。

1. 1989年   2. 1992年   3. 1995年   4. 1999年

---

33 特定名称の日本酒の種類はいくつあるか、1つ選べ。

1. 5種   2. 6種   3. 7種   4. 8種

---

34 清酒全体の製造数量が最も多い府県を1つ選べ。

1. 秋田県   2. 新潟県   3. 兵庫県   4. 京都府

---

35 日本酒の製法品質表示基準における本醸造酒の精米歩合を1つ選べ。

1. 70%以下   2. 60%以下   3. 50%以下

---

36 「吟醸酒」の説明として正しくないものを1つ選べ。

難

1. よりよく精米した白米をゆっくり発酵させる
2. 粕の割合を高くして、特有な芳香を有するように醸造する
3. きめ細やかな酒質とするため、低温で発酵させる
4. 精米歩合70%以下の白米を原料とする

---

37 吟醸造りの日本酒は通常どの程度の期間発酵させるか、1つ選べ。

1. 1週間   2. 2〜3週間   3. 4〜5週間   4. 5〜6週間

30 【正解】 3. 約80%
〔解説〕 日本酒の主な原料は「米」「米麹」「水」の3つだが、この中で一番多く使われているのは「水」。日本酒はその約80%が水でできている。

31 【正解】 2. マンガン
〔解説〕 鉄は日本酒造りにおいて最も有害とされている成分の1つで、鉄が混ざると日本酒が褐色に色づき香味も悪くなる。またマンガンは日本酒が紫外線によって劣化するのを早めてしまう作用がある。

32 【正解】 1. 1989年
〔解説〕 1989年に定められ、2003年などに一部改正を経て適用されている。

33 【正解】 4. 8種
〔解説〕 特定名称の日本酒とは吟醸酒、純米酒、本醸造酒のこと。令和3酒造年度における特定名称酒の製造数量割合は43.6%。

34 【正解】 3. 兵庫県
〔解説〕 清酒全体の製造数量において、兵庫県がトップで、京都府、新潟県と続く。

35 【正解】 1. 70%以下
〔解説〕 精米歩合は、大吟醸酒と純米大吟醸酒は50%以下、本醸造酒は70%以下、吟醸酒、純米吟醸酒、特別純米酒、特別本醸造酒は60%以下。

36 【正解】 4. 精米歩合70%以下の白米を原料とする
〔解説〕 精米歩合は吟醸酒・純米吟醸酒が60%以下。大吟醸酒が50%以下。

37 【正解】 3. 4～5週間
〔解説〕 日本酒は通常、低温で時間をかけて発酵をさせるほどきめ細やかな酒質となる。吟醸造りは4～5週間かける。

38 特定名称を表示する日本酒の麹米の最低使用割合を1つ選べ。

1. 10% 2. 12% 3. 15% 4. 18%

39 地理的表示 (G.I.) に日本酒として「白山」が指定された年を1つ選べ。

1. 2005年 2. 2010年 3. 2015年 4. 2016年

40 国が「日本酒」をG.I.に指定した年を1つ選べ。

1. 2005年 2. 2010年 3. 2015年 4. 2016年

41 2016年12月、都道府県単位で清酒部門として初めてG.I.指定された県を1つ選べ。

1. 新潟県 2. 兵庫県 3. 山形県 4. 長野県

42 日本酒の地理的表示で、2018年6月にG.I.指定された地域を1つ選べ。

1. 白山 2. 山形 3. 灘五郷 4. 北海道

43 冬季には北東から紀伊山地や鈴鹿山脈を越えて吹く「鈴鹿おろし」や「布引おろし」と呼ばれる乾いた寒冷な風が、日本酒造りの一つの要素となっているG.I. を1つ選べ。

1. 萩 2. 山梨 3. 利根沼田 4. 三重

44 12世紀から13世紀頃の鎌倉時代に「肥前酒」の名称にて、当時の鎌倉幕府に酒を献上していたと伝承されているG.I. を1つ選べ。

1. 新潟 2. 佐賀 3. 長野 4. 滋賀

45 単式蒸溜焼酎のアルコール度数として正しいものを1つ選べ。

1. 25%以下 2. 36%以下 3. 40%以下 4. 45%以下

38 〔正解〕 3.　15%
〔解説〕　特定名称を表示する日本酒の麹米の使用割合（白米の重量に対する米麹に使用する白米の重量の割合）は15％以上でなければならない。

39 〔正解〕 1.　2005年
〔解説〕　2005年12月、地理的表示（G.I.）を保護する産地に石川県「白山」を指定。

40 〔正解〕 3.　2015年
〔解説〕　2015年、国が新たに「日本酒」をG.I.に指定。外国産米を使った清酒や国外製造の清酒との違いを明確にしてブランド価値を高め、輸出を促進。

41 〔正解〕 3.　山形県
〔解説〕　2016年12月にG.I.「山形」が誕生。都道府県単位では清酒部門で初。2020年6月、「G.I.三重」が誕生。さらに同年9月、「和歌山梅酒」がリキュールで全国初となるG.I.指定を獲得。

42 〔正解〕 3.　灘五郷
〔解説〕　2018年6月、灘五郷がG.I.指定。兵庫県南東部の5つの郷（西郷、御影郷、魚崎郷、西宮郷、今津郷）の総称。2020年3月、同じく兵庫県内南西部の播磨地区「はりま」がG.I.指定に至った。

43 〔正解〕 4.　三重
〔解説〕　2020年G.I.指定。三重には伊勢神宮があり、江戸時代頃より「お伊勢参り」として全国から訪れる多くの参拝者をもてなすための酒として、三重では酒造りが盛んに行われるようになった。

44 〔正解〕 2.　佐賀
〔解説〕　2021年G.I.指定。「佐賀県原産地呼称管理委員会」は伝統的でより地域に根差した佐賀の酒を尊重しつつ、さらなる品質の向上に努めている。

45 〔正解〕 4.　45％以下
〔解説〕　・単式蒸溜焼酎 ＝ 焼酎乙類 ＝ ホワイトリカー② ＝ アルコール度数45％以下　・連続式蒸溜焼酎 ＝ 焼酎甲類 ＝ ホワイトリカー① ＝ アルコール度数36％未満

46 減圧蒸溜の説明として正しいものを1つ選べ。

1. 蒸溜機内の圧力を下げて蒸溜　　2. 外気より高圧力で蒸溜
3. 外気と変わらない圧力で蒸溜　　4. 蒸溜機内の圧力を上げて蒸溜

47 「壱岐」「球磨」「琉球」が蒸溜酒の区分で酒類の地理的表示（G.I.）に指定された年を1つ選べ。

1. 1995年　　2. 2000年　　3. 2005年　　4. 2010年

48 2005年、蒸溜酒の区分で酒類の地理的表示（G.I.）に指定された地域を1つ選べ。

1. 琉球　　2. 壱岐　　3. 薩摩　　4. 球磨

49 壱岐焼酎の大麦の使用割合として正しいものを1つ選べ。

1. 1/4　　2. 1/3　　3. 1/2　　4. 2/3

50 球磨焼酎に使用する米原料の種類を1つ選べ。

1. インディカ種　　　2. コガネセンガン
3. ジャポニカ種　　　4. ササニシキ

51 琉球泡盛に使用する米原料の種類を1つ選べ。

1. コガネセンガン　　　2. ジャポニカ種
3. インディカ種　　　4. ササニシキ

52 原料となる米をすべて麹にして一度に仕込む「全麹仕込み」で醸す焼酎を1つ選べ。

1. 壱岐焼酎　　2. 球磨焼酎　　3. 琉球泡盛　　4. 薩摩焼酎

46 正解 1. 蒸留機内の圧力を下げて蒸溜（減圧蒸溜）
解説 減圧蒸溜は、真空ポンプを使って蒸溜器内の気圧を下げて蒸溜する方法。40〜50℃台ほどの低温で蒸溜する。

47 正解 1. 1995年
解説 「壱岐」「球磨」「琉球」は1995年に地理的表示(G.I.)指定。壱岐は長崎県壱岐市、球磨は熊本県球磨郡、人吉市、琉球は沖縄県。

48 正解 3. 薩摩
解説 2005年、「薩摩」が地理的表示（G.I.）に指定された。薩摩の産地としての範囲は鹿児島県（ただし、奄美市および大島郡を除く）。

49 正解 4. 2/3
解説 壱岐焼酎は、米麹1/3、大麦2/3 の割合で造られる長崎県の麦焼酎。

50 正解 3. ジャポニカ種
解説 球磨焼酎は米（ジャポニカ種）100％を原料に、単式蒸溜で造られる熊本県の米焼酎。

51 正解 3. インディカ種
解説 琉球泡盛はインディカ種（タイ米）を使用。15世紀に当時の琉球で造られていたと考えられている。

52 正解 3. 琉球泡盛
解説 琉球泡盛は、黒麹菌を用いて原料となる米をすべて麹にして一度に仕込む「全麹仕込み」で醸し、単式蒸溜する。

53 琉球泡盛の発酵過程で、発酵途中に大量に産出される酸の種類を1つ選べ。

1．コハク酸　　2．乳酸　　3．酢酸　　4．クエン酸

---

54 琉球泡盛に使用されている麹菌を1つ選べ。

1．白麹菌　　2．黄麹菌　　3．黒麹菌　　4．紅麹菌

---

55 琉球泡盛において「古酒（クース）」は何年以上熟成で表示可能か、1つ選べ。

1．1年　　2．2年　　3．3年　　4．4年

---

56 全量を3年以上熟成した泡盛が「古酒（クース）」と表示可能になった年を1つ選べ。

1．2016年　　2．2015年　　3．2012年　　4．2010年

---

57 ドイツで、原料として麦芽、ホップ、水以外は使用してはならないこととしたビール純粋令が定められたのはいつか、1つ選べ。

1．1316年　　2．1416年　　3．1516年　　4．1616年

---

58 Louis Pasteurが低温殺菌法を提案した年を1つ選べ。

1．1866年　　2．1873年　　3．1876年　　4．1883年

---

59 1873年、アンモニア冷凍機を発明した人物を1人選べ。

1．ルイ・パストゥール　　　2．アントン・ドレハー
3．エミール・クリスチャン・ハンセン　　　4．カール・フォン・リンデ

---

60 日本のビールの始まりとされる時代を1つ選べ。

1．明治初期　　2．明治中期　　3．明治末期　　4．大正初期

---

53 [正解] 4．クエン酸
[解説] 琉球泡盛は発酵中にクエン酸を大量に産出して醪中の雑菌の増殖を抑え、健全な発酵に導く。

54 [正解] 3．黒麹菌
[解説] 黒麹菌はつねに温暖で湿潤な沖縄の風土に適した、地元由来の麹菌。

55 [正解] 3．3年
[解説] 琉球泡盛は全量を3年以上熟成させたものに限り、「古酒（クース）」の表示が可能。

56 [正解] 2．2015年
[解説] 2015年8月に改正され、全量を3年以上熟成させたものに限り、「古酒（クース）」の表示が可能になった。

57 [正解] 3．1516年
[解説] 1516年、ドイツでビール純粋令が定められ、原料として麦芽、ホップ、水以外は使用してはならないこととなった。

58 [正解] 1．1866年
[解説] 1866年、Louis Pasteur（ルイ・パストゥール）が提案した低温殺菌法（パストリゼーション）により、ビールは変質せずに長期間の保存が可能になった。

59 [正解] 4．カール・フォン・リンデ
[解説] 1873年、アンモニア冷凍機は初めて工業的に四季を通しての醸造を可能にし、ビールの普及に大きく貢献した。エミール・クリスチャン・ハンセンは1883年、酵母の純粋培養法を発明し、ビールの品質向上へとつなげた。

60 [正解] 1．明治初期
[解説] 明治初期以降、日本のビール産業は黎明期を迎えることになり、一時は100社前後のビール会社ができるほどになる。

61 必 ビールの原料として使用されるホップの効果に関する記述の中から誤っているものを1つ選べ。

1. 味わいを調整し、バランスをとる　　2. 泡もちを良くする
3. 雑菌の繁殖を抑える　　4. 特有の苦味や香りを付与する

---

62 必 チェコのプルゼニュ発祥の爽快な風味の淡色ビールを1つ選べ。

1. Alt　　2. Bock　　3. Weizen　　4. Pilsner

---

63 必 原料に砂糖の使用が許可され、造られ始めた濃色ビールを1つ選べ。

1. Ale　　2. Lambic　　3. Stout　　4. Trappist

---

64 必 ドイツのアインベック発祥の下面発酵ビールを1つ選べ。

1. Pilsner　　2. Bock　　3. Alt　　4. Weizen

---

65 必 ドイツのバイエルン地方の上面発酵ビールの原料を1つ選べ。

1. トウモロコシ　　2. 大麦　　3. 米　　4. 小麦

---

66 必 アルコール度数が通常5.0〜6.0度程度で造られるベルギーのビールを1つ選べ。

1. Trappist　　2. Lambic　　3. Bock　　4. Alt

---

67 麦芽を乾燥させる際にピートを使用するため、独特のスモーキーフレーバーがついているのが特徴であるウイスキーを1つ選べ。

1. Irish Whiskey　　2. Canadian Whisky
3. Bourbon Whiskey　　4. Scotch Whisky

---

68 Scotch Whisky の最低熟成年数を1つ選べ。

1. 2年　　2. 3年　　3. 4年　　4. 5年

---

61 正解 1．味わいを調整し、バランスをとる
解説 ビールの味わいを調整し、バランスをとるのは、米、コーン、スターチ、糖類などの副原料。

62 正解 4．Pilsner（ピルスナー）
解説 Pilsnerはチェコのプルゼニュ（ピルゼン）発祥の下面発酵ビール。
1．Alt（アルト）⇒ ドイツ、デュッセルドルフ／上面発酵
2．Bock（ボック）⇒ ドイツ、アインベック／下面発酵
3．Weizen（ヴァイツェン）⇒ ドイツ、バイエルン／上面発酵

63 正解 3．Stout（スタウト）
解説 Stoutはイギリスの上面発酵ビール。ギネスを代表とする、濃厚でホップの苦味の強い濃色ビール。
1．Ale（エール）⇒ イギリス／上面発酵
2．Lambic（ランビック）⇒ ベルギー、ブリュッセル／自然発酵
4．Trappist（トラピスト）⇒ ベルギー／上面発酵

64 正解 2．Bock（ボック）
解説 Bockはドイツのアインベックが発祥の下面発酵ビール。バイエルン地方で展開。現在は淡色が多い。

65 正解 4．小麦
解説 ドイツのバイエルン地方の上面発酵ビールは、小麦（ドイツ語でヴァイツェン）麦芽を使用したもの。苦味が少なく、炭酸ガスが強い。

66 正解 2．Lambic（ランビック）
解説 Lambicはベルギーのブリュッセル地方で造られる伝統的なビール。培養酵母は用いず、空気中に浮遊している酵母やバクテリアで、1～2年またはそれ以上自然発酵させる。

67 正解 4．Scotch Whisky（スコッチウイスキー）
解説 スコットランドの自然豊かな土地には、100以上の蒸溜所があり個性豊かなウイスキーを育んでいる。

68 正解 2．3年
解説 Scotch Whisky の定義は、穀類を原料として酵母により発酵させ、アルコール分94.8度未満で蒸溜し、700ℓ以下のオーク樽で最低3年以上熟成させ、瓶詰めアルコール40度以上のもの。

69 原料にトウモロコシ51％以上とライ麦少量を用いるウイスキーを1つ選べ。

1. Bourbon Whiskey　　2. Scotch Whisky
3. Canadian Whisky　　4. Irish Whiskey

70 〔難〕 Bourbon Whiskey に関して、「ストレート」の表示をする際の最低熟成年数を1つ選べ。

1. 2年　　2. 3年　　3. 4年　　4. 5年

71 クセのない酒質を持ち、ライトでマイルドなのでカクテルベースとしても使いやすいウイスキーを1つ選べ。

1. Japanese Whisky　　2. Bourbon Whiskey
3. Irish Whiskey　　4. Canadian Whisky

72 竹鶴政孝がグラスゴーに派遣された年を1つ選べ。

1. 1910年　　2. 1918年　　3. 1923年　　4. 1937年

73 「サントリー ウイスキー白札」の発売年を1つ選べ。

1. 1918年　　2. 1929年　　3. 1936年　　4. 1937年

74 Cognac地方の中でGrande Champagneの土壌を1つ選べ。

1. 粘土質土壌　　2. 砂利質土壌　　3. 石灰岩土壌　　4. 砂質土壌

75 〔難〕 Cognac地方の中で「珪土を含む粘土質土壌。丸みがあり、特にクパージュ（混合）に使用する」に該当する地区を1つ選べ。

1. Grande Champagne　　2. Petite Champagne
3. Borderies　　4. Fins Bois

69 【正解】 1. Bourbon Whiskey（バーボンウイスキー）

【解説】 Bourbon Whiskeyの定義は、原料の穀物中にトウモロコシを51%以上含み80度以下で蒸溜し、さらに内面を焦がしたホワイトオークの新樽を使用し、アルコール度数62.5度以下で熟成したもの。

70 【正解】 1. 2年

【解説】 Bourbon Whiskeyは2年以上の熟成でStraight Bourbon Whiskey（ストレートバーボンウイスキー）を名乗れる。特有の赤みがかった色味と華やかな香りが特徴。

71 【正解】 4. Canadian Whisky（カナディアンウイスキー）

【解説】 Canadian Whiskyは、5大ウイスキーの中でもライトな酒質が特長で、比較的クセのない軽快なフレーバーが魅力。

72 【正解】 2. 1918年

【解説】 阿部喜兵衛は1918年、竹鶴政孝をグラスゴーに派遣し、ウイスキーの生産技術を学ばせた。

73 【正解】 2. 1929年

【解説】 「サントリーウイスキー白札」は日本初のウイスキー造りを開始した鳥井信治郎が、国産ウイスキー第1号として1929年に発売。しかし中々売れず、1937年にようやく誕生したのが「角瓶」で、発売と同時に日本人の心をつかんだ。

74 【正解】 3. 石灰岩土壌

【解説】 Grande Champagne（グランド・シャンパーニュ）は石灰岩土壌。繊細で力強く、ボリューム感のある最高品質のコニャック。

75 【正解】 3. Borderies（ボルドリー）

【解説】 1. Grande Champagne ⇒ 最高品質
2. Petite Champagne（プティット・シャンパーニュ）⇒ 非常に繊細

76 Cognac 地方の中で最も栽培面積の大きい地区を1つ選べ。

1. Grande Champagne　　2. Fins Bois
3. Borderies　　4. Petite Champagne

77 Cognac の熟成表示の規定で「V.S.O.P.」のコントを1つ選べ。

1. コント2　　　2. コント4　　　3. コント6　　　4. コント10

78 Cognac の熟成表示の規定で「コント10」に属するものを1つ選べ。

1. Napoleon　　2. V.S.O.P.　　3. V.S.　　4. Hors d'âge

79 Armagnac の地区の中で最高品質となる地区を1つ選べ。

1. Haut-Armagnac　2. Bas-Armagnac　3. Armagnac- Ténarèze

80 Armagnac の熟成年数の表示で「コント1」に属するものを1つ選べ。

1. X.O.　　2. V.S.O.P.
3. Trois Étoiles　　4. Hors d'âge

81 マール・ダルザス・ゲヴュルツトラミネール（Marc d'Alsace Gewürztraminer）の最低アルコール度数を1つ選べ。

1. 38度　　2. 40度　　3. 42度　　4. 45度

82 Calvados Pays d'Auge の最低熟成期間を1つ選べ。

1. 1年　　2. 2年　　3. 3年　　4. 4年

83 Calvados で最低熟成表示が3年のものを1つ選べ。

1. V.S.　　2. Vieux　　3. V.O.　　4. X.O.

84 Calvados の熟成表示で「V.S.O.P.」の最低熟成年数を1つ選べ。

1. 2年　　2. 3年　　3. 4年　　4. 6年

76 正解 2．Fins Bois（ファン・ボワ）
解説 Fins Boisは3万haを超え、Petite Champagne、Grande Champagneが続く。

77 正解 2．コント4
解説 コント4はほかに、Réserve、Vieux、Rare、Royalと表記されるものがある。コントは収穫翌年の4月1日から起算し、コント4は最低貯蔵4年を意味する。

78 正解 4．Hors d'âge（オル・ダージュ）
解説 1．Napoleon ⇒ コント6
2．V.S.O.P. ⇒ コント4
3．V.S. ⇒ コント2

79 正解 2．Bas-Armagnac（バ・ザルマニャック）
解説 Bas-Armagnacは砂の最も多い、最高品質の土壌。

80 正解 3．Trois Étoiles（トロワ・ゼトワール）
解説 1．X.O.⇒コント10
2．V.S.O.P⇒コント4
4．Hors d'âge⇒コント10

81 正解 4．45度
解説 「マール」（フランス）とは、ブドウの房や発酵終了後の醪を圧搾した果皮や種などを発酵、蒸溜して得たEaux-de-vie（オー・ド・ヴィー）のこと。

82 正解 2．2年
解説 Calvados Pays d'Auge（カルヴァドス・ペイ・ドージュ）は2年以上、Calvados Domfrontais（〜ドンフロンテ）は3年以上熟成させる。

83 正解 2．Vieux（ヴュー）
解説 Vieuxは最低3年熟成。V.S.は2年、V.O.は4年、X.O.は6年。

84 正解 3．4年
解説 V.S.O.P.は最低4年熟成（V.O.、Vieille Réserveも4年）。

85 サクランボ原料のブランデーのフランスにおける名称を1つ選べ。

1. Grappa 　　2. Marc 　　3. Kirsch 　　4. Cidre

86 Eaux-de-vie de Fruits で「スモモ」が原料のものを1つ選べ。

1. Cassis 　　2. Prune 　　3. Abricot 　　4. Poire Williams

87 ジュニパーベリーやコリアンダーシードなどのボタニカルを加えて再度蒸溜したスピリッツを1つ選べ。

1. Gin 　　2. Vodka 　　3. Tequila 　　4. Rum

88 ボンベイやビーフィーターなどの銘柄が代表的なスピリッツを1つ選べ。

1. Vodka 　　2. Gin 　　3. Rum 　　4. Tequila

89 白樺の炭で濾過するスピリッツを1つ選べ。

1. Gin 　　2. Tequila 　　3. Vodka 　　4. Rum

90 Tequilaの種類で1年以上3年未満熟成させたタイプの名称を1つ選べ。

1. エキストラアホネ 　　2. アネホ
3. レポサド 　　4. ホーベン

91 マルガリータのベースに使用されるスピリッツを1つ選べ。

1. Rum 　　2. Vodka 　　3. Gin 　　4. Tequila

92 パトロンや1800などの銘柄が代表的なスピリッツを1つ選べ。

難

1. Tequila 　　2. Rum 　　3. Vodka 　　4. Gin

85 [正解] 3. Kirsch（キルシュ）

[解説] サクランボ原料のブランデーは、フランスではKirsch、ドイツでは Kirschwasser（キルシュヴァッサー）と呼ばれ、フランスの「Kirsch de Fougerolles（キルシュ・ド・フジェロル）」はA.O.C.に認定されている。

86 [正解] 2. Prune（プリュヌ／スモモ）

[解説] 1. Cassis（カシス）⇒ 黒スグリ
3. Abricot（アブリコ）⇒ アンズ
4. Poire Williams（ポワール・ウィリアム）⇒ 洋梨

87 [正解] 1. Gin（ジン）

[解説] Ginは穀類が原料。連続式蒸溜機で蒸溜したグレーンスピリッツに、ジュニパーベリー（杜松の実）の他、多様なボタニカル（草根木皮）を加えて、さらに単式蒸溜器でゆっくりと再蒸溜して造る。

88 [正解] 2. Gin

[解説] Ginには、他にはゴードン、タンカレーといった代表銘柄もある。

89 [正解] 3. Vodka（ウォッカ）

[解説] Vodkaはトウモロコシ、小麦、大麦などの穀類、ジャガイモなどのイモ類が原料。糖化、発酵、蒸溜してできたスピリッツを白樺の炭で濾過。

90 [正解] 2. アネホ

[解説] アネホは1年以上3年未満、エキストラアネホ（ムイアネホ）は3年以上、レポサドは2ヵ月〜1年未満の短期熟成させたタイプ。

91 [正解] 4. Tequila（テキーラ）

[解説] Tequilaはブルー・アガベ（竜舌蘭）を原料（51%以上使用）とするスピリッツ。無色透明で、シャープなものはカクテルベースにも用いる。

92 [正解] 1. Tequila（テキーラ）

[解説] Tequilaの代表的な銘柄にはクエルボ、サウザのほかに、伝統的な製法を守るエラドゥーラやエルテソロ、ドンフリオなどがある。その中でパトロンや1800、サウザ・オルニートスなどの銘柄が伸張している。

93 難 メキシコの蒸溜酒で、Tequilaの他に原産地称呼として認められているものを1つ選べ。

1. チトース　　2. チャランダ
3. ヘンドリックス　　4. グレイグース

---

94 A.O.C. Martinique Rhum Agricoleのラムの消費される時点での最低アルコール度数を1つ選べ。

1. 30度　　2. 38.5度　　3. 40度　　4. 45度

---

95 北欧で製造される、キャラウェイの種子などを香り付けしたスピリッツを1つ選べ。

1. Gin　　2. Tequila　　3. Vodka　　4. Aquavit

---

96 Aquavitの製造において、香り付けに使用する香草を1つ選べ。

1. チェリー　　2. オレンジの果皮
3. キャラウェイ　　4. アーティチョーク

---

97 クレーム・ド・カシス1ℓあたりに必要な最低糖分量を1つ選べ。

1. 250g　　2. 300g　　3. 350g　　4. 400g

---

98 Absintheの香味の主原料を1つ選べ。

1. アーティチョーク　　2. ニガヨモギ
3. リコリス　　4. ボタニカル

---

99 Chartreuse Verteのアルコール度数を1つ選べ。

1. 40度　　2. 45度　　3. 50度　　4. 55度

93 **正解** 2. チャランダ (Charanda)
解説 チャランダはミチョアカン州の指定16市町村で、サトウキビを原料にして造られる蒸留酒。2003年に原産地呼称を取得。

94 **正解** 3. 40度
解説 A.O.C. Martinique Rhum Agricole(マルティニック・ラム・アグリコール) は、サトウキビの搾り汁を発酵させ、蒸溜して得られたラムにのみ認められている。市場に出す場合のアルコール度数は40度以上。

95 **正解** 4. Aquavit (アクアヴィット)
解説 Aquavitはじゃがいもを主原料として蒸留されたスピリッツに、キャラウェイ、フェンネル、アニス、クミンなどのスパイスで香り付けがなされている。

96 **正解** 3. キャラウェイ
解説 Ginの香味がジュニパーベリー中心であるのに対し、Aquavitはキャラウェイ、フェンネル、アニス、クミンなどを用いている。

97 **正解** 4. 400g
解説 EU諸国では「糖分が1ℓあたり100g以上含まれているアルコール飲料」をリキュールと定義しており、「糖分が1ℓあたり250g以上含まれるもの」を「クレーム・ド(crème de)」と呼んでもよいことになっている。ただしクレーム・ド・カシスは1ℓあたりの糖分が400g以上でなければならない。

98 **正解** 2. ニガヨモギ
解説 ニガヨモギの精油成分にツジョン (thujone) が含まれるとしてこれまで国内で販売が許可されていなかったAbsinthe (アブサン) について、低レベルのツジョンは副作用を引き起こさないことが判明したことを受け、ツジョンの含有量を定め、同製品の輸入及び販売を認めるとした。

99 **正解** 4. 55度
解説 約130種類ものハーブなどの植物を原料とし、Chartreuse (シャルトリューズ) 特有の非常に複雑な香りと味わいは、食後酒としてだけでなくカクテルとしても楽しまれている。

100 1510年、ベネディクト派修道院で生まれたBénédictineは、フランスのどの地方のリキュールか1つ選べ。

1. ノルマンディ地方　　2. オーヴェルニュ地方
3. イル・ド・フランス地方　　4. アルザス地方

---

101 イタリアのリキュールCampariが生産される州を1つ選べ。

1. Campania　　2. Veneto
3. Piemonte　　4. Lombardia

---

102 次のリキュールの中で最もアルコール度数が高いものを1つ選べ。

1. Sambuca　　2. Amaretto　　3. Cynar　　4. Campari

---

103 アーティチョークを主原料とするリキュールを1つ選べ。

1. Chartreuse　　2. Bénédictine　　3. Suze　　4. Cynar

---

104 Drambuieはどこの国のリキュールか、1つ選べ。

1. ドイツ　　2. イタリア
3. スコットランド　　4. フランス

---

105 Curaçaoの原料を1つ選べ。

1. オレンジの果皮　　2. チェリー
3. アーティチョーク　　4. 黒スグリの実

---

106 ホワイト・キュラソーの代表銘柄、Cointreauが生産されるフランスの地方を1つ選べ。

1. ノルマンディ地方　　2. アルマニャック地方
3. ロワール渓谷地方　　4. コニャック地方

100 正解 1．ノルマンディ地方
解説 1510年、Bénédictineはフランス・ノルマンディ地方にあったベネディクト修道院で、多種のハーブを調合した秘酒として発明されたのが起源。

101 正解 4．Lombardia（ロンバルディア）
解説 イタリア、ロンバルディア州ミラノ産のリキュール。ビター・オレンジ果皮が主原料で、アルコール度数は25度。

102 正解 1．Sambuca（サンブーカ）
解説 Sambucaはイタリア特産のアニス風味リキュールで、無色透明の甘い伝統的混成酒。風味をつける原料にはアニスの種子やスターアニス（八角）などが用いられ、アルコール度数は38度以上。
2．Amaretto（アマレット）⇒ 28度程度
3．Cynar（チナール）⇒ 16度
4．Campari（カンパリ）⇒ 25度

103 正解 4．Cynar（チナール）
解説 Cynarはイタリア産のアーティチョーク（チョウセンアザミ）を主原料に13種類のハーブが使われており、ほろ苦い風味が特徴的。アルコール度数は16度程度と比較的低く、食前酒や食後酒にも用いられる。

104 正解 3．スコットランド
解説 1745年にスコットランドで誕生したDrambuie（ドランブイ）は、スコッチウイスキーと様々なハーブ、スパイスで深い味わいをつくり出している。

105 正解 1．オレンジの果皮
解説 Curaçao（キュラソー）はオレンジの果皮をアルコールとともに蒸溜して製造される柑橘系のリキュール。オレンジの果皮を原料としていることから、その香りとともに苦みも伴う。

106 正解 3．ロワール渓谷地方
解説 Cointreau（コアントロー）は1849年、コアントロー兄弟がフランス、ロワール渓谷地方のアンジェに蒸留所を開業し、開発したリキュール。スイートオレンジとビターオレンジの果皮を配合している。

107 Southern Comfortの原産国を1つ選べ。

1. ギリシャ　　2. ドイツ　　3. イタリア　　4. アメリカ

---

108 代表的な銘柄にルクサルドがある、チェリーを発酵、蒸溜したイタリアのリキュールを1つ選べ。

1. Galliano　　2. Maraschino
3. Amaretto　　4. Frangelico

---

109 中国白酒の中で、米香型で蜜様の香りがあるものを1つ選べ。

難

1. 五糧液　　2. 茅台酒
3. 粉酒　　4. 桂林三花酒

---

110 カクテルでシェーカーを使うものを1つ選べ。

1. フローズン・ダイキリ　　2. サイドカー
3. マティーニ　　4. マンハッタン

---

111 マティーニやマンハッタンなどをつくる際に用いる技法を1つ選べ。

1. Blend　　2. Shake　　3. Stir　　4. Build

---

112 白ワイン＋クレーム・ド・カシスとして作られるカクテルを1つ選べ。

1. フロリダ　　2. バンブー　　3. キール　　4. スティンガー

---

113 ディジェスティフのカクテルでブランデーがベースのものを1つ選べ。

1. アレクサンダー　　2. グラスホッパー　　3. アラスカ

---

107 正解 4. アメリカ

解説 Southern Comfort（サザン・カンフォート）は1874年以来、アメリカの伝統的な職人技で造られている。

108 正解 2. Maraschino（マラスキーノ）

解説 マラスカ種チェリーを発酵、蒸溜した無色透明のリキュール。

109 正解 4. 桂林三花酒（グイリンサンファチュウ）

解説 白酒（パイチュウ）の種類は香りによって分類され、この分類を「香型（シャンシン）」と言う。白酒の定番の香りは「濃香」、「醤香」、「清香」。その他、地方特産の個性豊かな香りの白酒も数多くある。
1. 五糧液（ウーリャンイエ）＝四川省の濃香型、
2. 茅台酒（マオタイチュウ）＝貴州省の醤香型、
3. 扮酒（フェンチュウ）＝山西省の清香型などがある。

110 正解 2. サイドカー

解説 「シェーク」は「振る」という意味。サイドカー、ジン・フィズなどがシェーカーを使うカクテル。サイドカーは古典的なカクテルの代表ともいえ、ブランデー＋ホワイト・キュラソー＋レモンジュースをシェークして、カクテル・グラスに注ぐ。

111 正解 3. Stir（ステア）

解説 「ステア」は「混ぜる」「撹拌する」意味。マティーニはジン＋ドライ・ベルモット、マンハッタンはウイスキー＋スイート・ベルモット。

112 正解 3. キール

解説 キールは白ワインベースのカクテルとして、キール・ロワイヤル（シャンパーニュ＋クレーム・ド・カシス）と共にアペリティフに最適なカクテル。

113 正解 1. アレクサンダー

解説 「ディジェスティフ」はフランス語で「食後酒」の意味。ブランデーがベースのカクテルは、アレクサンダー（ブランデー＋カカオ・リキュール＋生クリーム）、スティンガー（ブランデー＋ホワイト・ペパーミント）などがある。

③

飲料概論

1 下記のミネラルウォーターの中で、硬度が1番高いものを1つ選べ。

1. Crystal Geyser 　　 2. Courmayeur
3. Gerolsteiner 　　 4. Acqua Panna

2 下記のミネラルウォーターの中で、炭酸ガス"あり"のものを1つ選べ。

1. ACQUA PANNA 　　 2. Contrex
3. Ferrarelle 　　 4. QUARZIA

3 下記のミネラルウォーターの中で、ドイツ産のものを1つ選べ。

1. Gerolsteiner 　　 2. Sant Aniol
3. Crystal Geyser 　　 4. Volvic

4 今日の日本茶の標準的存在を1つ選べ。

1. 玉緑茶 　　 2. 抹茶 　　 3. 烏龍茶 　　 4. 煎茶

5 日本茶の国内の主産県上位3県に含まれない県を1つ選べ。

1. 静岡県 　　 2. 三重県 　　 3. 宮崎県 　　 4. 鹿児島県

1 **正解** 2．Courmayeur（クールマイヨール）
解説 採水地はイタリア北部のクールマイヨールで、フランスとの国境をなすアルプス山脈の標高1000m以上の場所に位置している。硬度1612mg/ℓ、炭酸ガス無しのタイプ。

2 **正解** 3．Ferrarelle（フェラレッレ）
解説 Ferrarelleはイタリア・ナポリ郊外のリアルド村が採水地である天然微炭酸水。

3 **正解** 1．Gerolsteiner（ゲロルシュタイナー）
解説 Gerolsteinerの採水地は、ドイツ中西部ゲロルシュタイン。スパークリングタイプとナチュラルミネラルウォータータイプがある。

4 **正解** 4．煎茶
解説 煎茶は普通煎茶とも言う。普通の煎茶＝並品という意味ではない。

5 **正解** 3．宮崎県
解説 国内の主産県上位3県は静岡県、鹿児島県、三重県でこれらの県で全生産量の約8割を占める。

6　紅茶、Assamの特徴として正しいものを1つ選べ。

　　1. バラやスズランの花香、爽快な渋みが特徴
　　2. 中国安徽省で生産される独特のスモーキーフレーバーを持つ
　　3. スリランカの高地で生産され、緑茶に似た適度な渋みと優雅な花香が特徴
　　4. コクが強く濃厚な味わいと芳醇な香りが特徴を持ち、ミルクティーにすることでミルクと融合する

7　インドで生産されフルーティーなマスカットフレーバーが特徴である、極上品に値する紅茶を1つ選べ。

　　1. Keemun　　　2. Assam　　　3. Darjeeling　　　4. Uva

8　コーヒーベルトと呼ばれる地域の緯度は赤道を挟んで何度か、正しいものを1つ選べ。

　　1. 北緯15度から南緯15度まで
　　2. 北緯20度から南緯20度まで
　　3. 北緯25度から南緯25度まで
　　4. 北緯30度から南緯30度まで

---

6 〔正解〕 4. コクが強く濃厚な味わいと芳醇な香りが特徴を持ち、ミルクティーにすることでミルクと融合する

〔解説〕 1. スリランカのUva（ウバ）

2. 中国安徽省のKeemun（キームン）

3. スリランカのNuwara Eliya（ヌワラエリア）

7 〔正解〕 3. Darjeeling（ダージリン）

〔解説〕 インドのDarjeelingにて収穫・生産された紅茶。何も加えないストレートで飲んでこそ繊細な味わいや豊かな風味を楽しむことができる。

8 〔正解〕 3. 北緯25度から南緯25度まで

〔解説〕 コーヒーは、ほとんどが赤道を挟んで南北緯25度、北回帰線と南回帰線の間のいわゆるコーヒーベルトと呼ばれる地域で生産されている。

④

日本

1 海外原料を使ったワインも含めた国内製造ワインのうち、日本ワインの占める割合として近いものを1つ選べ。

1. 約4%　　　2. 約14%　　　3. 約24%　　　4. 約34%

2 1874年、甲府で初めて葡萄酒造りをした人物を1人選べ。

1. 川上善兵衛　　　2. 山田宥教
3. 雨宮勘解由　　　4. 山川祥秀

3 日本の果実酒の消費量が甘味果実酒を超えた年を1つ選べ。

1. 1962年　　　2. 1970年　　　3. 1973年　　　4. 1975年

4 日本ワインの「ワインのラベルの表示ルール」の施行年を1つ選べ。

1. 2015年　　　2. 2016年　　　3. 2017年　　　4. 2018年

5 日本ワインのラベル表示のルールで単一品種表示の際の当該ブドウの最低使用割合を1つ選べ。

1. 75%　　　2. 85%　　　3. 90%　　　4. 100%

6 日本ワインにおいて、「東京で収穫したブドウを85%以上使用し、東京都以外で醸造した場合」のラベルとして正しいものを1つ選べ。

1. 東京ワイン　　　2. 東京産ブドウ使用ワイン
3. 東京醸造ワイン

1 　**正解**　2．約14％
　解説　日本ワインの占める割合は約14％程度しかなく、残りの約8割以上は海外原料に依存している。

2 　**正解**　2．山田宥教（やまだゆうきょう）
　解説　1874年、山田宥教と詫間憲久（たくまのりひさ）の両名が甲府で初めて葡萄酒を製造したことが記録されている。

3 　**正解**　4．1975年
　解説　ワインの消費拡大は東京オリンピック（1964年）、大阪万博（1970年）の頃からで、1975年、ワイン（果実酒）の消費量が甘味果実酒の消費量を上回った。

4 　**正解**　4．2018年
　解説　2015年に国税庁が「果実酒等の製法品質表示基準」を定め、これによって「ワインのラベルの表示ルール」が整い、2018年10月30日に施行。

5 　**正解**　2．85％
　解説　ラベル表示ルールとして地名、品種、収穫年を表示する場合、各々85％以上の使用が義務付けられている。

6 　**正解**　2．東京産ブドウ使用ワイン
　解説　1．東京ワイン ⇒ 東京都で収穫したブドウを85％以上使用し、東京都で醸造したワイン
　2．東京産ブドウ使用ワイン ⇒ 東京都で収穫したブドウを85％以上使用し、東京都以外で醸造したワイン
　3．東京醸造ワイン ⇒ 東京都以外で収穫したブドウを使用し、東京都で醸造したワイン

7 日本ワインの地理的表示を使用する場合、地理的表示名称のいずれか1ヵ所以上に記入する文字を1つ選べ。

1. Geographical Indication　　2. 製造者
3. 行政区画　　4. 酒類品目

8 日本固有の品種で2010年にO.I.V.のリストに掲載が認められたブドウ品種を1つ選べ。

1. 甲州　　2. マスカット・ベーリー A
3. ナイアガラ　　4. デラウェア

9 甲州ブドウの果皮の色を1つ選べ。

1. 淡い黄緑　　2. 黄緑　　3. やや薄い藤紫　　4. 濃い紫

10 甲州ブドウのルーツは、DNA解析の結果、Vitis viniferaと何のDNAが含まれていたか、1つ選べ。

1. Vitis davidii　　2. Vitis riparia
3. Vitis rupestris　　4. Vitis girdiana

11 枝にとげのある野生ブドウで、"トゲブドウ"と称されることもあったブドウ品種を1つ選べ。

[難]

1. Vitis amurensis　　2. Vitis labrusca
3. Vitis coignetiae　　4. Vitis davidii

12 甲州ブドウの収穫時期として適切なものを1つ選べ。

1. 8月下旬から10月前半　　2. 9月上旬から10月前半
3. 9月中旬から10月後半　　4. 9月下旬から10月後半

7 **正解** 1．Geographical Indication（ジオグラフィカル・インディケーション）
解説 G.I.（＝Geographical Indication）制度とは、地域の共有財産である「産地名」の適切な使用を促進する制度。産地からの申立てに基づき、国税庁長官の指定を受けることで、産地名を独占的に名乗ることができる。

8 **正解** 1．甲州
解説 2010年に甲州、2013年にマスカット・ベーリー A、2020年に山幸がO.I.V.（国際ブドウ・ブドウ酒機構）のリストへの掲載を認められた。

9 **正解** 3．やや薄い藤紫
解説 甲州はやや薄い藤紫。樹勢が強く果皮は厚めで、病気に強い品種。

10 **正解** 1．Vitis davidii（ヴィティス・ダヴィディ）
解説 2013年、後藤奈美氏が甲州のDNAを解析。ヨーロッパ系品種 Vitis vinifera（ヴィティス・ヴィニフェラ）寄りの性格でありながら、中国の野生種 Vitis davidiiのDNAが含まれていることが判明した。

11 **正解** 4．Vitis davidii
解説 甲州の枝の付け根にも、実際に小さなとげが見受けられる。

12 **正解** 3．9月中旬から10月後半
解説 甲州ブドウの収穫時期は9月中旬から10月後半とされているが、近年甲州のポテンシャルを意識した栽培方法も採用されていることから、目指すワインのスタイルに合わせた頃合いで収穫されることも多い。

13 「デカンタ・ワールド・ワイン・アワード2014（DWWA）」で、日本ワインとして初の金賞を受賞したブドウ品種を1つ選べ。

1. マスカット・ベーリーA　　2. 甲州
3. メルロ　4. 山幸

---

14 甲州ブドウの栽培地域の北限を1つ選べ。

1. 北上川流域　　2. 東御市　　3. 庄内地方　　4. 新潟市

---

15 〔難〕 アメリカで交配育種され、1897年に川上善兵衛が日本に導入。日本ワイン全体の中で赤用品種4位の生産量のブドウ品種を1つ選べ。

1. コンコード　　2. マスカット・ベーリーA
3. キャンベル・アーリー　　4. ブラック・クイーン

---

16 「ブラック・クイーン×カベルネ・ソーヴィニヨン」の交配によるブドウ品種を1つ選べ。

1. 甲斐ノワール　　2. ベーリー・アリカントA
3. コンコード　　4. マスカット・ベーリーA

---

17 〔難〕 川上善兵衛が開発した交雑／交配品種でないものを1つ選べ。

1. サンセミヨン　　2. ブラック・クイーン
3. ベーリー・アリカントA　　4. レッド・ミルレンニューム

---

18 「ヤマブドウ×清見」の交配によるブドウ品種を1つ選べ。

1. ビジュ・ノワール　　2. 甲斐ノワール
3. 山幸　4. ヤマ・ソービニオン

---

19 「甲斐ブラン」の交配を1つ選べ。

1. 甲斐×ソーヴィニヨン・ブラン　　2. 甲斐×ピノ・ブラン
3. 甲州×ソーヴィニヨン・ブラン　　4. 甲州×ピノ・ブラン

---

13 正解 2．甲州
解説 中央葡萄酒が北杜市明野町に持つ自社畑で、垣根仕立てにて栽培する甲州から醸造し研鑽を重ねての受賞。

14 正解 3．庄内地方
解説 山形県庄内地方の西荒屋は甲州ブドウの栽培最北の地。収穫時期は10月末。

15 正解 3．キャンベル・アーリー
解説 キャンベル・アーリーは生食用兼用。やや小粒で甘みは控えめ。主に北海道、岩手県、宮崎県などで栽培されている。

16 正解 1．甲斐ノワール
解説 2．ベーリー・アリカントA ⇒ ベーリー×アリカント・ブスケ
4．マスカット・ベーリーA ⇒ ベーリー×マスカット・ハンブルグ

17 正解 1．サンセミヨン
解説 川上善兵衛が開発した交配品種には、他にはマスカット・ベーリーAがある。

18 正解 3．山幸
解説 1．ビジュ・ノワール ⇒ 山梨27号×マルベック
2．甲斐ノワール ⇒ ブラック・クイーン×カベルネ・ソーヴィニヨン
4．ヤマ・ソービニオン ⇒ ヤマブドウ×カベルネ・ソーヴィニヨン

19 正解 4．甲州×ピノ・ブラン
解説 甲斐ブランは1992年に山梨県で開発された。甲斐ノワールと同時に登録。

20 「信濃リースリング」は何とリースリングの交配か、1つ選べ。

1. シャルドネ　　　2. 甲州
3. ソーヴィニヨン・ブラン　　　4. ピノ・ブラン

---

21 日本のブドウの仕立て法で、棚仕立てが採用された時期を1つ選べ。

1. 安土桃山時代　　　2. 江戸時代
3. 明治時代　　　4. 大正時代

---

22 日本のブドウの仕立て法で、シャルドネやメルロにも採用されているものを1つ選べ。

1. 一文字型短梢剪定　　　2. H字型短梢剪定
3. スマートマイヨーガー　　　4. X字型剪定

---

23 日本のブドウの仕立て法で、垣根仕立てが占める割合を1つ選べ。

1. 約15%　　　2. 約25%　　　3. 約35%　　　4. 約45%

---

24 国税庁が「北海道」をワイン産地として地理的表示指定した年を1つ選べ。

1. 2010年　　　2. 2013年　　　3. 2015年　　　4. 2018年

---

25 1982年のPinot Noirに始まり、1984年に本格的なブドウ栽培を開始した市町村を1つ選べ。

1. 余市町　　　2. 富良野市　　　3. 浦臼町　　　4. 小樽市

---

26 2012年、日本初の委託醸造を目的としたワイナリーが設立された道府県を1つ選べ。

1. 山梨県　　　2. 大阪府　　　3. 北海道　　　4. 福岡県

20 正解 1．シャルドネ
解説 信濃リースリングはマンズワインが開発。シャルドネ×リースリングの交配品種。

21 正解 2．江戸時代
解説 棚仕立ては江戸時代に考案されたと言われる日本独自のブドウの仕立て方。

22 正解 1．一文字型短梢剪定（いちもんじがたたんしょうせんてい）
解説 一文字型短梢剪定は、棚仕立てで短梢に剪定する。新梢や房の管理作業が直線的になり、作業効率が良い。

23 正解 3．約35％
解説 日本では垣根仕立てが増加傾向にあり全体の約35％を占めるまでになった。その対象品種はメルロ、シャルドネの順となる。

24 正解 4．2018年
解説 国税庁は2018年、国が地域ブランドを保護する地理的表示（G.I.）で、ワイン産地として「北海道」を指定。ワインでは「山梨」に次ぐ2番目となる。

25 正解 1．余市町
解説 1980年代からの栽培の継続とノウハウの蓄積が、21世紀以降の北海道におけるPinot Noir栽培拡大の大きな要因と考えられる。

26 正解 3．北海道
解説 2012年、北海道空知地方岩見沢市に10R（トアール）ワイナリーが設立される。10Rはカスタムクラッシュワイナリー（受託醸造所）で、ワイン産地としての北海道の潜在能力を最大限に引きだすことを目標としている。

27 北海道の周囲を流れる海流の中で、親潮とも呼ばれる寒流を1つ選べ。

1. 対馬海流　　2. 宗谷海流
3. 千島海流　　4. 津軽海流

---

28 北海道のワイン産地で海洋性気候の地域を1つ選べ。

1. 三笠　　　2. 富良野　　　3. 浦臼　　　4. 余市

---

29 耐寒性の高い品種として山幸が開発された地域を1つ選べ。

1. 池田町　　2. 仁木町　　　3. 余市町　　　4. 上富良野町

---

30 下記の北海道の地図で小樽市の位置を1つ選べ。

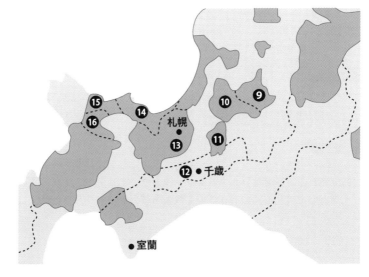

1. ⑨　　　2. ⑩　　　3. ⑭　　　4. ⑯

---

31 余市町が属するブドウ産地を1つ選べ。

1. 十勝地方　　2. 空知地方　　3. 石狩地方　　4. 後志地方

---

27 正解 3．千島海流
解説　千島海流は千島列島から北海道を抜け、東北太平洋側へと流れてくる寒流。また北海道の周囲を流れる暖流としては対馬海流、津軽海流がある。

28 正解 4．余市
解説　海洋性気候は後志地方の余市湾に面した余市町、函館湾に面した北斗市。内陸性気候は池田町、富良野市、空知地方の岩見沢市と三笠市と浦臼市。

29 正解 1．池田町
解説　山幸（ヤマブドウ×清見）は、耐寒性の高い品種として、十勝地方の池田町ブドウ・ブドウ酒研究所が1978年に開発した。

30 正解 3．⑭（小樽市）
解説　1．⑨ ⇒ 三笠市
2．⑩ ⇒ 岩見沢市
4．⑯ ⇒ 仁木町

31 正解 4．後志（しりべし）地方
解説　後志地方に位置する余市町は、個性豊かなワイナリーが次々と開業し、ワイン産業が活性化している。余市町は問30の地図の⑮の位置。

32 北海道にあるワイナリーを1つ選べ。

1. 酒井ワイナリー　　2. ドメーヌ・ナカジマ
3. 飛鳥ワイン　　4. 平川ワイナリー

---

33 北海道空知地方にて増加傾向であるブドウ品種を1つ選べ。

1. ツヴァイゲルト　　2. ケルナー
3. ピノ・ノワール　　4. ナイアガラ

---

34 余市町がワイン特区の認定を受けた年を1つ選べ。

[難] 1. 2008年　　2. 2009年　　3. 2010年　　4. 2011年

---

35 岩手県にあるワイナリーを1つ選べ。

1. 高畠ワイナリー　　2. エーデル・ワイン
3. 岩の原葡萄園　　4. まるき葡萄酒

---

36 「岩手県園芸試験場大迫葡萄試験地」が創設された年を1つ選べ。

[難] 1. 1950年　　2. 1960年　　3. 1970年　　4. 1980年

---

37 ヤマブドウを原料としたワイン造りが特徴的な産地を1つ選べ。

1. 山形県　　2. 岩手県　　3. 青森県　　4. 秋田県

---

38 東北最古のワイナリーがある場所を1つ選べ。

1. 置賜地方の南陽市　　2. 村山地方の上山市
3. 庄内地方の西荒屋地区　　4. 置賜地方の高畠町

---

39 2008年洞爺湖サミットにて使用された、Chardonnayで造られたスパークリングワインを製造したワイナリーが位置する山形県の地域を1つ選べ。

[難] 1. 高畠町　　2. 南陽市　　3. 朝日町　　4. 上山市

---

32 **正解** 4．平川ワイナリー（余市町）
　解説 1．酒井ワイナリー ⇒ 山形県
　2．ドメーヌ・ナカジマ ⇒ 長野県
　3．飛鳥ワイン ⇒ 大阪府

33 **正解** 3．ピノ・ノワール
　解説 空知地方や後志地方の余市町でピノ・ノワールの栽培が可能となったのは、長期的な温暖化傾向と1998年頃に起きた気候シフトによるもので、今後ピノ・ノワールなどの高品質のブドウの生産がさらに拡大する可能性がある。

34 **正解** 4．2011年
　解説 余市町が2011年に北海道内で初めて、「北のフルーツ王国よいちワイン特区」として認定を受ける。

35 **正解** 2．エーデル・ワイン（岩手県）
　解説 1．高畠ワイナリー ⇒ 山形県
　3．岩の原葡萄園 ⇒ 新潟県
　4．まるき葡萄酒 ⇒ 山梨県

36 **正解** 1．1950年
　解説 試験地の指導的役割は大きく、気象・栽培法についてはデータの収集、栽植後の整枝・勢定などを当地に適合したものに工夫していった。

37 **正解** 2．岩手県
　解説 ヤマブドウ生産量の日本一は岩手県で、その主要産地は「久慈市、八幡平市」など。

38 **正解** 1．置賜（おきたま）地方の南陽市（山形県）
　解説 置賜地方の南陽市赤湯町で、酒井ワイナリーが1892年にワイン造りを開始したとされている。

39 **正解** 4．上山市（かみのやまし）
　解説 上山市にあるタケダワイナリーが製造。上山市はワイン産地としての発展をめざし、「かみのやまワインの郷プロジェクト」の一環として、2016年に「かみのやまワイン特区」を取得。

40 マスカット・ベーリー Aの収穫時期が日本で最も遅い地域を1つ選べ。

1. 庄内地方の鶴岡市　　2. 置賜地方の高畠町
3. 庄内地方の西荒屋地区　　4. 村山地方の朝日町

---

41 青森県下北半島のワイナリーが注目を浴びているブドウ品種を1つ選べ。

1. ブラック・クイーン　　2. マスカット・ベーリー A
3. ピノ・ノワール　　4. 甲州

---

42 「新潟ワインコースト」のワイナリーがワイン造りをアピールしているブドウ品種を1つ選べ。

1. 東洋系品種　　2. 欧州系品種
3. アメリカ系品種　　4. 日本交配品種

---

43 新潟県初のワイナリー「岩の原葡萄園」がある市町村を1つ選べ。

1. 胎内市　　2. 南魚沼市　　3. 上越市　　4. 新潟市

---

44 江戸時代から続く魚問屋がスタートさせた、100%自社生産のブドウのみでワインを生産しているワイナリーがある県を1つ選べ。

1. 新潟県　　2. 富山県　　3. 石川県　　4. 福井県

---

45 長野県が「信州ワインバレー構想」を発表した年を1つ選べ。

1. 2008年　　2. 2011年　　3. 2013年　　4. 2015年

---

46 2003年度より運用を始めた「長野県原産地呼称管理制度」の2021年のG.I.名称を1つ選べ。

1. 長野アペラシオン　　2. 長野プロテクション
3. 長野プレミアム　　4. 長野アカデミー

---

40 正解 4. 村山地方の朝日町（山形県）
解説 村山地方の朝日町はマスカット・ベーリー Aの収穫時期が日本で最も遅い。庄内地方の西荒屋地区は甲州ブドウの栽培では北限の地。

41 正解 3. ピノ・ノワール
解説 青森県下北半島の「サンマモルワイナリー」のピノ・ノワールが、日本ワインコンクール史上初となるピノ・ノワールでの金賞を受賞し、その評価が一気に高まった。

42 正解 2. 欧州系品種
解説 海と砂に囲まれた新潟ワインコーストには個性的な数軒のワイナリーが集まる。ここでは欧州系品種のワインを造るという目標を掲げ、アルバリーニョも含めた様々な品種の栽培にチャレンジしている。

43 正解 3. 上越市
解説 日本のワインの父と呼ばれる川上善兵衛は、明治20年代に上越市に岩の原葡萄園を開設。

44 正解 2. 富山県
解説 富山県氷見市のSAYS FARMでは、ドメーヌとして100％自社生産のブドウのみでワインを生産している。2017年シャルドネが日本ワインコンクール金賞を獲得。アルバリーニョも高い評価を得つつある。

45 正解 3. 2013年
解説 長野県は2013年、長野県におけるワイン産業の推進を目指すために策定された「信州ワインバレー構想」を発表。同構想では県内のワイナリー集積地域を「松本盆地・佐久盆地・長野盆地・伊那盆地」の4つのエリアに区分けし、エリアごとに生産者育成・プロモーションなどを推進する。

46 正解 3. 長野プレミアム
解説 「長野県原産地呼称管理制度」は、2021年G. I. 長野の指定とともにG.I.長野プレミアムに移行した。

47 2016年、「日本酒・ワイン振興室」が設置された道県を1つ選べ。

1. 山梨県　　2. 北海道　　3. 長野県　　4. 山形県

48 長野県で小諸市、青木町などの8市町村がワイン特区に認定されているワイン産地を1つ選べ。

1. 桔梗ヶ原ワインバレー　　2. 天竜川ワインバレー
3. 日本アルプスワインバレー　　4. 千曲川ワインバレー

49 長野県において、東御市があるワイン産地を1つ選べ。

1. 天竜川ワインバレー　　2. 桔梗ヶ原ワインバレー
3. 千曲川ワインバレー　　4. 日本アルプスワインバレー

50 長野県において、大町市があるワイン産地を1つ選べ。

1. 日本アルプスワインバレー　　2. 千曲川ワインバレー
3. 天竜川ワインバレー　　4. 桔梗ケ原ワインバレー

51 長野県の天竜川ワインバレーに含まれる盆地を1つ選べ。

1. 伊那盆地　　2. 佐久盆地
3. 松本盆地　　4. 上田盆地

52 信州ワインバレーの中で、最近はシードル生産が活発化している産地を1つ選べ。

1. 千曲川ワインバレー　　2. 天竜川ワインバレー
3. 桔梗ヶ原ワインバレー　　4. 日本アルプスワインバレー

53 国税庁が「山梨」をワインの地理的表示として指定した年を1つ選べ。

1. 2008年　　2. 2010年　　3. 2013年　　4. 2015年

47 **正解** 3. 長野県
解説 2016年、長野県庁に「日本酒・ワイン振興室」が設置された。

48 **正解** 4. 千曲川ワインバレー
解説 佐久市から8市町村長に対する広域特区加入の要望を受け、構造改革特別区域計画の変更を内閣府に申請し、令和3年11月30日付けで認定がされた。

49 **正解** 3. 千曲川ワインバレー
解説 千曲川ワインバレーに位置する東御市には「千曲川ワインアカデミー」があり、ブドウ栽培とワイン醸造、およびワイナリーの起業と経営について総合的な知識と実践的な技術を学ぶことができる。

50 **正解** 1. 日本アルプスワインバレー
解説 日本アルプスワインバレーには、大町市の他、安曇野市、松本市、山形村、池田町が含まれる。

51 **正解** 1. 伊那盆地
解説 天竜川ワインバレーにある伊那盆地は、長野県南部、天竜川に沿って南北に伸びる盆地で伊那谷とも呼ばれる。

52 **正解** 2. 天竜川ワインバレー
解説 天竜川ワインバレーではリンゴ栽培が盛んなことから、伊那市、松川町などでシードル醸造所も誕生している。

53 **正解** 3. 2013年
解説 2013年、国税庁が「山梨」をワインの地理的表示(GI)に指定した。

54 「大日本山梨葡萄酒会社」の流れを引く現在のワイナリーは、シャトー・メルシャンの他にどこか、1つ選べ。

1. まるき葡萄酒　　2. 勝沼醸造
3. あさや葡萄酒　　4. 白百合醸造

55 日本のワイン消費量が年前比162％に上昇した「ワイン元年」と呼ばれる年を1つ選べ。

1. 1962年　　2. 1970年　　3. 1973年　　4. 1975年

56 日本初のワイン特区に認定された市町村を1つ選べ。

1. 山梨市　　2. 甲州市　　3. 北杜市　　4. 甲府市

57 日本ワインの生産量において、山梨県が占める割合を1つ選べ。

1. 約32％　　2. 約42％　　3. 約52％　　4. 約62％

58 山梨県のブドウ生産量において、甲州とマスカット・ベーリー Aの2品種の合計が占める割合として近いものを1つ選べ。

1. 約5割　　2. 約6割　　3. 約7割　　4. 約8割

59 山梨県にあるワイナリーを1つ選べ。

1. 平川ワイナリー　　2. ダイヤモンド酒造
3. 井筒ワイン　　4. 酒井ワイナリー

60 山梨県の主要なブドウ栽培地域で、最も西にある地区を1つ選べ。

1. 一宮町　　2. 明野町　　3. 勝沼町　　4. 御坂町

54 正解 1. まるき葡萄酒
解説 1877年、大日本山梨葡萄酒会社が設立され、高野正誠と土屋龍憲の二人をフランスに留学させ、帰国後本場のワイン製造技術を導入した。宮崎光太郎と土屋らは醸造を続け、その後の現・メルシャンへと発展する。土屋は後に現・まるき葡萄酒を設立する。

55 正解 3. 1973年
解説 1973年は「ワイン元年」とも呼ばれ、オイルショックなど経済的な不安定もあった中、ワインの消費量が前年比162％にまで上昇し、ワインの人気が上昇していった。

56 正解 3. 北杜市
解説 2008年、日本初のワイン特区「北杜市地域活性化ワイン特区」に認定された。

57 正解 1. 約32％
解説 山梨県が占める割合は、日本最大の32.2％を占め、醸造量で最多な品種が甲州、次いでマスカット・ベーリー A、さらにデラウェアと続く。

58 正解 4. 約8割
解説 甲州が約55％、マスカット・ベーリー Aが約25％となり、合計で約8割近くを占める。

59 正解 2. ダイヤモンド酒造
解説 ダイヤモンド酒造は山梨県甲州市にあるワイナリー。
1. 平川ワイナリー ⇒ 北海道
3. 井筒ワイン ⇒ 長野県
4. 酒井ワイナリー ⇒ 山形県

60 正解 2. 明野町
解説 中央葡萄酒は北杜市明野町にある自社管理農園で、甲州の垣根仕立てブドウ栽培試験を始め、現在では4haに至っている。

61 甲州市勝沼町の標高を1つ選べ。

1. 400〜600m　　2. 300〜600m
3. 450〜500m　　4. 350〜800m

62 甲府盆地の中で菱山地区を含む地域を1つ選べ。

1. 甲府盆地北西部　　2. 甲州市勝沼町
3. 甲州市大和地区　　4. 甲州市塩山地区

63 甲府盆地の中で「鳥居平」を含む地域を1つ選べ。

1. 甲州市塩山地区　　2. 甲州市大和地区
3. 甲州市勝沼町　　4. 甲府盆地北西部

64 「甲州ブドウ発祥の地」ともいわれ、甲州ブドウが集中して栽培されている地区を1つ選べ。

1. 勝沼町祝地区　　2. 勝沼町東雲地区
3. 勝沼町勝沼地区　　4. 勝沼町菱山地区

65 山梨県で、日本では数少ない「ドメーヌ型」ワイナリーがある地域を1つ選べ。

1. 甲府盆地東部　　2. 甲府盆地中央部
3. 甲府盆地北西部　　4. 甲府盆地西部

66 大阪府南河内地方の富田林村でブドウが栽培され、ブドウ酒が名産だったと記録されている時代を1つ選べ。

1. 江戸時代　　2. 明治時代　　3. 大正時代　　4. 昭和時代

67 大阪府で本格的なワイン造りが始まった時期を1つ選べ。

1. 明治初期　　2. 明治末期　　3. 大正時代　　4. 昭和初期

61 正解　2．300〜600m
　　[解説]　1．400〜600m ⇒ 甲州市塩山地区
　　3．450〜500m ⇒ 甲州市大和地区
　　4．350〜800m ⇒ 甲府盆地北西部

62 正解　2．甲州市勝沼町
　　[解説]　勝沼町は、勝沼、東雲、菱山、祝の4つの地区に区分される。菱山地区は勝沼町の中で最も標高の高いエリアで、寒暖差が大きいのが特徴。

63 正解　3．甲州市勝沼町
　　[解説]　「鳥居平」は高台に位置する。東の谷から直接吹き付ける「笹子おろし」で寒暖の差が大きくなり、畑に冷涼感を与える。

64 正解　1．勝沼町祝地区
　　[解説]　甲州市勝沼町にある祝地区は「甲州ブドウ発祥の地」ともいわれ、甲州ブドウが集中して栽培されている。

65 正解　3．甲府盆地北西部
　　[解説]　甲府盆地北西部には、最北に北杜市があり甲斐市・韮崎市などが含まれる。特に北杜市にあるドメーヌ　ミエ・イケノでは、ブドウ造りから醸造まで自らの畑と醸造施設で一貫して行っている。

66 正解　1．江戸時代
　　[解説]　『大阪府におけるブドウ栽培の歴史的変遷に関する研究』（小寺正史、1987）によると、後年の南河内地方、中河内地方におけるブドウ産地誕生のきっかけとなった。

67 正解　3．大正時代
　　[解説]　大阪における本格的なワイン造りは大正時代に始まり、代表的な産地の堅下村では、ブドウ栽培栽培技術の進歩と、第一次世界大戦の好景気などに支えられて、大正時代にブドウ栽培は最盛期を迎えた。

68　大阪府産のワイン用原料として醸造量が最多な品種を1つ選べ。

1.　ピオーネ　　　2.　デラウェア
3.　マスカット・ベーリーA　　　4.　巨峰

69　テラロッサという赤土が見られる県名を1つ選べ。

1.　岡山県　　　2.　島根県　　　3.　広島県　　　4.　福岡県

70　島根県産ワインの特徴として正しいものを1つ選べ。

1.　ナイアガラの生産数量が多い
2.　甲州の生産数量が多い
3.　ヤマブドウの生産数量が多い
4.　マスカット・ベーリーAの生産数量が多い

71　九州初のワイナリーが設立された県を1つ選べ。

1.　熊本県　　　2.　宮崎県　　　3.　福岡県　　　4.　大分県

72　九州でワインの醸造量が最も多いブドウ品種を1つ選べ。

1.　デラウェア　　　2.　シャルドネ
3.　マスカット・ベーリーA　　　4.　キャンベル・アーリー

68 正解 2. デラウェア

解説 主力品種のデラウェアは、大阪府が栽培面積全国第3位。1960年にジベレリン処理によるデラウェアの種なし早熟栽培が実用化され、これらの栽培技術がブドウ産地の発展に大きく寄与してきた。

69 正解 1. 岡山県

解説 岡山県新見市は日本でも極めて稀な石灰岩土壌を有し、石灰岩が風化したテラロッサという赤土が覆っていて、フランスの銘醸地と同じ地質を持っている。

70 正解 2. 甲州の生産数量が多い

解説 島根県は甲州の生産数量が多い。全国のワイナリーにおける甲州の受入数量は山梨県に次ぐ第2位を記録しており、島根ワイナリーが日本ワインコンクールで最高賞を受賞している。

71 正解 3. 福岡県

解説 九州初のワイナリーとして1972年、福岡県に巨峰ワイナリーが創業され「巨峰ワイン」が生まれた。

72 正解 4. キャンベル・アーリー

解説 キャンベル・アーリーは北海道の生産が一番多いが、ついで宮崎県、岩手県で多く栽培されている。

⑤

アメリカ

1 アメリカ全体の説明として正しいものを1つ選べ。

[難]
1. 東部と西部の一部の地域でのみワインが造られている
2. 19世紀後半、California州はゴールドラッシュによる人口の増加と経済活動の活発化によりワイン産業がブームとなった
3. アメリカにある約11,546軒のワイナリーのうち、約80%がCalifornia州にある
4. フィロキセラがソノマで発見されたが、ヴィニフェラ系を台木にした接木苗が開発されて再建が進んだ

2 アメリカで禁酒法が施行された時期を1つ選べ。

1. 1912年～1925年　　2. 1910年～1923年
3. 1920年～1933年　　4. 1918年～1931年

3 アメリカのワイン産業において、1934年の出来事として合致しているものを1つ選べ。

1. 禁酒法施行　　2. ワイン・インスティテュート設立
3. パリスの審判 (Judgement of Paris)　　4. Wine Advocateの発行

4 パリ・テイスティングが行われた年を1つ選べ。

1. 1876年　　2. 1886年　　3. 1976年　　4. 1986年

5 パリ・テイスティングでのアメリカワインの順位の組合せとして正しいものを1つ選べ。

1. 白1位、赤1位　　2. 白1位、赤2位
3. 白2位、赤1位　　4. 白2位、赤2位

1 【正解】 2. 19世紀後半、California州はゴールドラッシュによる人口の増加と経済活動の活発化によりワイン産業がブームとなった

【解説】 1. ⇒ ほとんどの州でワインが造られている

3. 約80% ⇒ 約43%

4. ヴィニフェラ (V.vinifera) 系 ⇒ ラブルスカ (V.labrusca) 系

2 【正解】 3. 1920年〜1933年

【解説】 禁酒法によりアルコール産業が衰退する。さらに1929年の世界恐慌の影響、加えて越境者や密輸による自国産業へのダメージもあり、政府は財源の確保が急務となり1933年に撤廃される。

3 【正解】 2. ワイン・インスティテュート設立

【解説】 1934年、ワイン生産者組合で組織される協会、ワイン・インスティテュート (カリフォルニアワイン協会) が設立された。

1. 禁酒法施行 ⇒ 1920年〜1933年

3. パリスの審判 (Judgement of Paris) ⇒ 1976年

4. Wine Advocateの発行 ⇒ 1978年

4 【正解】 3. 1976年

【解説】 1976年はアメリカ独立200年を記念すべき年。Steven Spurrier (スティーヴン・スパリュア) は、カリフォルニアワインとフランスワインをブラインド・テイスティングするイベントを開催。結果、カリフォルニアワインが高い評価を得て世界中のワイン関係者を震撼させたため、ギリシャ神話の挿話になぞらえて、「パリスの審判」と呼ばれた。

5 【正解】 1. 白1位、赤1位

【解説】 白1位はChâteau Montelena ／ Chardonnay 1973、赤1位はStag's Leap Wine Cellars ／ Cabernet Sauvignon 1973。カリフォルニアワインの品質の高さが世界的に証明されたとともに、ワイン業界は世界的な競争と激動の時代に突入していく。

6 アメリカ・メリーランド州の弁護士、Robert M. Parker Jr.が1978年に発行した独自のワイン評価誌を1つ選べ。

1. Wine Spectator　　2. San Francisco Chronicle
3. Wine Advocate　　4. TIME

---

7 ワイン産地の気候について正しいものを1つ選べ。

[難]

1. New York州の大西洋岸は、夏は涼しく冬の寒さも穏やかである
2. Oregon州ではカスケード山脈が海岸山脈と並行に走り、内陸側に行くほど湿った気候になる
3. Washington州では海側からの冷たく湿った風はシェラネヴァダ山脈にぶつかって雨を降らせ、乾燥した暖かい風が内陸側に吹き込む
4. Californiaを代表する太平洋岸地域では、寒流の影響で海に近いほど冷涼で、内陸に入るほど海洋の影響が減少し気温が上がる

---

8 アメリカのワインの製造方法を規定し品質管理を行っている機関を1つ選べ。

1. TTB　　2. BATF　　3. V.Q.A.　　4. G.I.C.

---

9 米国政府認定の栽培地域、A.V.A.の正式名称を1つ選べ。

1. American Vineyards Alliance
2. American Viticultural Areas
3. Appellation Viticultural Areas
4. Americas Viticultural Area

---

10 California州における州名表示の最低ブドウ使用比率を1つ選べ。

1. 75%　　2. 85%　　3. 95%　　4. 100%

---

11 アメリカのワイン法において、品種名表示をする場合の最低ブドウ使用比率を1つ選べ。

1. 75%　　2. 85%　　3. 95%　　4. 100%

---

6 正解 3．Wine Advocate（ワイン・アドヴォケイト）
解説 パーカーポイントとは、Robert M. Parker, Jr.（ロバート・パーカー）が、Wine Advocate誌で、各ワインを100点満点で評価したときにつけた点数のこと。これにより他のワイン消費国への影響も高まった。

7 正解 4．Californiaを代表する太平洋岸地域では、寒流の影響で海に近いほど冷涼で、内陸に入るほど海洋の影響が減少し気温が上がる
解説 1．New York（ニューヨーク）州／夏は涼しく冬の寒さも穏やか ⇒ 夏は蒸し暑いが冬の寒さは厳しい
2．Oregon（オレンゴン）州／湿った気候 ⇒ 乾燥した気候
3．Washington（ワシントン）州／シェラネヴァダ山脈 ⇒ カスケード山脈

8 正解 1．TTB（Alcohol and Tobacco Tax and Trade Bureau ／アルコール・アンド・タバコ・タックス・アンド・トレード・ビューロー）
解説 TTBの役割は、ワインも含めたアルコール製品の完全性を保証すること。消費者を保護し、認可を受けた企業のみがアルコールとタバコ産業に参入できるようにし、アルコールとタバコの不当かつ違法な市場活動を防止する。さらにワインの製造方法を規定し品質管理を行っている。

9 正解 2．American Viticultural Areas（アメリカン・ヴィティカルチュラル・エリアズ）
解説 A.V.A.はワインのラベルに使用される特定の種類の原産地呼称。ブドウの栽培方法に影響を与える特定の地理的または気候的特徴を持つ、境界が定められたブドウ栽培地域のこと。

10 正解 4．100％
解説 国名、州名、County（郡）名の表示は、表示された産地内で収穫されたブドウが75％以上使用されていること。ただし、California（カリフォルニア）州の場合、州名の表記は州内のブドウを100％使用すること。

11 正解 1．75％
解説 TTBがワイン用ブドウと認めた品種をラベルに記載する際、その品種を75％以上使用していなければならない。

12　A.V.A.名を表示しているアメリカのワインで、収穫年を表示する場合の最低ブドウ使用比率を1つ選べ。

1.　75％　　　2.　85％　　　3.　95％　　　4.　100％

13　1980年代後半、ボルドーの特定の高貴なブドウ品種のみから造られた赤または白ワインを指すカテゴリーの名称を1つ選べ。

1.　Semi-Generic　　2.　Meritage　　3.　Varietal　　4.　Generic

14
[難]
20世紀のCaliforniaにおいて、優れたCabernet Sauvignonを生み出したことで有名なロシア生まれのワインメーカーを1人選べ。

1.　アンドレ・チェリチェフ　　　2.　ルイ・マルティーニ
3.　ロブ・デイヴィス　　　4.　リック・セイヤー

15　FFFやCCSWが関連するものを1つ選べ。

1.　サステイナブル　　　2.　セミ・ジェネリック
3.　禁酒法　　　4.　パリ・テイスティング

16　Dr. Cliff Ohmart（クリフ・オーマート博士）の発案により、持続可能なブドウ栽培への取り組みが始まり、2005年正式にサスティナブル認証された制度を1つ選べ。

1.　CCSW　　　2.　SIP　　　3.　Lodi Rules　　　4.　ナパ・グリーン

12 正解 3. 95％

解説 A.V.A.名を表示している場合は、同一年に収穫されたブドウを95％以上使用していること。A.V.A.名以外の原産地（州名、County）を表示している場合は、同一年に収穫されたブドウを85％以上使用していること。

13 正解 2. Meritage（メリテージ）

解説 Meritageとは、ブドウの品質を反映する「メリット」と、ブレンドの伝統を認める「ヘリテージ：遺産」を組み合わせた造語。

1. Semi-Generic（セミ・ジェネリック）⇒ 銘柄の一部に、「バーガンディ」「シャブリ」「モーゼル」などヨーロッパの有名ワイン産地名を使ったワイン。2006年から特定のSemi-Genericの使用はNG

3. Varietal（ヴァラエタル）⇒ ブドウ品種名をラベルに表示したワイン

14 正解 1. アンドレ・チェリチェフ（André Tchelistcheff）

解説 白ワインを発酵させるための涼しい部屋を建設したり、赤ワインを製造する際の標準的な手法としてマロラクティック発酵を確立したりしたが、特にCabernet Sauvignonのスタイルを確立したことで有名。

15 正解 1. サステイナブル

解説 FFF（Fish Friendly Farming／フィッシュ・フレンドリー・ファーミング）は、魚や野生生物の生息地を回復し、水質を改善するために管理されている農業資産に対する持続可能な認証プログラム。

CCSW（Certified California Sustainable Winegrowing／サーティファイド・カリフォルニア・サスティナブル・ワイングローイング）は、環境、人々、ビジネスを保護しながら高品質のワイン用ブドウとワインを生産することに特化した、世界的に認知され広く採用されている認証プログラム。

16 正解 3. Lodi Rules（ローダイ・ルール）

解説 Lodi Rulesは、カリフォルニアの農家によって作成された、アメリカ独自の持続可能なワイン栽培プログラム。カリフォルニア州、ワシントン州、イスラエルなどで採用されている。

17 下記の North Coast の地図で Sonoma County の位置を1つ選べ。

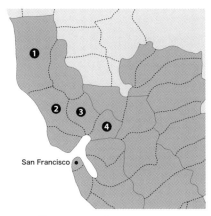

1. ①　　2. ②　　3. ③　　4. ④

---

18 カリフォルニアのブドウ面積の上位3位の順番として正しいものを1つ選べ。

1. Chardonnay ⇒ Merlot ⇒ Cabernet Sauvignon
2. Chardonnay ⇒ Cabernet Sauvignon ⇒ Zinfandel
3. Cabernet Sauvignon ⇒ Chardonnay ⇒ Pinot Noir
4. Cabernet Sauvignon ⇒ Zinfandel ⇒ Merlot

---

19 アメリカの主要ブドウ品種で、イタリア南部プーリア州の Primitivo と同一品種を1つ選べ。

1. Petite Sirah　　2. Rubired
3. Ruby Cabernet　　4. Zinfandel

---

20 Napa County が属する広域の A.V.A. を1つ選べ。

必

1. North Coast　　2. Southern California
3. Central Coast　　4. Inland Valleys

---

17 正解 2. ② (Sonoma County／ソノマ・カウンティ)
　　解説 1. ① ⇒ Mendocino County (メンドシーノ・カウンティ)
　　3. ③ ⇒ Napa County (ナパ・カウンティ)
　　4. ④ ⇒ Solano County (ソラノ・カウンティ)

18 正解 3. Cabernet Sauvignon ⇒ Chardonnay ⇒ Pinot Noir
　　解説 ちなみに黒ブドウだけの順番は、Cabernet Sauvignon ⇒ Pinot Noir
⇒ Zinfandel ⇒ Merlot となる

19 正解 4. Zinfandel (ジンファンデル)
　　解説 DNA解析の結果、ZinfandelのルーツはイタリアのPrimitivo (プリミ
ティーヴォ) と、クロアチアの古代品種であるCrljenak kaštelanski (ツェリ
ニナック・カシュテランスキ) と遺伝的に同一であることが確認された。

20 正解 1. North Coast (ノース・コースト)
　　解説 Napa Countyのほとんどを占めるNapa Valley A.V.A.には550以上
のワイナリーが存在する。生産量がカリフォルニア全体で4％を占める主要品
種のCabernet Sauvignon (カベルネ・ソーヴィニヨン) が栽培面積の約50％
を占めている。

21

必

Napa Countyの西側に位置する山脈を1つ選べ。

1. ヴァカ山脈　　　2. シェラネヴァダ山脈
3. マヤカマス山脈　　　4. カスケード山脈

22

必

下記のNapa Valleyの地図で⑦にあたるA.V.A.をカタカナで書け。

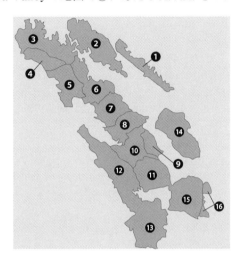

23

必

問22のNapa Valleyの地図で⑯にあたるA.V.A.をカタカナで書け。

24

問22のNapa Valleyの地図で⑧にあたるA.V.A.を1つ選べ。

1. Oakville　　　2. St. Helena
3. Rutherford　　　4. Yountville

25

必

問22の地図でLos Carneros A.V.A.の位置を1つ選べ。

1. ⑨　　　2. ⑭　　　3. ⑫　　　4. ⑬

21 正解　3．マヤカマス山脈

解説　Napa County の西側の Sonoma County との間にはマヤカマス山脈があり、東側の Solano County との境界線にはヴァカ山脈がある。

22 正解　ラザフォード

解説　ラザフォードダストと表現される土埃のような独特の粒子のタンニンが、優雅さを持つ Cabernet Sauvignon を造っている。

23 正解　ワイルド・ホース・ヴァレー

解説　ワイルド・ホース・ヴァレーは、Napa Valley と Solano Valley（ソラノ・ヴァレー）の両方にまたがる A.V.A.。

24 正解　1．Oakville（オークヴィル／⑧）
2．St. Helena（セント・ヘレナ）⇒ ⑥
3．Rutherford（ラザフォード）⇒ ⑦
4．Yountville（ヨーントヴィル）⇒ ⑩

25 正解　4．⑬（Los Carneros ／ロス・カーネロス）

解説　1．⑨ ⇒ Stags Leap District（スタッグス・リープ・ディストリクト）
2．⑭ ⇒ Atlas Peak（アトラス・ピーク）
3．⑫ ⇒ Mount Veeder（マウント・ヴィーダー）

26 次のA.V.A.において、一番北にあるものを1つ選べ。

必
1. Calistoga 　　2. Yountville
3. Oakville 　　4. Rutherford

---

27 Napa Valleyに属するA.V.A.を1つ選べ。

必
1. Russian River Valley 　　2. Spring Mountain District
3. Alexander Valley 　　4. Chalk Hill

---

28 Napa Valleyに属するA.V.A.を1つ選べ。

必
1. Chiles Valley 　　2. Rockpile
3. Alexander Valley 　　4. Monterey

---

29 Sonoma Valleyに属するA.V.A.を1つ選べ。

必
1. Coombsville 　　2. Moon Mountain District
3. Howell Mountain 　　4. Diamond Mountain District

---

30 2018年1月に新設された、Sonoma CountyのA.V.A.を1つ選べ。

必
1. Moon Mountain 　　2. Petaluma Gap
3. Rockpile 　　4. Chalk Hill

---

31 Mendocino Countyが属する広域のA.V.A.を1つ選べ。

1. North Coast 　　2. Southern California
3. Central Coast 　　4. Inland Valleys

---

32 Mendocino Countyに属するA.V.A.を1つ選べ。

1. Anderson Valley 　　2. Atlas Peak
3. Knights Valley 　　4. Alexander Valley

---

26 【正解】 1. Calistoga（カリストガ／問22の地図の③）
【解説】 Calistogaは Napa Valley の北端に位置する。寒暖差があるのでブドウ栽培に最適で、温泉でも有名な地。

27 【正解】 2. Spring Mountain District（スプリング・マウンテン・ディストリクト／問22の地図の⑤）
【解説】 Russian River Valley（ロシアン・リヴァー・ヴァレー）、Alexander Valley、Chalk Hill（チョーク・ヒル）は、いずれも Sonoma Valley。

28 【正解】 1. Chiles Valley（チャイルス・ヴァレー／問22の地図の①）
【解説】 Rockpile（ロックパイル）と Alexander Valley（アレキサンダー・ヴァレー）は Sonoma Valley（ソノマ・ヴァレー）、Monterey（モントレー）は Central Coast（セントラル・コースト）。

29 【正解】 2. Moon Mountain District（ムーン・マウンテン・ディストリクト）
【解説】 Coombsville（クームズヴィル／問22の地図の⑮）、Howell Mountain（ハウエル・マウンテン／同②）、Diamond Mountain District（ダイアモンド・マウンテン・ディストリクト／同④）は、すべて Napa Valley に属する。

30 【正解】 2. Petaluma Gap（ペタルマ・ギャップ）
【解説】 Petaluma Gap は Pinot Noir（ピノ・ノワール）の栽培に最適な地域の1つで、他には Chadonnay（シャルドネ）など高級ブドウが生産されている。

31 【正解】 1. North Coast（ノース・コースト）
【解説】 North Coast A.V.A.には、サンフランシスコの北に位置する6つの郡のブドウ栽培地域が含まれる。その中で Mendocino County は North Coast で最北端のワイン産地。

32 【正解】 1. Anderson Valley（アンダーソン・ヴァレー）
【解説】 Atlas Peak（アトラス・ピーク）は Napa County、Knights Valley（ナイツ・ヴァレー）と Alexander Valley は Sonoma County に属する。

33 San Francisco County が属する広域の A.V.A. を 1 つ選べ。

1. North Coast
2. Southern California
3. Central Coast
4. Inland Valleys

---

34 Central Coast に属する A.V.A. を 1 つ選べ。

1. San Joaquin County
2. San Diego County
3. San Benito County
4. San Bernardino County

---

35 [難] Central Coast Mount Harlan A.V.A. に 1 つだけあるワイナリーを 1 つ選べ。

1. Calera
2. Robert Mondavi
3. Chalone Vineyard
4. Hahn

---

36 Monterey County が属する広域の A.V.A. を 1 つ選べ。

1. North Coast
2. Southern California
3. Central Coast
4. Inland Valleys

---

37 Paso Robles A.V.A. が属する County を 1 つ選べ。

1. Santa Clara County
2. San Benito County
3. San Luis Obispo County
4. Santa Barbara County

---

38 [難] Inland Valleys に属する A.V.A. を 1 つ選べ。

1. Santa Clala Valley
2. Madera
3. Temecula Valley
4. El Dorado

---

39 San Diego County が属するワイン・リージョンを 1 つ選べ。

1. Central Coast
2. North Coast
3. Inland Valleys
4. Southern California

33 正解 3. Central Coast（セントラル・コースト）

解説 Central Coast A.V.A.は、San Francisco County（サン・フランシスコ・カウンティ）南部からLos Angeles（ロサンゼルス）に近いSanta Barbara County（サンタ・バーバラ・カウンティ）までの南北約400km。この広大な地域では場所によって気候と地形が大きく異なるため、同一条件でブドウ栽培をすることは難しい。

34 正解 3. San Benito County（サン・ベニート・カウンティ）

解説 San Joaquin County（サン・ホアキン・カウンティ）はInland Valleys（インランド・ヴァレーズ）、San Diego County（サン・ディエゴ・カウンティ）とSan Bernardino County（サン・バーナディーノ・カウンティ）はSouthern California（サザン・カリフォルニア）に属する。

35 正解 1. Calera（カレラ）

解説 Pinot Noirのパイオニアの1人であるJosh Jensen（ジョシュ・ジェンセン）は、Central Coastのガビラン山脈の標高の高い土地を購入し、そこにCaleraを創設した。

36 正解 3. Central Coast（セントラル・コースト）

解説 Monterey A.V.A.の主要な品種はChardonnayで、生産されるブドウの約50％を占めている。

37 正解 3. San Luis Obispo County（サン・ルイス・オビスポ・カウンティ）

解説 Paso Robles（パソ・ロブレス）A.V.A.は、San Luis Obispo Countyの北半分に位置し、理想的な気候、立地、生育条件のおかげで、Cabernet Sauvignonを主体に、様々なブドウの可能性を最大限に引き出している。

38 正解 2. Madera（マデラ）

解説 1. Santa Clala Valley（サンタ・クララ・ヴァレー）⇒ Central Coast A.V.A.
3. Temecula Valley（テメキュラ・ヴァレー）⇒ Southern California
4. El Dorado（エル・ドラド）⇒ Sierra Foothills（シエラ・フットヒルズ）A.V.A.

39 正解 4. Southern California

解説 Southern CaliforniaにはSan Diegoのほか、Los Angeles、Orange（オレンジ）、Riverside（リヴァーサイド）などのCountyがある。

40 Washington州において、ワイン用ブドウ畑が拓かれたのは何世紀か、1つ選べ。

1. 20世紀　　2. 19世紀　　3. 18世紀　　4. 17世紀

---

41 Washington州の説明として正しいものを1つ選べ。

[難]
1. カスケード山脈西側のワイン産地はHorse Heaven Hillsのみである
2. Columbia Valley A.V.A.の降水量は他のワイン産地に比べて劇的に少なく、ワイン用ブドウを栽培するにはほとんどの場所で灌漑が必要となる
3. Puget Sound A.V.A.は寒暖差が大きく乾燥した大陸性気候
4. 最も高いレーニエ山でも2000m程度である

---

42 Washington州の説明として正しいものを1つ選べ。

[難]
1. 2022年現在、州内に1,500を超えるワイナリーがある
2. 様々なブドウ品種の可能性が試されており100種以上が栽培されている
3. マイクロソフト社の本拠地があり、任天堂のアメリカ本社もある
4. Ancient Lakes of Columbia Valley A.V.A.は、品質の高いCabernet SauvignonとSauvignon Blancで注目されている

---

43 Washington州の説明として正しいものを1つ選べ。

[難]
1. アメリカの州別ワイン生産量で第2位である
2. ブドウ生産量が最も多いのはChardonnayである
3. Puget Sound A.V.A.はカスケード山脈の東側にある
4. Columbia Valley内で、玄武岩の岩盤の上にシルト、砂、砂利の層が見られるのは、モンタナ大洪水と呼ばれる氷河湖決壊で運ばれてきたもの

40 [正解] 2．19世紀
[解説] Washington州のワインの起源は、最初のブドウの木が植えられた19世紀の1825年に遡る。現在では1,100以上のワイナリーがあり、70種類以上のブドウが栽培されている。

41 [正解] 2．Columbia Valley（コロンビア・ヴァレー）A.V.A.の降水量は他のワイン産地に比べて劇的に少なく、ワイン用ブドウを栽培するにはほとんどの場所で灌漑が必要となる
[解説] 1．Horse Heaven Hills（ホース・ヘヴン・ヒルズ）⇒ Puget Sound（ピュージェット・サウンド）
3．寒暖差が大きく乾燥した大陸性気候 ⇒ ワシントン州の中で最も年間降雨量の多い穏やかな海洋性気候
4．2,000m程度である ⇒ 4,392mに達する

42 [正解] 3．マイクロソフト社の本拠地があり、任天堂のアメリカ本社もある
[解説] 1．1,500 ⇒ 1,100
2．100種以上 ⇒ 80種以上
4．Cabernet Sauvignon と Sauvignon Blanc ⇒ Riesling（リースリング）と Chardonnay

43 [正解] 1．アメリカの州別ワイン生産量で第2位である
[解説] 2．Chardonnay ⇒ Cabernet Sauvignon
3．東側 ⇒ 西側
4．モンタナ大洪水 ⇒ ミズーラ大洪水

44 Washington州のブドウの中で、生産量上位3品種の組合せとして正しいものを1つ選べ。

1. Cabernet Sauvignon、Chardonnay、Riesling
2. Cabernet Franc、Merlot、Riesling
3. Cabernet Sauvignon、Chardonnay、Syrah
4. Cabernet Franc、Cabernet Sauvignon、Chardonnay

45 Washington州で最初にA.V.A.認定されたブドウ栽培地域を1つ選べ。

1. Red Mountain　　2. Willamette Valley
3. Puget Sound　　4. Yakima Valley

46 Washington州に属するA.V.A.を1つ選べ。

1. Goose Gap　　2. Rogue Valley
3. Finger Lakes　　4. Lake Erie

47 Idaho州とWashington州にまたがる、2016年に承認されたA.V.A.を1つ選べ。

1. Lewis-Clark Valley　　2. Walla Walla Valley
3. Columbia Gorge　　4. Snake River Valley

48 1997年、Oregon州Willamette Valleyの少数のワイン生産者が設立した、サスティナブル認証を実践する組織を1つ選べ。
[難]

1. LSalmon Safe　　2. Oregon Tilth
3. LIVE　　4. drc

49 Oregon州に属するA.V.A.を1つ選べ。

1. Willamette Valley　　2. Red Mountain
3. Finger Lakes　　4. Horse Heaven Hills

44 正解 1. Cabernet Sauvignon、Chardonnay、Riesling

解説 1位Cabernet Sauvignon、2位Chardonnay、3位Rieslingの順番

45 正解 4. Yakima Valley（ヤキマ・ヴァレー）

解説 Yakima Valley A.V.A.は、1983年Washington州で最初にA.V.A.認定され、今ではWashington州の作付面積の約3分の1を占めている。

46 正解 1. Goose Gap（グース・ギャップ）

解説 Rogue ValleyとWillamette ValleyはOregon州、Lake ErieはNew York州。

47 正解 1. Lewis-Clark Valley（ルイス・クラーク・ヴァレー）

解説 Walla Walla ValleyとColumbia Gorge（コロンビア・ゴージ）は、Washington州とOregon州にまたがり、Snake River Valley（スネーク・リヴァー・ヴァレー）は、Idaho（アイダホ）州とOregon州にまたがる。

48 正解 3. LIVE

解説 LIVE：（Low Input Viticulture and Enology：低投入ブドウ栽培と醸造学の意）は、IOBC（The International Organisation for Biological Control：国際生物管理機構）の欧州支部から認定されている。

49 正解 1. Willamette Valley（ウィラメット・ヴァレー）

解説 Red MountainとHorse Heaven HillsはWashington州、Finger Lakes（フィンガー・レイクス）はNew York州。

50 Oregon州の南端にある A.V.A. を1つ選べ。

1. Columbia Valley
2. Rogue Valley
3. Puget Sound
4. Willamette Valley

---

51 Oregon州 Willamette Valley のサブ・リージョンの A.V.A. を1つ選べ。

[難]

1. Van Duzer Corridor
2. Southern Oregon
3. Applegate Valley
4. Columbia Gorge

---

52 Umpqua Valley A.V.A. の一番北に位置し、最も太平洋近い小規模な
サブ・リージョンの A.V.A. を1つ選べ。

[難]

1. Dundee Hills
2. Elkton Oregon
3. Willamette Valley
4. Puget Sound

---

53 Oregon州の説明として正しいものを1つ選べ。

[難]

1. スターバックスなど新世代コーヒーショップの発祥の地としても知られている
2. ブドウ畑は標高約10mから200mの丘陵の斜面にある
3. 2021年現在、525のワイナリーがあるが、年間生産量5,000ケース以下の小規模ワイナリーが多い
4. Rogue Valley A.V.A. は Oregon の南端にある標高の高い丘陵地

---

54 Oregon州の説明として正しいものを1つ選べ。

[難]

1. Richard Sommer は「オレゴン・ピノ・ノワール繁栄の父」と呼ばれる
2. California に比べて全般的に気温が高く、秋の訪れが遅い
3. 全米で最も厳しいラベル表示法を独自に実践している
4. 栽培面積の約80%を Pinot Noir が占めている

---

50 正解 2. Rogue Valley (ローグ・ヴァレー)

解説 Rogue Valley A.V.A.はOregon州の南端にあり、標高360～600m の標高の高い丘陵地に位置している。

51 正解 1. Van Duzer Corridor (ヴァン・ドゥーザー・コリドー)

解説 Van Duzer Corridorでは海風が渓谷に流れ込み、冷却効果が生じる。この風によりブドウが乾燥し菌類の力を低下させるため、ブドウ栽培にとって魅力的な地域となる。

52 正解 2. Elkton Oregon (エレクトン・オレゴン)

解説 Umpqua Valley A.V.A.には、Elkton Oregon A.V.A.とRed Hill Douglas County (レッド・ヒル・ダグラス・カウンティ) A.V.A.の2つのサブ・リージョンのA.V.A.がある。

53 正解 4. Rogue Valley A.V.A.はOregonの南端にある標高の高い丘陵地

解説 1. ⇒ この説明に該当するのはWashington州

2. 約10mから200mの丘陵の斜面 ⇒ 約60mから500mの山地や丘陵の斜面

3. 525のワイナリー ⇒ 1,058のワイナリー

54 正解 3. 全米で最も厳しいラベル表示法を独自に実践している

解説 1. Richard Sommer (リチャード・ソマー) ⇒ David Lett (デイヴィット・レット)

2. 気温が高く、秋の訪れが遅い ⇒ 気温が低く、秋の訪れが早い

4. 80% ⇒ 59%

55 Oregon州の説明として正しいものを1つ選べ。

[難]

1. カスケード山脈からの雪解け水が河川を潤し、灌漑の必要がない畑も多い
2. 「International Pinot Noir Celebration」がSouthern Oregonのサブ・リージョンであるMcMinnvilleで開催されている
3. Columbia Valley A.V.A.に沿った地域は非常に乾燥した海洋性気候で、夏は暑く冬の寒さは厳しい
4. 州名のラベル表示については、当該産地のブドウを90%使用すること

56 Idaho州とOregon州にまたがるA.V.A.を1つ選べ。

1. Snake River Valley 　　2. Wild Horse Valley
3. Lewis-Clark Valley 　　4. Columbia Gorge

57 20世紀後半、ヴィティス・ヴィニフェラ・ワイナリーを設立した人物を1人選べ。

[難]

1. デイヴィット・レット
2. リチャード・ウンダーヒル
3. コンスタンティン・フランク博士
4. リチャード・ソマー

58 1976年、ワイナリーがワインを製造した際、消費者に直接販売することができることを定めた法律の名称を1つ選べ。

1. Federal Alcohol Administration Act 　　2. 農業省令No.78
3. Farm Winery Act 　　4. ストレーザ協定

55 [正解] 1．カスケード山脈からの雪解け水が河川を潤し、灌漑の必要がない
畑も多い
[解説] 2．Southern Oregon（サザン・オレゴン）⇒ Willamette Valley
3．海洋性気候 ⇒ 大陸性気候
4．90% ⇒ 100%

56 [正解] 1．Snake River Valley（スネーク・リヴァー・ヴァレー）
[解説] Oregon州東部からIdaho州南西部に広がる A.V.A.。ただしこれまで
はOregon側で生産されたワインはほとんどなかった。

57 [正解] 3．コンスタンティン・フランク博士
[解説] コンスタンティン・フランク博士は、米国東部のヴィニフェラ運動の
先駆者であり、フランク家は4世代にわたり、Finger Lakes（フィンガー・
レイクス）全域のブドウ栽培とワイン醸造のリーダーとなっている。

58 [正解] 3．Farm Winery Act（ファーム・ワイナリー・アクト）
[解説] Farm Winery Actによりワインが100%ニューヨーク州産のブドウ
で造られている限り、ワインメーカーはニューヨークのブドウ生産者からブ
ドウを購入し、消費者に直接ワインを販売することが認められた。

59　下記のNew York州の地図でLong Island A.V.A.の位置を1つ選べ。

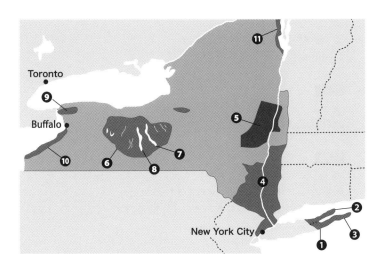

1.　① 　　2.　② 　　3.　③ 　　4.　④

60　上記の地図でSeneca Lake A.V.A.がある位置を1つ選べ。

1.　⑤ 　　2.　⑥ 　　3.　⑦ 　　4.　⑧

61　ニューヨーク州に属し、2019年1月に承認されたA.V.A.を1つ選べ。

1.　Niagara Escarpment 　　2.　Upper Hudson
3.　Lake Erie 　　4.　Champlain Valley of New York

62　New York州の説明として正しいものを1つ選べ。

難

1.　New York市という大市場から至近距離にある点が、地域経済に恩恵
　　をもたらしている
2.　オンタリオ湖に近い州中央部のA.V.A.にはNiagara Escarpment
　　A.V.A.がある
3.　現在のワイナリー数は700となっている
4.　Champlain Valley of New York A.V.A.は2018年9月にA.V.A.認定
　　された

59 正解 1. ① (Long Island ／ロング・アイランド)
解説 2. ② ⇒ North Fork of Long Island (ノース・フォーク・オブ・ロング・アイランド)
3. ③ ⇒ The Hamptons (ザ・ハンプトンズ)
4. ④ ⇒ Hudson River Region (ハドソン・リヴァー・リージョン)

60 正解 4. ⑧ (Seneca Lake A.V.A. ／セネカ・レイク)
解説 1. ⑤ ⇒ Upper Hudson (アッパー・ハドソン)
2. ⑥ ⇒ Finger Lakes (フィンガー・レイクス)
3. ⑦ ⇒ Cayuga Lake (カユガ・レイク)

61 正解 2. Upper Hudson (問59の地図の⑤)
解説 1. Niagara Escarpment (ナイアガラ・エスカープメント) ⇒ ⑨
3. Lake Erie (レイク・エリー) ⇒ ⑩
4. Champlain Valley of New York (シャンプレイン・ヴァレー・オブ・ニューヨーク) ⇒ ⑪

62 正解 1. New York市という大市場から至近距離にある点が、地域経済に恩恵をもたらしている
解説 2. Niagara Escarpment A.V.A. ⇒ Finger Lakes A.V.A.
3. 約700 ⇒ 約470
4. 2018年9月 ⇒ 2016年9月

63 New York州の説明として正しいものを1つ選べ。

難

1. ワイン産地は東のLong Islandから西のPennsylvania州との境界まで東西600kmに及ぶ
2. 17世紀にVitis vinifera種が持ち込まれるものの、厳しい寒さと病害により全滅したことからVitis labrusca種しか育たないと信じられてきた
3. リチャード・ウンダーヒルはFinger Lakes地方でVitis viniferaを使ってのワイン造りを始めた
4. Finger Lakes A.V.A.には、Seneca Lake A.V.A.とLake Erie A.V.A.の2つのサブ・リージョンがある

----

64 Virginia州はアメリカのどこに位置しているか、正しいもの1つ選べ。

1. アメリカの東部、太平洋岸の南部
2. アメリカの東部、大西洋岸の南部
3. アメリカの西部、太平洋岸の南部
4. アメリカの西部、大西洋岸の南部

----

65 Virginia州において、ブドウ生産量が最も多い品種を1つ選べ。

1. Viognier　　2. Cabernet Franc
3. Chardonnay　　4. Merlot

----

66 1820年代にDaniel博士のもとで開発されたアメリカ系交配品種を1つ選べ。

1. Chambourcin　　2. Petit Verdot
3. Norton　　4. Tannat

----

67 Virginia州に属するA.V.A.を1つ選べ。

1. Monticello　　2. Rogue Valley
3. Finger Lakes　　4. Lake Erie

----

63 正解 2. 17世紀にVitis vinifera種が持ち込まれるものの、厳しい寒さと病害により全滅したことからVitis labrusca種しか育たないと信じられてきた

解説 1. 600km ⇒ 800km
3. リチャード・ウンダーヒル ⇒ Charles Fournier（シャルル・フルニエ）
4. Lake Erie ⇒ Cayuga Lake

64 正解 2. アメリカの東部、大西洋岸の南部

解説 Virginia州はイギリスから最初に独立した東部13州のうちの1つ。首都ワシントンD.C.に隣接している。

65 正解 2. Cabernet Franc（カベルネ・フラン）

解説 Cabernet Franc、Chardonnay、Merlotの順になる。

66 正解 3. Norton（ノートン）

解説 Nortonは、その名の由来となったDr. Daniel Norton（ダニエル・ノートン博士）がVirginia州で開発したと考えられていたが、ブドウの本当の起源に関してはいくらかの混乱を引き起こした。そして禁酒法が施行されほとんどのブドウ畑が破壊されるとNortonというブドウはほぼ永久に失われた。

67 正解 1. Monticello（モンティチェッロ）

解説 1770年代、トーマス・ジェファーソンが自宅のMonticelloでワイン造りを試みた。その後何世代ものワイン生産者が彼の意志を引き継ぎ、ワイン造りを継承している。

6

アルゼンチン

1 Catamarca州が属する地方を1つ選べ。

1. アトランティカ地方　　2. クージョ地方
3. ノルテ地方　　4. パタゴニア地方

---

2 Quebrada de Humahuacaが属する州を1つ選べ。

[難]

1. トゥクマン州　　2. フフイ州
3. カタマルカ州　　4. サルタ州

---

3 パタゴニア地方に属する州を1つ選べ。

1. ラ・リオハ州　　2. サルタ州
3. ラ・パンパ州　　4. サン・ルイス州

---

4 Malbecなどを Mendozaのブドウ畑に初めて植えた人物を一人選べ。

[難]

1. Pedro del Castillo　　2. Juan Jufré
3. Nicolas Catena　　4. Michel Aimé Pouget

---

5 20世紀初頭にもたらされた、イタリア由来の栽培仕立て法を1つ選べ。

1. エンバソ　　2. ゴブレ　　3. コルドン　　4. パラール

---

6 20世紀初頭、パタゴニアのヘネラル・ロカに初めてブドウ樹を植えた人物を1人選べ。

[難]

1. Arnaldo Etchart　　2. Humberto Canale
3. Sami Flichman　　4. Nicolas Catena

---

1 **正解** 3. ノルテ地方
解説 ノルテ地方（北部）には、Salta（サルタ）州、Tucuman（トゥクマン）州、Catamarca（カタマルカ）州があり、さらにその北側にJujuy（フフイ）州がある。

2 **正解** 2. フフイ州
解説 フフイ州に所在を置いているI.G. Quebrada de Humahuaca（ケブラダ・デ・ウマワカ）は2003年に世界遺産として登録された。

3 **正解** 3. ラ・パンパ州
解説 パタゴニア地方には、ラ・パンパ州、ネウケン州、リオ・ネグロ州、チュブ州がある。

4 **正解** 4. Michel Aimé Pouget（ミシェル・アイメ・プージェ）
解説 フランスのブドウ栽培家Michel Aimé Pougetが招聘され、フランスのブドウ樹をメンドーサのテロワールに適応させることを最優先事項として活動した。結果、Malbecはアルゼンチンのワイン生産者の間で長年「La Francesa（ラ・フランセサ）＝フランスのブドウ」と呼ばれるようになる。

5 **正解** 4. パラール
解説 アルゼンチンでは地面近くの猛烈な暑さからブドウを守り、ブドウに日陰を与えるために、地元ではParral（パラール）と呼ばれる棚仕立てにてブドウが仕立てられていた。棚仕立てはアルゼンチンとスペインではParral、フランスではPergola（ペルゴラ）という。

6 **正解** 2. Humberto Canale（ウンベルト・カナレ）
解説 パタゴニアでは、多くの生産者がHumberto Canaleの足跡をたどり、ブドウ畑を開発するためにフランスのブドウ品種を輸入してブドウ畑の面積が拡大した。

7 アルゼンチンのブドウ畑が分布する海抜高度を1つ選べ。

1. 450m ～ 3,329m
2. 860m ～ 1,610m
3. 750m ～ 2,980m
4. 430m ～ 2,000m

---

8 アンデス山脈から東側のアルゼンチンへと吹き下ろす乾燥した風の名称を1つ選べ。

1. Mistral
2. Tramontane
3. Zonda
4. Bora

---

9 新梢が垂直に伸びるという意味の仕立て方を何と呼ぶか、1つ選べ。

1. VCP
2. Gobelet
3. VSP
4. Pergola

---

10 栽培面積が大きい黒ブドウ品種の上位3品種の順番として正しいものを1つを選べ。

1. Malbec ⇒ Bonarda ⇒ Cabernet Sauvignon
2. Syrah ⇒ Malbec ⇒ Bonarda
3. Bonarda ⇒ Cabernet Sauvignon ⇒ Malbec
4. Malbec ⇒ Syrah ⇒ Bonarda

---

11 Malbecの交配として正しいものを1つ選べ。

1. マグドレーヌ・ノワール・デ・シャラント×プリュヌラール
2. マグドレーヌ・ノワール・デ・シャラント×プティ・ヴェルド
3. マドレーヌ・ロイアル×プリュヌラール
4. マドレーヌ・ロイアル×プティ・ヴェルド

---

12 4月17日を記念日として、「○○・ワールド・デー」が創設された。○○に入るブドウ品種を1つ選べ。

1. Bonarda
2. Cabernet Sauvignon
3. Malbec
4. Cereza

---

7 正解 1. 450m 〜 3,329m

解説 アルゼンチンのブドウ畑は高度の高いところにあり、特にフフイ州では海抜3,329mの場所にワイナリーが存在する。

8 正解 3. Zonda（ソンダ）

解説 1. Mistral（ミストラル）⇒フランス、ローヌ渓谷から地中海沿岸に吹く北風

2. Tramontane（トラモンタン）⇒フランス、ラングドック・ルーションの乾いた冷たい風

4. Bora（ボーラ）⇒イタリア、フリウリ-ヴェネツィア・ジューリアの冬の冷たい風

9 正解 3. VSP（ヴァーティカル・シュート・ポジション）

解説 VSPと呼ばれる仕立て方で、ブドウの房に太陽が当たりすぎないよう、葉が間接的に房を守るようにコントロールする。

10 正解 1. Malbec ⇒ Bonarda ⇒ Cabernet Sauvignon

解説 一方、白ワイン用品種の順番は、Pedro Gimenez（ペドロ・ヒメネス）、Torrontés（トロンテス）、Chardonnay（シャルドネ）の順となる。

11 正解 1. マグドレーヌ・ノワール・デ・シャラント×プリュヌラール

解説 Malbecの一方の親はMerlotと同じマグドレーヌ・ノワール・デ・シャラント（Merlotの親はCabernet Franc）、もう一方の親はプリュヌラール。

12 正解 3. Malbec（マルベック）

解説 「マルベック・ワールド・デー」は、アルゼンチンのマルベックの世界への普及と、国内ワイン産業の成功を祝うことを目的として創設された。

13

難

フランス・サヴォワ原産のドゥース・ノワールを起源とするブドウ品種を1つ選べ。

1. Cereza　　2. Torrontes　　3. Bonarda　　4. Malbec

14

難

リスタン・プリエトの別名を1つ選べ。

1. Pedro Gimenez　　2. Criolla　　3. Cereza　　4. Bonarda

15

マスカット・オブ・アレキサンドリアとクリオジャ・チカの自然交配品種を1つ選べ。

1. Criolla　　2. Torrontés Riojano
3. Bonarda　　4. Torrontés Mendocino

16

難

ワインに関する法律において、熟した新鮮なブドウもしくは新鮮なブドウ果汁を発酵したスティルワインの名称を1つ選べ。

1. Vino Compuesto　　2. Vinos Espumosos
3. Vinos Genuinos　　4. Vino Gasificado

17

アルゼンチンの原産地呼称法D.O.C. に認定されている地域として、San Rafaelの他のもう1つの地域を1つ選べ。

1. Este　　2. San Carlos
3. Tulum　　4. Luján de Cuyo

18

熟成期間に関する表示において、Gran Reserva赤ワインの最低熟成年数を1つ選べ。

1. 6ヵ月　　2. 1年　　3. 2年　　4. 3年

19

難

I.G. Chapadmalal、I.G. Villa Ventanaが属する地域を1つ選べ。

1. ノルテ　　2. クージョ
3. ブエノスアイレス　　4. パタゴニア

---

13 正解 3. Bonarda

解説 Bonardaはアルゼンチンで2番目に広く栽培されている黒ブドウで、歴史的にはフランス・サヴォワ地方で栽培されてきたドゥース・ノワール（シノニム：コルボ、シャルボノとしても知られる）が起源とされる。

14 正解 2. Criolla（クリオジャ）

解説 Criollaはカナリア諸島のリスタン・プリエトが新大陸に運ばれたもので、チリではパイス、カリフォルニアではミッションと呼ばれる。

15 正解 2. Torrontés Riojano（トロンテス・リオハーノ）

解説 Torrontés RiojanoとTorrontés Sanjuanino（トロンテス・サンファニーノ）はマスカット・オブ・アレキサンドリアとクリオジャ・チカの自然交配品種。

16 正解 3. Vinos Genuinos（ビノス・ヘヌイノス）

解説 Vinos Genuinosは、熟した新鮮なブドウもしくは新鮮なブドウ果汁を発酵したスティルワイン。ワインに関する法律は、INV（国立ブドウ栽培・ワイン醸造研究所）が所管し、ワインの品質管理を行っている。

17 正解 4. Luján de Cuyo（ルハン・デ・クージョ）

解説 D.O.C.（Denominacion de Origen Controlada／デノミナシオン・デ・オリヘン・コントロラダ）には、San Rafael（サン・ラファエル）とLuján de Cuyo（ルハン・デ・クージョ）の2つの地域が認定されている。

18 正解 3. 2年

解説 Gran Reserva白ワインはオーク樽で最低1年熟成し、赤ワインはオーク樽で最低2年熟成する。Reserva白ワインはオーク樽で最低6ヵ月熟成し、赤ワインはオーク樽で最低1年熟成する。

19 正解 3. ブエノスアイレス

解説 I.G. Chapadmalal（チャパドマラル）、I.G. Villa Ventana（ビジャ・ベンタナ）は、ブエノスアイレス州南部の沿岸部に拓かれた新しいブドウ栽培地。

20 Salta州、Tucuman州、Catamarca州を縦断するブドウ栽培地域を1つ選べ。

1. トゥルムヴァレー　　　2. ソンダヴァレー
3. カルチャキヴァレー　　　4. ペデルナルヴァレー

---

21 Mendoza州の説明として正しいものを1つ選べ。

難

1. アルゼンチンのワイン生産量の約70％を占める圧倒的な最大産地
2. Uco Valleyは標高450m〜800mのところにブドウ畑が広がる
3. プリメーラ・ソナではSan RafaelがD.O.C.に認定されている
4. 2019年1月、I.G. Paraje Altamiraの小規模な12ワイン生産者が生産者団体VIGNOを創立した

---

22 Tupungato、Tunuyán、San Carlosの各県で構成されるサブ・リージョン名称を1つ選べ。

1. Mendoza北部　　　2. Uco Valley
3. Mendoza東部　　　4. Mendoza南部

---

23 ブドウ栽培面積が2番目に大きい州を1つ選べ。

1. Mendoza　　　2. La Rioja　　　3. San Juan　　　4. Salta

---

24 ブドウ栽培地として標高が最も低い地域を1つ選べ。

1. Salta　　　2. Rio Negro　　　3. San Juan　　　4. Mendoza

---

25 アルゼンチン最南端のブドウ栽培地域を1つ選べ。

1. Neuquén　　　2. Río Negro　　　3. Salta　　　4. Chubut

---

20 正解 3．カルチャキヴァレー
解説 カルチャキ川に沿ったカルチャキヴァレーが主なブドウ栽培地で、Cafayate（カファヤテ）には多くのワイナリーがある。

21 正解 1．アルゼンチンのワイン生産量の約70％を占める圧倒的な最大産地
解説 2．450m～800m⇒860m～1,610m
3．San Rafael サン・ラファエル⇒Lujan de Cuyo ルハン・デ・クージョ
4．VIGNO⇒PiPA（Productores Independientes de Paraje Altamira：プロドゥクトレス・インデペンディエンテス・デ・パラヘ・アルタミラ）

22 正解 2．Uco Valley（ウコ・バレー）
解説 Uco Valley（＝Valle de Uco／バジェ・デ・ウコ）はMendoza南西部にある。

23 正解 3．San Juan（サン・ファン）
解説 Mendoza次いで大きな面積。San Juan川沿いにブドウ畑が集中している。

24 正解 2．Rio Negro（リオ・ネグロ）
解説 Rio Negroは標高が低いことと緯度が高いことにより気温が相殺される。冬は寒く、夏は暖かく乾燥して、南極の山脈から吹く風は乾燥を促進しブドウ畑を健全にする。

25 正解 4．Chubut（チュブ）
解説 パタゴニア南部のChubut州そのものは南緯45度を越えたところにあり、ブドウ栽培が盛んな地域ではPinot Noir、Chardonnayが多く栽培されている。

⑦

イタリア

1 下記のイタリアの地図で⑥にあたる州をカタカナで書け。

2 問1のイタリアの地図で⑪にあたる州をカタカナで書け。

3 問1のイタリアの地図で②に位置する州を1つ選べ。

1. Lombardia　　2. Piemonte

3. Liguria　　4. Trentino-Alto Adige

4 上記のイタリアの地図でToscana州の位置を1つ選べ。

1. ⑨　　2. ⑩　　3. ⑫　　4. ⑮

1 正解 2．ヴェネト

解説 イタリア北東部にある州で、「水の都」として有名な街ヴェネツィアを有する。

2 正解 1．マルケ

解説 州都アンコーナは古代ローマ時代から非常に重要な東方への窓口としての港。

3 正解 2．Piemonte（ピエモンテ／②）

解説 1．Lombardia（ロンバルディア）⇒ ④
3．Liguria（リグーリア）⇒ ③
4．Trentino-Alto Adige（トレンティーノ・アルト・アディジェ）⇒ ⑤

4 正解 1．⑨（Toscana／トスカーナ）

解説 2．⑩ ⇒ Umbria（ウンブリア）州
3．⑫ ⇒ Lazio（ラツィオ）州
4．⑮ ⇒ Campania（カンパーニア）州

5 イタリアの北部地域で東西を横断する山脈を1つ選べ。

1.　アペニン山脈　　　2.　ピレネー山脈　　　3.　アルプス山脈

6 イタリアで最初の原産地呼称法が制定された年を1つ選べ。

1.　1935年　　　2.　1963年　　　3.　1971年　　　4.　1980年

7 Vino Novelloの炭酸ガス浸漬法（Macerazione Carbonica ／ MC法）で造られたワインの最低含有量を1つ選べ。

1.　20%　　　2.　40%　　　3.　60%　　　4.　80%

8 レモンの皮で造るリキュールのLimoncelloが造られる州を1つ選べ。

1.　Veneto　　　2.　Campania
3.　Emilia Romagna　　　4.　Piemonte

9
［難］
Valle d'Aosta州の固有の黒ブドウ品種を1つ選べ。

1.　Rossese　　　2.　Fumin　　　3.　Croatina　　　4.　Schiava

10
［難］
19世紀、甘口であったBaroloを長期熟成辛口赤ワインとして生まれ変わらせたフランスの醸造家を1人選べ。

1.　ヴィットリオ・エマヌエーレ2世　　　2.　カミッロ・カヴール伯爵
3.　ルイ・ウダール　　　4.　ジュゼッペ・マッツィーニ

11
［難］
地域それぞれの食習慣や食文化を見直す動きとして、Piemonteで誕生した活動の名称を1つ選べ。

1.　スローフード運動　　　2.　フードロス運動
3.　ファストフード運動　　　4.　フードマイルズ運動

5 正解 3．アルプス山脈
〔解説〕 北部地方、アルプス山脈が東西にのび、フランス、スイス、オーストリアとの国境となっている。アペニン山脈はイタリア半島の真ん中を貫く。

6 正解 2．1963年
〔解説〕 D.O.C.法（Denominazione di Origine Controllata：原産地呼称法）は1963年に制定された。Chianti（キャンティ）のようにその質にピンからキリまであるようなワインが一括してD.O.C.G.にランクされ、逆にSassicaia（サッシカイア）のような高品質ワインがD.O.C.にランクされるなど多くの問題があり度々改正されている。

7 正解 2．40%
〔解説〕 イタリアの新酒、Vino Novello（ヴィーノ・ノヴェッロ）には、炭酸ガス浸漬法（Macerazione Carbonica／マチェラツィオーネ・カルボニカ／MC法）で造られたワインを40%以上含むなどの規定がある。

8 正解 2．Campania
〔解説〕 Limoncello（リモンチェッロ）はCampania州のソレント半島とその周辺で造られる。

9 正解 2．Fumin（フミン）
〔解説〕 Fuminの他にPetit Rouge（プティ・ルージュ）という固有黒ブドウもある。ちなみにValle d'Aosta州のD.O.C.ワインは1つだけである。

10 正解 3．ルイ・ウダール
〔解説〕 フランスの醸造家ルイ・ウダールは、それまで甘口であったBaroloを長期熟成辛口赤ワインとして生まれ変わらせた。

11 正解 1．スローフード運動
〔解説〕 「ファストフード」の対義語のように使われる「スローフード」。イタリアのスローフード運動を象徴するもののひとつに、「外国人のためのイタリア料理研修機関（ICIF=Italian Culinary Institute for Foreigners）」がある。イタリアの食文化を国外に伝えることを目的として1991年に設立された。

12 Piemonte州の特色を表すものの組合せとして、正しいものを1つ選べ。

1. フェッラーリとバルサミコ酢
2. アマルフィ海岸とモッツァレッラチーズ
3. 港町ジェノヴァとバジリコ
4. フィアットと白トリュフ

13 イタリアのブドウ品種、Nebbioloの名の由来に関与する気象を1つ選べ。

1. 雹　　2. 霙　　3. 霧　　4. 霜

14 Piemonte州Vercelli県で造られるD.O.C.G.ワインを1つ選べ。

1. Barbaresco　　2. Gattinara
3. Brachetto d'Acqui　　4. Nizza

15 Piemonte州で、Spannaを主体とするD.O.C.G.ワインを1つ選べ。

1. Dogliani　　2. Nizza　　3. Gavi　　4. Ghemme

16 Piemonte州で、Santa Vittoria d'Alba、Streviの2つのゾットゾーナを有するD.O.C.G.ワインを1つ選べ。

1. Asti　　2. Dogliani　　3. Brachetto d'Acqui　　4. Roero

17 Piemonte州で造られる微発泡性甘口赤のD.O.C.G.ワインを1つ選べ。

1. Barbera d'Asti　　2. Barbera del Monferrato Superiore
3. Brachetto d'Acqui　　4. Dolcetto di Diano d'Alba

12 正解 4. フィアットと白トリュフ

解説 19世紀紀末に誕生したフィアットの故郷 Torino（トリノ）は、Piemonte州の州都であり、遠くアルプスの山々を見渡す美しい街。白トリュフは同州アルバの名産品。

13 正解 3. 霧

解説 Nebbiolo（ネッビオーロ）の名前は、ブドウ畑に霧が出る時期に収穫することから、ラテン語の Nebbia（ネッビア：霧）に由来するという説が有力。またブドウが大量に開花する様子が霧を連想させることに由来するという説もある。

14 正解 2. Gattinara（ガッティナーラ）

解説 Gattinara は Vercelli（ヴェルチェッリ）県で Nebbiolo をベースに造られる長期熟成タイプの辛口赤ワイン。
1. Barbaresco（バルバレスコ）⇒ Cuneo（クーネオ）県
3. Brachetto d'Acqui（ブラケット・ダックイ）⇒ Asti（アスティ）県、Alessandria（アレッサンドリア）県
4. Nizza（ニッツァ）⇒ Asti県

15 正解 4. Ghemme（ゲンメ）

解説 Novara（ノヴァーラ）県で造られる Spanna（スパンナ／= Nebbiolo）85%以上を使用する辛口赤ワイン。
1. Dogliani（ドリアーニ）⇒ Dolcetto（ドルチェット）
2. Nizza ⇒ Barbera（バルベーラ）
3. Gavi（ガヴィ）⇒ Cortese（コルテーゼ）

16 正解 1. Asti（アスティ）

解説 Asti では2つのソットゾーナの、Santa Vittoria d'Alba（サンタ・ヴィットリア・ダルバ）、Strevi（ストレーヴィ）が優れた可能性を秘めた地域として賞賛されている。

17 正解 3. Brachetto d'Acqui（ブラケット・ダックイ）

解説 Asti県、Alessandria（アレッサンドリア）県で造られる微発泡性の甘口赤ワインで、スティル、スプマンテ、パッシートがある。

18 Piemonte州で、Dolcettoを主体とするD.O.C.G.ワインを1つ選べ。

1. Gattinara　　2. Nizza
3. Ghemme　　4. Dogliani

---

19 Piemonte州で2020年にD.O.C.G.認定されたワインを1つ選べ。

1. Terre Tollessi　　2. Aglianico del Taburno
3. Ruché di Castagnole Monferrato　　4. Terre Alfieri

---

20 BaroloとBarbarescoの地域に気象上影響を与える川を1つ選べ。

1. タナロ川　　2. セシア川
3. アルノ川　　4. ピアーヴェ川

---

21 Piemonte州Cuneo県Barbaresco地域に存在する村を1つ選べ。

1. Monforte d'Alba　　2. Castiglione Falletto
3. Serralunga d'Alba　　4. Neive

---

22 Piemonte州のD.O.C.G. Roeroの赤ワインの主要品種を1つ選べ。

1. Barbera　　2. Montepulciano　　3. Dolcetto　　4. Nebbiolo

---

23 Piemonte州のD.O.C.G. Alta Langaの生産可能色を1つ選べ。

1. 白　　2. 赤　　3. 白、赤　　4. 発泡白、発泡ロゼ

---

24 Piemonte州で、Tinella、Colli Astiani、Astianoなどのソットゾーナを有するD.O.C.G.ワインを1つ選べ。

1. Alta Langa　　2. Nizza
3. Barbera d'Asti　　4. Barbera del Monferrato Superiore

18 【正解】 4.　Dogliani（ドリアーニ）

【解説】 1.　Gattinara ⇒ Spanna（スパンナ）90％以上

2.　Nizza ⇒ Barbera 100％

3.　Ghemme ⇒ Spanna（Nebbiolo）85％以上

19 【正解】 4.　Terre Alfieri（テッレ・アルフィエーリ）

【解説】 白ワインは Arneis、赤ワインは Nebbiolo が主体で品種名が表記される。

20 【正解】 1.　タナロ川

【解説】 タナロ川はフランスとの国境近くのリグーリア・アルプスから始まり、イタリア北西部に至る長さ276kmの川。

21 【正解】 4.　Neive（ネイヴェ）

【解説】 D.O.C.G. Barbaresco で最も有名な畑の1つは Santo Stefano（サント・ステファノ）。Monforte d'Alba（モンフォルテ・ダルバ）、Castiglione Falletto（カスティリオーネ・ファッレット）、Serralunga d'Alba（セッラルンガ・ダルバ）は、いずれも Barolo の生産地域。

22 【正解】 4.　Nebbiolo

【解説】 Roero（ロエーロ）の赤ワインは Nebbiolo 95％以上、白ワインと Spumante（スプマンテ）は Arneis 95％以上を使用して造られる。

23 【正解】 4.　発泡白、発泡ロゼ

【解説】 Alta Langa は Piemonte 州南部3県の広い範囲で生産されるスプマンテ D.O.C.G. ワイン。生産される全てのワインはヴィンテージが記載される。

24 【正解】 3.　Barbera d'Asti（バルベーラ・ダスティ）

【解説】 Barbera d'Asti において、Tinella（ティネッラ）、Colli Astiani（コッリ・アスティアーニ）、Astiano（アスティアーノ）の表示をするには、特定の地域（Sottozona ／ ソットゾーナ）の条件を満たす必要がある。

25 Piemonte州Cuneo県のD.O.P.ワインを1つ選べ。

1. Langhe　　2. Carema　　3. Lugana　　4. Valtellina

26 Liguria州と関わりが深い人物を1人選べ。

1. レオナルド・ダ・ヴィンチ　　2. クリストファー・コロンブス
3. マルコ・ポーロ　　4. ニッコロ・マキャヴェッリ

27 Liguria州におけるDolcettoのシノニムを1つ選べ。

1. Rossese　　2. Ormeasco　　3. Pigato　　4. Bosco

28 Liguria州のD.O.P. 赤ワインを1つ選べ。

1. Cinque Terre　　2. Fara
3. Rossese di Dolceacqua　　4. Cinque Terre Sciacchetrà

29 D.O.P. Cinque Terreの主要品種を1つ選べ。

1. Pigato　　2. Rossese　　3. Bosco　　4. Pinot Bianco

30 Liguria州の陰干したブドウを使用する甘口ワインを1つ選べ。

1. Colline di Levanto　　2. Cinque Terre Sciacchetrà
3. Colli di Luni　　4. Cinque Terre

31 Liguria州とToscana州にまたがるD.O.P.ワインを1つ選べ。

1. Ormeasco di Pornassio　　2. Colli di Luni
3. Rossese di Dolceacqua　　4. Riviera Ligure di Ponente

25 〔正解〕 1. Langhe（ランゲ）
〔解説〕 Cuneo県を広くカバーした地区で造られる多種多様なタイプの
D.O.C.ワイン。

26 〔正解〕 2. クリストファー・コロンブス（クリストフォロ・コロンボ）
〔解説〕 ジェノヴァ出身で、新大陸を発見した大航海時代の探検家。

27 〔正解〕 2. Ormeasco（オルメアスコ）
〔解説〕 Liguria州では、Dolcettoは「Ormeasco」と呼ばれる。

28 〔正解〕 3. Rossese di Dolceacqua（ロッセーゼ・ディ・ドルチェアックア）
〔解説〕 Liguria州で最も高く評価されているワインの1つである。

29 〔正解〕 3. Bosco（ボスコ）
〔解説〕 Cinque Terre（チンクエ・テッレ）は5つの村の総称で、世界遺産登
録されている。ワインはBoscoを中心に、Albarola（アルバローラ）や
Vermentinoで造られる辛口白ワイン。

30 〔正解〕 2. Cinque Terre Sciacchetrà（チンクエ・テッレ・シャッケトラ）
〔解説〕 Cinque Terreの陰干しの甘口バージョンがCinque Terre Sciacchetrà。

31 〔正解〕 2. Colli di Luni（コッリ・ディ・ルーニ）
〔解説〕 Vermentino（ヴェルメンティーノ）ベースの白ワインとSangiovese（サ
ンジョヴェーゼ）ベースの赤ワインが造られている。

32 D.O.C.G. Franciacortaの主要ブドウ品種は、ChardonnayとPinot Biancoのほかは何か、1つ選べ。

1. Friulano   2. Groppello
3. Nebbiolo   4. Pinot Nero

---

33 Lombardia州ベルガモにおいて、陰干しして造られる甘口のD.O.C.G.ワインを1つ選べ。

1. Oltrepò Pavese Metodo Classico   2. Brachetto d'Acqui
3. Moscato di Scanzo   4. Recioto della Valpolicella

---

34 Lombardia州において、Maroggia、Sassella、Grumello、Inferno、Valgellaの5つのソットゾーナを有するD.O.C.G.ワインを1つ選べ。

1. Valtellina Superiore   2. Moscato di Scanzo
3. Franciacorta   4. Oltrepò Pavese Metodo Classico

---

35 Lombardia州ガルダ湖周辺で造られるD.O.P.ワインを1つ選べ。

1. Franciacorta   2. Valtellina
3. Oltrepò Pavese   4. Lugana

---

36 Trentino-Alto Adige 州のスパークリングワイン Trento の主要品種を1つ選べ。

1. Chardonnay   2. Pinot Grigio
3. Nosiola   4. Pinot Bianco

---

37 オーストリアとの国境近くに広がる、世界遺産でもある山岳景観を何というか、1つ選べ。

1. コーカサス山脈   2. アペニン山脈
3. ドロミーティ山塊   4. アルプス山脈

32 　**正解**　4.　Pinot Nero（ピノ・ネーロ）
　解説　Franciacorta（フランチャコルタ）は瓶内二次発酵のスパークリング
ワイン。主要品種にはChardonnay（シャルドネ）、Pinot Nero、Pinot Bianco
（ピノ・ビアンコ）、Erbamat（エルバマット）がある。

33 　**正解**　3.　Moscato di Scanzo（モスカート・ディ・スカンツォ）
　解説　Moscato di Scanzoは同名の黒ブドウ品種を陰干し（appassimento ア
パッシメント）して造られる甘口の赤ワイン。Lombardia州には、3ヵ月程度
陰干しされたブドウで造られるD.O.C.G. Sforzato di Valtellina（スフォル
ツァート・ディ・ヴァルテリーナ）もある。

34 　**正解**　1.　Valtellina Superiore（ヴァルテッリーナ・スペリオーレ）
　解説　ミラノの北、スイス国境にも近いValtellina渓谷で、南向きの急斜面
の段状の畑で栽培されるChiavennasca（キアヴェンナスカ=Nebbiolo）を主
体に造られる。

35 　**正解**　4.　Lugana（ルガーナ）
　解説　Brescia（ブレージャ）県とVeneto州Verona（ヴェローナ）県にまた
がり、ガルダ（Garda）湖の南に広がる産地。しっかりとした酸とミネラルの
白ウインが特徴。
　1.　Franciacorta ⇒ イゼオ湖の南の産地
　2.　Valtellina ⇒ Sondrio（ソンドリオ）県
　3.　Oltrepò Pavese（オルトレポ・パヴェーゼ）⇒ Pavia（パヴィア）県

36 　**正解**　1.　Chardonnay
　解説　Trento（トレント）はFranciacortaと並んでイタリアを代表する瓶内
二次発酵スパークリングワイン。フェッラーリ社のスプマンテが有名であり、
D.O.C. Trentoを構成する上で必要不可欠となっている。

37 　**正解**　3.　ドロミーティ山塊
　解説　Trentino-Alto Adige州の真ん中を北から南にアディジェ川が流れ、
その両側には世界遺産のドロミーティ山塊が連なっている。

38 Veneto州はかつてのヴェネツィア共和国の時代、何と讃えられていたか、1つ選べ。

1. アドリア海の女王　　2. ローマの穀物庫
3. 赤いベルト　　4. 緑の心臓

39 Veneto州において、「Valpantena」として地理的表示が許されるD.O.C.G.ワインを1つ選べ。
[難]

1. Recioto di Gambellara　　2. Bardolino Superiore
3. Amarone della Valpolicella　　4. Colli di Conegliano

40 Veneto州で赤ワインのみ生産可能なD.O.C.G.ワインを以下の中から1つ選べ。

1. Recioto di Gambellara　　2. Aglianico del Taburno
3. Colli Asolani Prosecco　　4. Bardolino Superiore

41 D.O.C.G. Colli Asolani Proseccoに使用される主要品種を1つ選べ。

1. Pinot Bianco　　2. Garganega　　3. Glera　　4. Bosco

42 Veneto州で白ワイン、赤ワイン、パッシートまで様々なタイプのあるD.O.C.G.ワインを1つ選べ。

1. Piave Malanotte　　2. Colli di Conegliano
3. Bagnoli Friularo　　4. Colli Asolani Prosecco

43 D.O.C.G. Lisonは、どの地域から独立して昇格したか、対象地域を1つ選べ。
[難]

1. Pramaggiore　　2. Canelli
3. Asolani　　4. Cannellino

38 正解 1. アドリア海の女王

[解説] ヴェネツィア共和国は十字軍時代から都市共和国として繁栄し、14世紀に最盛期となる。その支配は北イタリアからアドリア海一帯、東地中海に及び、次第に港市として発展し「アドリア海の女王」と言われる繁栄を実現した。

39 正解 3. Amarone della Valpolicella（アマローネ・デッラ・ヴァルポリチェッラ）

[解説] Amarone della Valpolicellaのエリアの中で、特定地域に指定されている「Valpantena（ヴァルパンテーナ）」のブドウ園で造られたもの。

40 正解 4. Bardolino Superiore（バルドリーノ・スペリオーレ）

[解説] 1. Recioto di Gambellara（レチョート・ディ・ガンベッラーラ）⇒ 白甘口パッシート、スプマンテ
2. Aglianico del Taburno（アリアニコ・デル・タブルノ）⇒ Campania州の赤・ロゼワイン
3. Colli Asolani Prosecco ⇒ 白ワイン、スプマンテ、フリッツァンテ

41 正解 3. Glera（グレーラ）

[解説] Colli Asolani Prosecco（コッリ・アゾラーニ・プロセッコ）はGlera主体に造られる。Gleraは、以前はProsecco（プロセッコ）と呼ばれ、ヴェネツィアから北へ約25kmに位置するトレヴィーゾ県の周囲で主に栽培されている。

42 正解 2. Colli di Conegliano（コッリ・ディ・コネリアーノ）

[解説] Colli di Coneglianoは石灰質と泥質の土壌、ブドウ畑の整地などにより白、赤、甘口ワインの生産に適している。

43 正解 1. Pramaggiore（プラマッジョーレ）

[解説] Lisonのブドウ品種はTai（タイ）。以前は「Tocai Friulano（トカイ・フリウラーノ）」と呼ばれていた品種で、Friuli-Venezia Giulia州ではFriulanoと呼ばれている。

44 陰干しによって糖度を上げ、糖分を残して甘口ワインに仕上げる Passito の Veneto 州での名称を1つ選べ。

1. Vin Santo　　2. Chiaretto　　3. Recioto　　4. Liquoroso

---

45 Veneto 州の D.O.C.G. Soave Superiore の主要品種を1つ選べ。

1. Pinot Bianco　　2. Garganega　　3. Raboso　　4. Glera

---

46 Friuli-Venezia Giulia 州で主に甘口ワインを生む、白ブドウ品種を1つ選べ。

1. Friulano　　2. Ribolla Gialla
3. Malvasia Istriana　　4. Picolit

---

47 Friuli-Venezia Giulia 州と隣国のスロヴェニアの黒ブドウで、「リボッラ・ネーラ」とも呼ばれる品種を1つ選べ。

1. Refosco dal Peduncolo Rosso　　2. Schioppettino
3. Pignolo　　4. Friulano

---

48 「Prosciutto di San Daniele（サン・ダニエーレ産生ハム）」の産地を1つ選べ。

1. Emilia Romagna　　2. Trentino-Alto Adige
3. Friuri-Venezia Giulia　　4. Veneto

---

49 Friuli-Venezia Giulia 州において、Friulano をベースに造られる D.O.C.G. ワインを1つ選べ。

1. Lison　　2. Ramandolo
3. Colli Orientali del Friuli Picolit　　4. Rosazzo

---

44 正解 3．Recioto（レチョート）
解説 Reciotoは、Veneto州におけるPassito（パッシート）の名称。陰干しによって糖度を上げ、糖分を残して甘口ワインに仕上げる。Vin Santo（ヴィン・サント）は主にToscana州で造られる甘口ワイン

45 正解 2．Garganega（ガルガネガ）
解説 Soave Superiore（ソアヴェ・スペリオーレ）はGarganegaを70％以上使用する。最低アルコール度数は12％。

46 正解 4．Picolit（ピコリット）
解説 Picolitの特徴は果実と房が小さいこと。D.O.C.G. Colli Orientali del Friuli Picolit（コッリ・オリエンターリ・デル・フリウリ・ピコリット）の主要品種。

47 正解 2．Schioppettino（スキオッペッティーノ）
解説 Schioppettinoという名前は、Friuli（フリウリ）地方の古代名「スコップ」に由来しており、リボッラ・ネーラとも呼ばれ、今日ではFriuli原産の黒ブドウとしてよく知られている。

48 正解 3．Friuri-Venezia Giulia
解説 Prosciutto di San Danieleは、Emilia Romagna州のパルマハムと双璧を成すと言われるイタリア最高ランクのプロシュート（生ハム）。イタリア北東部に位置するサン・ダニエーレの街でつくられるプロシュートの風味は香り高く濃厚。

49 正解 4．Rosazzo（ロサッツォ）
解説 Friuli-Venezia Giulia州では、Verduzzo Friulano（ヴェルドゥッツォ・フリウラーノ）を陰干しして造られる甘口ワインのD.O.C.G. Ramandolo（ラマンドロ）も有名。

50 Emilia Romagna 州、Bologna 県の固有白ブドウ品種を1つ選べ。

1. Lambrusco 　　　2. Pignolo
3. Trebbiano Romagnolo 　　　4. Pignoletto

---

51 Emilia Romagna 州の説明として正しいものを1つ選べ。

1. パルマ産の生ハム、パルミジャーノ・レッジャーノ・チーズは重要な産業である
2. 州都、ボローニャの東側のEmiliaと西側のRomagnaに分かれる
3. ワイン生産量として、イタリア20州の中でTOP4に入らない
4. D.O.C.G.ワインは3つある

---

52 「スーパー・タスカン」が次々とリリースされ、そのワインの人気が高まった年代を1つ選べ。
[難]

1. 1950年代 　　2. 1960年代 　　3. 1980年代 　　4. 1990年代

---

53 1716年、イタリアで原産地呼称制度の世界初の例となる、Chianti など生産地の境界の線引きを行った人物を1人選べ。

1. レオナルド・ダ・ヴィンチ 　　　2. ヴィットリオ・エマヌエーレ2世
3. コジモ3世 　　　4. ベッティーノ・リカーゾリ男爵

---

54 ベッティーノ・リカーゾリ男爵が定めた、Chiantiの現代的な品種構成の形式を何というか1つ選べ。

1. フォルムラ 　　　2. ストレーザ
3. フォルマッジョ 　　　4. フェアトレード

---

55 イタリアで「ガレストロ」という泥灰土土壌を含む地区はChianti Classicoとどこか、1つ選べ。

1. Montalcino 　　2. Scansano
3. Montepulciano 　　　4. San Gimignano

50 正解 4．Pignoletto（ピニョレット）

解説 Pignolettoは Bologna県と Modena県などの地域で生産されていて、Grechetto Gentile（グレケット・ジェンティーレ）とも呼ばれる。ブドウは皮が厚く房が小さいため、様々な土壌で生育でき、優れた種類のワインを生み出す。

51 正解 1．パルマ産の生ハム、パルミジャーノ・レッジャーノ・チーズは重要な産業である

解説 2．⇒ 州都、ボローニャの西側の Emilia（エミリア）と東側の Romagna（ロマーニャ）に分かれる

3．⇒ ワイン生産量は2022年の統計では20州の中で第3位

4．3つ ⇒ 2つ（Colli Bolognesi Classico Pignoletto ／コッリ・ボロニェージ・クラッシコ・ピニョレット、Romagna Albana ／ロマーニャ・アルバーナ）

52 正解 3．1980年代

解説 1970年代末、イタリアワインの急速な近代化は「イタリアワイン・ルネッサンス」と呼ばれる動きとなり、従来の伝統の殻を破った革新的ワイン「スーパー・タスカン」が1980年代に次々とリリースされ世界の注目を集めた。

53 正解 3．コジモ3世

解説 1716年、トスカーナ大公コジモ3世は、Chianti（キアンティ）、Pomino（ポミーノ）、Carmignano（カルミニャーノ）、Val d'Arno di Sopra（ヴァル・ダルノ・ディ・ソプラ）のワイン生産地の境界線を定めた。これは世界最初の原産地保護の例。

54 正解 1．フォルムラ（Formulae）

解説 フォルムラ（Formulae）は Chianti の使用品種ベースとして、平均70％の Sangiovese（サンジョヴェーゼ）を使用し、他には Canaiolo（カナイオーロ）、Trebbiano（トレッビアーノ）などをアッサンブラージュするもの。

55 正解 1．Montalcino（モンタルチーノ）

解説 Chianti Classico（キアンティ・クラッシコ）と Montalcino 地区では「ガレストロ」と呼ばれる砂利もしくは石を含んだ、水はけが良く保温性に優れる石灰質に富む土壌が多く見られる。

56

[難]

Chianti Classicoの生産地域内で、特定の基準に基づいて11の地域が特定され、最初の段階ではグラン・セレツィオーネ タイプだけに適用された地理的規則の略号を1つ選べ。

1. UVI　　　2. UGA　　　3. UFJ　　　4. URA

57

Toscana州唯一の白ワインのみ生産可能なD.O.C.G.ワインを1つ選べ。

1. Vino Nobile di Montepulciano　　　2. Vernaccia di San Gimignano
3. Vernaccia di Serrapetrona　　　4. Suvereto

58

[難]

Toscana州で認定年が最も古いD.O.C.G.ワインを1つ選べ。

1. Brunello di Montalcino　　　2. Vernaccia di San Gimignano
3. Chianti　　　4. Vino Nobile di Montepulciano

59

Toscana 州で、Colli Aretini、Colli Fiorentini、Colli Senesi、Colline Pisane、Montalbano、Rufina、Montespertoliの7つのソットゾーナを有するD.O.C.G.ワインを1つ選べ。

1. Chianti Classico　　　2. Carmignano
3. Chianti　　　4. Suvereto

60

D.O.C.G. Chianti Classico Gran Selezioneの最低熟成期間を1つ選べ。

1. 24ヵ月　　　2. 30ヵ月　　　3. 36ヵ月　　　4. 48ヵ月

61

Toscana州で、赤ワインの甘口タイプのD.O.C.G.ワインを1つ選べ。

1. Suvereto　　　2. Carmignano
3. Elba Aleatico Passito　　　4. Vernaccia di San Gimignano

---

56 【正解】 2．UGA

〔解説〕 UGA（Unità Geografiche Aggiuntive）：追加地理的単位。ワインの
ラベルにChianti Classicoの11の地域の名前を表示するために、ブドウの生
産地域をより小さく均質な地域に分割するという地理的規則。

57 【正解】 2．Vernaccia di San Gimignano（ヴェルナッチャ・ディ・サン・ジ
ミニャーノ）

〔解説〕 歴史地区として世界遺産登録されているSan Gimignanoは、美しい
塔の町として最盛期には70本以上の塔が建てられた。今でもそのうちの10数
本の塔が現存し、1番高いもので54mの高さを誇っている。

58 【正解】 1．Brunello di Montalcino（ブルネッロ・ディ・モンタルチーノ）

〔解説〕 1．Brunello di Montalcino ⇒ 1980年
2．Vernaccia di San Gimignano ⇒ 1993年
3．Chianti ⇒ 1984年
4．Vino Nobile di Montepulciano（ヴィーノ・ノビレ・ディ・モンテプルチャー
ノ）⇒ 1981年

59 【正解】 3．Chianti（キアンティ）

〔解説〕 Chiantiのソットゾーナ（指定地域）は7つ。地域ごとに規定が設定さ
れている。

60 【正解】 2．30ヵ月

〔解説〕 アルコール度数13%以上で30ヵ月の熟成（うち3ヵ月の瓶内熟成）が義
務付けられている。

61 【正解】 3．Elba Aleatico Passito（エルバ・アレアティコ・パッシート）

〔解説〕 Elba Aleatico Passitoは陰干しして糖度を上げたブドウで造る甘口赤
ワイン。
1．Suvereto ⇒ 赤ワイン
2．Carmignano ⇒ 赤ワイン
4．Vernaccia di San Gimignano ⇒ 白ワイン

62 Toscana州で最も南の地域で生産されるD.O.C.G.ワインを1つ選べ。

1. Pomino
2. Morellino di Scansano
3. Chianti Classico
4. Carmignano

---

63 Toscana州でCabernet Sauvignonを100%使用できるD.O.C.G.ワインを1つ選べ。

1. Carmignano
2. Morellino di Scansano
3. Val di Cornia Rosso
4. Suvereto

---

64 州土に緑が多く、イタリアの「緑の中心」と褒め称えられる州を1つ選べ。

1. Campania州
2. Umbria州
3. Lazio州
4. Marche州

---

65 Umbria州で、ポリフェノール含有量が多く、色が濃く果実味豊かで、タンニンが強い黒ブドウ品種を1つ選べ。

1. Sagrantino
2. Montepulciano
3. Sangiovese
4. Lacrima

---

66 昔は甘口ワインPassitoが主流であったUmbria 州のD.O.C.G.ワインを1つ選べ。

難

1. Torgiano Rosso Riserva
2. Vernaccia di San Gimignano
3. Montefalco Sagrantino
4. Offida

---

67 Umbria州で昔は教皇庁との関係が密接であったD.O.P.ワインを1つ選べ。

1. Torgiano
2. Montefalco
3. Orvieto
4. Conero

---

62 正解 2. Morellino di Scansano（モレッリーノ・ディ・スカンサーノ）

解説 Toscana州南部の海岸は海洋性気候。Morellino di Scansanoは「Morellino（モレッリーノ）」と呼ばれるSangioveseから造られる。

63 正解 4. Suvereto（スヴェレート）

解説 SuveretoはCabernet SauvignonとMerlot（メルロ）を単独または両方で85 ～ 100 ％使用。Suvereto SangioveseはSangioveseを85 ％以上、Suvereto Cabernet SauvignonとSuvereto Merlotも同様に対象品種を85 ％以上使用。

64 正解 2. Umbria（ウンブリア）州

解説 Umbria州は「Cuore Verde＝緑の中心」と言われ、まさにイタリア中央部に位置している。東はMarche（マルケ）州、北西はToscana（トスカーナ）州、南はLazio（ラツィオ）州と接している。海には接していない。

65 正解 1. Sagrantino（サグランティーノ）

解説 Perugia（ペルージャ）県Montefalco（モンテファルコ）村周辺を中心に栽培される、長期熟成向きの赤ワインを生む個性的な品種。D.O.C.G.ワインに Montefalco Sagrantino（モンテファルコ・サグランティーノ）がある。

66 正解 3. Montefalco Sagrantino（モンテファルコ・サグランティーノ）

解説 歴史的に主に甘いPassitoを造るために使用され、ブドウを部分的に乾燥させてワインを生産していた。Recioto della Valpolicella（レチョート・デッラ・ヴァルポリチェッラ）によく似ている。

67 正解 3. Orvieto（オルヴィエート）

解説 OrvietoはProcanico（プロカニコ）やGrechetto（グレケット）などで造られるやさしい味わいの白ワインで、生産地はほぼUmbria州にあり、隣接するLazio州にはごくわずか（約5％）となっている。

68 北はEmilia Romagna州、西はToscana州とUmbria州、南はAbruzzo州とLazio州、東はアドリア海に接している州を1つ選べ。

1. Molise 　　2. Campania
3. Marche 　　4. Calabria

---

69 Marche州で広く栽培されている白ブドウ品種を1つ選べ。

1. Verdicchio 　　2. Bombino Bianco
3. Procanico 　　4. Verdeca

---

70 Marche州でMontepulcianoを主要品種として造られるD.O.C.G.ワインを1つ選べ。

1. Conero 　　2. Taurasi
3. Vino Nobile di Montepulciano 　　4. Montefalco Sagrantino

---

71 Marche州で白ワインと赤ワインの両方の生産が認められているD.O.C.G.ワインを1つ選べ。

1. Vernaccia di Serrapetrona 　　2. Conero
3. Castelli Romani 　　4. Offida

---

72 D.O.P. Est! Est!! Est!!! di Montefiasconeを産出する州を1つ選べ。

1. Campania 　　2. Lazio
3. Marche 　　4. Molise

---

73 Lazio州で赤ワインのみ生産可能なD.O.C.G.ワインを1つ選べ。

1. Carmignano 　　2. Cannellino di Frascati
3. Conero 　　4. Cesanese del Piglio

---

68 【正解】 3. Marche
【解説】 イタリア半島中部に位置し、西はアペニン山脈、東はアドリア海に挟まれている南北に細長くのびる州。

69 【正解】 1. Verdicchio（ヴェルディッキオ）
【解説】 Verdicchioは Marche 州での生産が他の州より多く、トレッビアーノ・ディ・ルガーナとトレッビアーノ・ディ・ソアーヴェは同一種となる。名前の由来は Verde＝緑から来ており、常に緑がかった色合いに由来する。

70 【正解】 1. Conero（コーネロ）
【解説】 2. Taurasi（タウラージ）／カンパーニア州 ⇒ Aglianico（アリアニコ）
3. Vino Nobile di Montepulciano ／トスカーナ州 ⇒ Prugnolo Gentile（プルニョーロ・ジェンティーレ／=Sangiovese）
4. Montefalco Sagrantino ／ウンブリア州 ⇒ Sagrantino

71 【正解】 4. Offida（オッフィーダ）
【解説】 赤ワインは Montepulciano を主体とした Offida Rosso が有名。白ワインは、土着品種の Passerina（パッセリーナ）や Pecorino（ペコリーノ）を主体とした辛口の Offida Passerina と Offida Pecorino がある。

72 【正解】 2. Lazio（ラツィオ）
【解説】 あるドイツ人司教は部下の聖職者に、旅の経路に沿った村々で最高のワインを探索させた。Lazio 州モンテフィアスコーネにおいて、聖職者はこの地のワインに大いに感銘を受け、後から来る司教が素通りしないよう店の入口に「エスト！エスト!!エスト!!!」（エストはラテン語で「ある」の意味）と書き残したという伝説を持つワイン。

73 【正解】 4. Cesanese del Piglio（チェザネーゼ・デル・ピリオ）
【解説】 1. Carmignano ⇒ Toscana 州の赤ワイン
2. Cannellino di Frascati（カンネッリーノ・ディ・フラスカーティ）⇒ Lazio 州の白ワイン
3. Conero ⇒ Marche 州の赤ワイン

74

D.O.C.G. Cannellino di Frascatiの最低残糖分の重量を1つ選べ。

1. 35g/ℓ   2. 40g/ℓ   3. 45g/ℓ   4. 50g/ℓ

75

Abruzzo州で2019年にD.O.C.G.認定されたワインを1つ選べ。

1. Montepulciano d'Abruzzo Colline Teramane
2. Aglianico del Taburno
3. Castel del Monte Nero di Troia Riserva
4. Terre Tollesi

76

ほぼMolise州のみで栽培されている黒ブドウ品種を1つ選べ。

1. Cesanese   2. Schiava   3. Tintilia   4. Sagrantino

77

Campania州で今も活動している火山の名称を1つ選べ。

1. モンテ・ヴルトゥレ火山   2. ヴェスヴィウス火山
3. エトナ火山   4. ロッカモンフィーナ火山

78

Campania州のCampi Flegrei(カンピ フレグレイ)、Sanni(サンニオ)
で栽培されている白ブドウを1つ選べ。

1. Fiano   2. Coda di Volpe
3. Falanghina   4. Greco

79

Campania州において「キツネのしっぽ」という意味の白ブドウ品種
を1つ選べ。

1. Greco   2. Fiano   3. Falanghina   4. Coda di Volpe

80

イタリア南部、特にCampania州、Basilicata州で栽培されている重
要な黒ブドウを1つ選べ。

1. Montepulciano   2. Negroamaro
3. Primitivo   4. Aglianico

74 　**正解**　1．35g/ℓ
　解説　Cannellino di Frascati カンネッリーノ・ディ・フラスカティの残糖分は35g/ℓ以上。このワインの生産地域では「甘口」のことをDolceではなくCannellinoという。

75 　**正解**　4．Terre Tollesi（テッレ・トッレージ）
　解説　Terre Tollesi/Tullum（トゥルム）は2019年にD.O.C.G.認定された。赤ワインはMontepulciano 95％以上、白はPecorino（ペコリーノ）90％以上とPasserina（パッセリーナ）90％以上、スプマンテはChardonnay 60％以上から造られる。

76 　**正解**　3．Tintilia（ティンティリア）
　解説　Tintiliaは、ほぼMolise（モリーゼ）州のみで栽培されている黒ブドウ品種。色調は紫色に近い黒い色合いのルビーレッド。

77 　**正解**　2．ヴェスヴィウス火山
　解説　今でも活動しているのがヴェスヴィウス火山。ほかには死火山としてロッカモンフィーナなどの火山がある。

78 　**正解**　3．Falanghina（ファランギーナ）
　解説　Falanghinaという名前は、古代にブドウ栽培に使われていた樹の成長を補助するための長い木の道具、ファランガに由来している。

79 　**正解**　4．Coda di Volpe（コーダ・ディ・ヴォルペ）
　解説　Coda di Volpeはイタリア語で「キツネのしっぽ」を意味し、房が長く、キツネのしっぽに似ているため、この名が付いた。

80 　**正解**　4．Aglianico（アリアニコ）
　解説　Aglianico主体のD.O.C.G.ワインは、Campania州ではTaurasiとAglianico del Taburno、Basilicata（バジリカータ）州ではAglianico del Vulture Superiore（アリアニコ・デル・ヴルトゥレ・スペリオーレ）がある。

81 Campania州で、凝灰岩土壌で造られるD.O.C.G.ワインを1つ選べ。

1. Fiano di Avelino　　2. Greco di Tufo
3. Taurasi　　4. Aglianico del Taburno

82 Campania州のD.O.C.G.ワインではないもの1つ選べ。

1. Fiano di Avelino　　2. Greco di Tufo
3. Taurasi　　4. Aglianico del Vulture Superiore

83 Puglia州のD.O.C.G.ワインで生産可能色がロゼのものを1つ選べ。

1. Primitivo di Manduria Dolce Naturale
2. Castel del Monte Bombino Nero
3. Castel del Monte Nero di Troia Riserva
4. Castel del Monte Rosso Riserva

84 Basilicata州の説明として正しいものを1つ選べ。

[難]

1. 生産量の8割以上が白ワインである
2. Ciròという D.O.P. ワインが有名である
3. 北西部に太古に火山活動していたヴルトゥレ山がある
4. D.O.C.G. ワインは1つだけであり、Aglianico del Taburnoである

85 Calabria州の説明として正しいものを1つ選べ。

[難]

1. ワインの生産量はイタリア全体の1%にも満たない
2. Calabria州は南北に細長くのび、イタリア半島の踵（かかと）にあたる
3. Greco NeroはCalabria州で最も栽培されている黒ブドウである
4. D.O.C.G. ワインは1つあり、Aglianico del Vulture Superioreである

86 Calabria州のD.O.C. Cirò Rossoの主要ブドウ品種を1つ選べ。

1. Aglianico　　2. Primitivo
3. Nero di Troia　　4. Gaglioppo

81 正解 2．Greco di Tufo（グレーコ・ディ・トゥーフォ）
解説 Avellino（アヴェッリーノ）県の凝灰岩土壌（トゥーフォ）でGreco（グレーコ）種を使って造られる白ワイン。

82 正解 4．Aglianico del Vulture Superiore（アリアニコ・デル・ヴルトゥレ・スペリオーレ）
解説 Aglianico del Vulture SuperiorはBasilicata（バジリカータ）州のD.O.C.G.ワイン。

83 正解 2．Castel del Monte Bombino Nero（カステル・デル・モンテ・ボンビーノ・ネーロ）
解説 Bombino Neroにはアントシアニンが多く含まれており、濃い色のワインを生産することができるのが、ロゼの生産によく使用される理由の1つ。

84 正解 3．北西部に太古に火山活動していたヴルトゥレ山がある
解説 1．白ワイン ⇒ 赤ワイン
2．⇒ Cirò（チロ）はCalabria（カラブリア）州のD.O.P.ワイン
4．Aglianico del Taburno ⇒ Aglianico del Vulture Superiore

85 正解 1．ワインの生産量はイタリア全体の1%にも満たない
解説 2．踵 ⇒ つま先
3．Greco Nero（グレーコ・ネーロ）⇒ Gaglioppo（ガリオッポ）
4．D.O.C.G.ワインは1つ ⇒ D.O.C.G.ワインはない。Aglianico del Vulture SuperioreはBasilicata州のD.O.C.G.ワイン

86 正解 4．Gaglioppo（ガリオッポ）
解説 D.O.C. Ciròは、Calabria州で最も有名なワイン。赤とロゼワインはGaglioppo、白ワインはGreco Bianco（グレーコ・ビアンコ）がベースとなるが、知名度が高いのは赤ワイン。

87 Sicilia州の説明として正しいものを1つ選べ。

難

1. 地中海で2番目に大きな島である
2. ローマ帝国支配の時代には「アドリア海の女王」と呼ばれた
3. ワインの生産量は多く、イタリアで2番目である
4. 典型的な地中海性気候で、夏は乾燥して暑く、冬は穏やかで降水量が増える。夏にはアフリカからの風、シロッコが吹く

---

88 Sicilia州で栽培されている主要な白・黒ブドウの組合せとして正しいものを1つ選べ。

1. VermentinoとCannonau　　2. CatarrattoとCannonau
3. VermentinoとNero d'Avola　　4. CatarrattoとNero d'Avola

---

89 Sicilia州の説明において誤っているものを1つ選べ。

難

1. Nero d'AvolaのシノニムはシチリアではCalabreseである
2. モスカート・ダレッサンドリアはシチリアではZibibboである
3. AnsonicaのシノニムはシチリアではInzoliaである
4. Frappatoはシチリアで栽培されている白ブドウである

---

90 Sicilia州で唯一のD.O.C.G.ワインを1つ選べ。

1. Cesanese del Piglio　　2. Vermentino di Gallura
3. Cerasuolo di Vittoria　　4. Vernaccia di Serrapetrona

---

91 1773年にMarsalaを生み出したイギリス人を1人選べ。

1. フランチェスコ・レーディ　　2. アンドレア・バッチ
3. パウルス3世　　4. ジョン・ウッドハウス

---

92 Sicilia州で造られる甘口のD.O.P.ワインを1つ選べ。

1. Etna　　2. Faro　　3. Eloro　　4. Malvasia delle Lipari

---

87 〔正解〕 4．典型的な地中海性気候で、夏は乾燥して暑く、冬は穏やかで降水量が増える。夏にはアフリカからの風、シロッコが吹く

〔解説〕 1．地中海で2番目 ⇒ 地中海最大

2．アドリア海の女王 ⇒ ローマの穀物庫

3．2番目 ⇒ 4番目（1位 Veneto、2位 Puglia、3位 Emilia Romagna、4位 Sicilia ／シチリアの順）

88 〔正解〕 4．Catarratto（カタラット）と Nero d'Avola（ネーロ・ダヴォラ）

〔解説〕 Catarratto は Catarratto Bianco Comune（カタラット・ビアンコ・コムーネ）、Catarratto Bianco Lucido（カタラット・ビアンコ・ルーチド）など多くの亜種の存在がある白ブドウ。Nero d'Avola は Sicilia を代表する黒ブドウで、またの名を Calabrese（カラブレーゼ）という。

89 〔正解〕 4．Frappato（フラッパート）はシチリアで栽培されている白ブドウである

〔解説〕 白ブドウ ⇒ 黒ブドウ品種

90 〔正解〕 3．Cerasuolo di Vittoria（チェラスオーロ・ディ・ヴィットリア）

〔解説〕 Cerasuolo di Vittoria の色調は濃いめのロゼ色から赤色。Cerasuolo は Sicilia の方言でチェリーを意味する「チェラーサ」に由来している。

1．Cesanese del Piglio ⇒ Lazio 州

2．Vermentino di Gallura ⇒ Sardegna（サルデーニャ）州

4．Vernaccia di Serrapetrona（ヴェルナッチャ・ディ・セッラペトローナ）⇒ Marche 州

91 〔正解〕 4．ジョン・ウッドハウス

〔解説〕 Marsala（マルサラ）はシチリア島の西端で造られる酒精強化ワイン。1773年にイギリス人のジョン・ウッドハウスにより生み出される。

92 〔正解〕 4．Malvasia delle Lipari（マルヴァジア・デッレ・リパリ）

〔解説〕 Malvasia delle Lipari は、Sicilia の北東にあるエオリエ諸島のリパリ島やサリーナ島で Malvasia から造られる甘口ワイン。

93 [難]

Sardegna州の白ブドウで、麝香の香りを持つアロマティック品種を1つ選べ。

1. Monica 　　2. Vermentino
3. Girò 　　4. Nasco

94

Sardegna州で最も多く栽培されている黒ブドウ品種を1つ選べ。

1. Cannonau 　　2. Aglianico
3. Gaglioppo 　　4. Negroamaro

95

Sardegna州で唯一のD.O.C.G.ワインを1つ選べ。

1. Torgiano Rosso Riserva 　　2. Cerasuolo di Vittoria
3. Verdicchio di Matelica Riserva 　　4. Vermentino di Gallura

96

Sardegna州において、樽の中のフロールの層の下で熟成されシェリーのような優美さを持つD.O.P.ワインを1つ選べ。

1. Malvasia delle Lipari 　　2. Pantelleria
3. Malvasia di Bosa 　　4. Vermentino di Gallura

97

Umbria州とLazio州にまたがるD.O.P.ワインを1つ選べ。

1. Orvieto 　　2. Lugana 　　3. Colli di Lun 　　4. Lison

98

次の2つの州の組合せで、D.O.C.G.ワインの合計数が最も多いものを1つ選べ。

1. Lombardia + Lazio 　　2. Piemonte + Calabria
3. Veneto + Puglia 　　4. Toscana + Marche

99

イタリアのワイン生産量において、上位2州の組合せとして正しいものを1つ選べ。

1. Lombardia + Marche 　　2. Puglia + Veneto
3. Piemonte + Emilia Romagna 　　4. Toscana + Sicilia

---

93 正解 4. Nasco（ナスコ）
解説 Nascoの名前は「苔」を意味するラテン語「Muscus」、Sardegna語「Nuscu」から来ており、苔の香りに由来していると考えられ、「麝香=Musk」の香りを感じさせる。

94 正解 1. Cannonau（カンノナウ）
解説 Cannonauは果実味豊かで、かすかにスパイシーな赤ワインを生む。フランスのGrenache（グルナッシュ）、スペインのGarnacha（ガルナッチャ）がシノニムとして知られている。

95 正解 4. Vermentino di Gallura（ヴェルメンティーノ・ディ・ガッルーラ）
解説 Vermentino di Galluraは、島の北東部にあるガッルーラ地方で造られるSardegna州唯一のD.O.C.G.ワイン。
1. Torgiano Rosso Riserva（トルジャーノ・ロッソ・リゼルヴァ）⇒ Umbria州
2. Cerasuolo di Vittoria ⇒ Sicilia州
3. Verdicchio di Matelica Riserva ⇒ Marche州

96 正解 3. Malvasia di Bosa（マルヴァジア・ディ・ボーザ）
解説 Malvasia di Bosaは1972年にD.O.P.に認定され長い歴史をもつ。映画「モンドヴィーノ」で取り上げられて一躍有名になった。

97 正解 1. Orvieto（オルヴィエート）
解説 2. Lugana（ルガーナ）⇒ Lombardia州とVeneto州
3. Colli di Luni（コッリ・ディ・ルーニ）⇒ Toscana州とLiguria州
4. Lison（リソン）Veneto州とFriuli-Venezia Giulia州

98 正解 2. Piemonte + Calabria
解説 1. Lombardia + Lazio ⇒ 5+3=8
2. Piemonte + Calabria ⇒ 19+0=19
3. Veneto + Puglia ⇒ 14+4=18
4. Toscana + Marche ⇒ 11+5=16

99 正解 2. Puglia + Veneto
解説 1位Veneto、2位Puglia、3位Emilia Romagna、4位Siciliaの順番。

⑧

ウルグアイ

1 アルゼンチンとウルグアイの間を流れる川を何というか、1つ選べ。

1. ジャグアラン川　　2. クアライ川
3. ラ・プラタ川　　4. ネグロ川

2 ウルグアイの赤ワインの生産比率として正しいものを1つ選べ。

1. 54%　　2. 64%　　3. 74%　　4. 84%

3 20世紀後半、欧州原産のブドウの苗木を欧州より持ち帰り、Montevideoの畑で栽培を始めた人物を1人選べ。

1. Claude Gay　　2. Francisco Vidiella
3. Pascal Harriague　　4. Francisco de Aguirre

4 Pascal Harriague がフランスから持ち込んだブドウ品種を1つ選べ。

1. Marselan　　2. Folle Noir
3. Tannat　　4. Moscatel Hamburgo

5 ウルグアイの気候として正しいものを1つ選べ。

1. 大陸性気候　　2. 温暖湿潤気候
3. 海洋性気候　　4. 地中海性気候

6 Y字型に仕立てるため風通しが良くなり、日差しも確保しやすいとされるブドウの仕立て方を1つ選べ。

1. LIRA　　2. 棒仕立て　　3. 垣根仕立て　　4. 棚仕立て

1 正解 3.　ラ・プラタ川
解説　ウルグアイは南米大陸の南東部に位置し、ブラジルとアルゼンチンといった大国に挟まれた国。特にアルゼンチンとの間にラ・プラタ川が流れる。

2 正解 1.　54%
解説　生産量はアルゼンチン、チリ、ブラジルに次いで南米第4位。54%が赤ワイン、35%がロゼワイン、11%が白ワイン。

3 正解 2.　Francisco Vidiella（フランシスコ・ヴィディエラ）
解説　Francisco Vidiella は当時、Folle Noir（フォル・ノワール）の栽培で成功を収める。ウルグアイでは彼の名にちなんで、Folle Noir は Vidiella という。

4 正解 3.　Tannat（タナ）
解説　19世紀、Pascual Harriague（パスカル・アリアゲ）は、当時Lorda（ロルダ）と呼ばれていたTannatをウルグアイの土壌に適応させることに成功した。その結果、今ではTannatはウルグアイで最も重要なブドウ品種として認識されている。

5 正解 2.　温暖湿潤気候
解説　温暖湿潤気候に属し、夏は暖かく冬は寒い。年間を通して安定的な降雨・穏やかな気候が続き、干ばつが起こり難く、牛の飼育などに適した環境となっている。

6 正解 1.　LIRA（リラ）仕立て
解説　ウルグアイではブドウ樹は垣根仕立てが最も多いが、降雨量が多く湿度が高いため、LIRA（リラ）仕立てもしばしば見られる。

7 Tannat × Cabernet Sauvignonの交配によるブドウ品種を1つ選べ。

1. Moscatel de Hamburgo　　2. Harriague
3. Marselan　　4. Arinarnoa

---

8 Marselanの交配品種を1つ選べ。

1. Tannat × Cabernet Sauvignon　　2. Cot × Cabernet Sauvignon
3. Cabernet Sauvignon × Grenache Noir　　4. Tannat × Grenache

---

9 ウルグアイの優良品質ワインに与えられる名称の略号を1つ選べ。

1. V.P.　　2. V.C.　　3. V.P.C.　　4. V.C.P.

---

10 牛肉の消費量が多いウルグアイの代表的な牛肉料理を1つ選べ。

1. Milanesa　　2. Asodo　　3. Chivito　　4. Alfajor

---

11 首都圏部メトロポリターナに属さない産地を1つ選べ。

1. Colonia　　2. Canelones
3. San José　　4. Montevideo

---

12 Rivera県が属する地域を1つ選べ。

1. Norte　　2. Oceánica
3. Centro　　4. Litoral Norte

---

13 ブドウ栽培面積及び生産量がウルグアイ第2位の産地を1つ選べ。

1. Rivera　　2. Montevideo　　3. Paysandú　　4. Canelones

---

14 新世界の中で特に注目されているワイナリー Bodega Garzón（ボデガ・ガルソン）が属する地域を1つ選べ。

1. Salto　　2. Montevideo
3. Paysandú　　4. Maldonado

---

7 [正解] 4. Arinarnoa（アリナルノア）

[解説] Arinarnoa は Tannat × Cabernet Sauvignon（カベルネ・ソーヴィニヨン）。Tannat はブドウ栽培面積全体の27％を占める。

8 [正解] 3. Cabernet Sauvignon（カベルネ・ソーヴィニョン）× Grenache Noir（グルナッシュ・ノワール）

[解説] Marselan（マルスラン）の名称は、最初に栽培されたフランスのベジエとモンペリエの間に位置する沿岸の町マルセイヤン（Marseillan）に由来している。

9 [正解] 4. V.C.P.

[解説] V.C.P. = Vino de Calidad Prefernte（ヴィノ・デ・カリダ・プレフェレンテ）となるにはいくつかの規定をクリアする必要がある。一方、一般のテーブルワインは、V.C. = Vino Común（ヴィノ・コムン）となる。

10 [正解] 2. Asodo（アサード）

[解説] ウルグアイのみならず、チリ、アルゼンチンにも共通する料理で、肉の塊を炭火でじっくりと焼く。

11 [正解] 1. Colonia（コロニア）

[解説] Colonia は南部ウルグアイ川流域 Litoral Sur（リトラル・スル）に属する。

12 [正解] 1. Norte（ノルテ）

[解説] Rivera（リベラ）県はウルグアイの北東に位置する。Norte 地域には、Rivera 県と Tacuarembó（タクアレンボ）県が属する。

13 [正解] 2. Montevideo（モンテビデオ）

[解説] 首都の Montevideo を擁するブドウ栽培面積12％を占める産地。ちなみに、面積、生産量ともに1位は Canelones（カネロネス）。

14 [正解] 4. Maldonado（マルドナド）

[解説] Maldonado の中で海岸に近い地域は、大西洋から受ける心地よい風の影響で冷涼になり、この効果はブドウづくりにも反映されている。

9

英国

1 英国に関する説明として正しいものを1つ選べ。

[難]

1. 南部ではブドウ栽培が難しいので商業的ワイナリーは少なく、北部には多くの生産者が散在している
2. Welsh Wineが使用できるブドウは、標高220mまでの畑で栽培されたブドウである
3. 英国におけるブドウ栽培面積が最多な州は、Hampshireである
4. 英国ワイン産業の概況によると、ワイナリー数は109軒である

---

2 英国に関する説明として正しいものを1つ選べ。

[難]

1. 1703年に英国がスペインとメシュエン条約を結んだ
2. イギリス南部はかつてフランス北部と繋がっていたと推定され、その土壌はシャンパーニュ地方とよく似ている
3. 1852年、Hambledonはイングランド最古の商業用ブドウ園として設立された
4. 北緯45～57度に位置し、かなり北極寄りにあるワイン産地の1つ

---

3 英国で生産される種類別ワインのうち、スパークリングワインが占める割合を1つ選べ。

1. 58%　　2. 68%　　3. 78%　　4. 88%

---

4 英国で生産されるスパークリングワインのうち、製造方法がトラディショナル方式のものが占める割合を1つ選べ。

1. 63%　　2. 73%　　3. 83%　　4. 93%

1 正解 2．Welsh Wineが使用できるブドウは、標高220mまでの畑で栽培
されたブドウである
解説 1．⇒ 北部ではブドウ栽培が難しいので商業的ワイナリーは少なく、
南部には多くの生産者が散在している
3．Hampshire（ハンプシャー）⇒ Kent（ケント）
4．97軒 ⇒ 209軒

2 正解 2．イギリス南部はかつてフランス北部と繋がっていたと推定され、
その土壌はシャンパーニュ地方とよく似ている
解説 1．スペイン ⇒ ポルトガル
3．1852年 ⇒ 1952年
4．北緯45~57度 ⇒ 北緯49~61度

3 正解 2．68%
解説 種類別の割合は、スパークリングワインが68%、スティルワインが
32%を占めていてる。

4 正解 4．93%
解説 特にトラディショナル方式にて造られるスパークリングワインが国際
的な評価を得ている。

5 英国南部が比較的温暖となる、大西洋を北東向きに流れる暖流を1つ選べ。

1. フンボルト海流　　2. カナリア海流
3. メキシコ湾流　　4. ベンゲラ海流

---

6 2023年、英国で栽培面積が最も広いブドウ品種を1つ選べ。

1. Bacchus　　2. Chardonnay　　3. Ortega　　4. Pinot Noir

---

7 英国で2000年前後から栽培面積が急増したブドウ品種に含まれないものを1つ選べ。

1. Chardonnay　　2. Pinot Noir　　3. Bacchus　　4. Meunier

---

8 英国でブドウ栽培とワイン製造について統括する政府機関を1つ選べ。

1. 農漁食糧省　　2. 食品基準庁
3. 英国ブドウ栽培協会　　4. 環境・食料・農村地域省

---

9 Englandにおいて、Chardonnay、Pinot Noir、Meunierの栽培面積が占める割合を1つ選べ。

1. 約65%　　2. 約75%　　3. 約85%　　4. 約95%

---

10 Englandのコーンウォール州に位置する単独所有畑、Darniboleの使用品種を1つ選べ。

1. Bacchus　　2. Chardonnay　　3. Ortega　　4. Pinot Noir

---

11 〔難〕 Englandの主要ワイン生産地の中で、海に面していない州を1つ選べ。

1. Sussex　　2. Hampshire　　3. Surrey　　4. Kent

---

5 **正解** 3．メキシコ湾流

解説 メキシコ湾流は北大西洋海流とも呼ばれ、メキシコ湾に源を発し大西洋に沿って北上し欧州に向かう暖流

1．フンボルト海流 ⇒ チリ／南氷洋から北に向かって流れる寒流

2．カナリア海流 ⇒ 北大西洋のスペイン西方沖からカナリア諸島近海を流れる寒流

4．ベンゲラ海流 ⇒ 南アフリカ／南極からの冷たい海流

6 **正解** 2．Chardonnay

解説 1位Chardonnay、2位Pinot Noir、3位Meunier（ムニエ）。

7 **正解** 3．Bacchus（バッカス）

解説 2000年前後から栽培面積が急増したのは、Pinot Noir、Chardonnay、Meunier。増加の理由として、気候温暖化、南向き斜面にある日照に恵まれた畑の増加、Champagneスタイルのスパークリングワイン生産が盛んになったことなどによる。

8 **正解** 2．食品基準庁

解説 食品基準庁（Food Standards Agency ／フード・スタンダード・エージェンシー）は2000年に設立され、イングランド、ウェールズ、北アイルランドの食品に関する、公衆衛生と消費者の広範な利益を保護するために取り組んでいる独立した政府部門。

9 **正解** 2．約75%

解説 このまま温暖化が続けば近い将来、Englandの方がシャンパーニュ造りに欠かせないブドウ品種であるChardonnay、Pinot Noir、Meunierの生育に適した環境になることも予想されている。

10 **正解** 1．Bacchus（バッカス）

解説 Darnibole（ダーニボール）は、生産者であるCamel Valley Vineyard（キャメル・ヴァレー・ヴィンヤード）が単独所有する面積5haの畑。使用品種はBacchusのみ。

11 **正解** 3．Surrey（サリー）

解説 Surrey州はSussex（サセックス）、Hampshire（ハンプシャー）、Kent（ケント）のそれぞれ内陸側に隣接し、海に面していない。

⑩
オーストラリア

1 オーストラリアに関する記述として正しいものを1つ選べ。

[難]
1. 1877年、フィロキセラが発見されたのは Western Australia 州である
2. ワイン用白ブドウ栽培面積第2位は Sauvignon Blanc である
3. ブドウ栽培地域は南緯35〜45度にある
4. Henschke 社の「Hill of Grace」が生産される G.I. は Clare Valley である

2 1788年、オーストラリアに最初にワイン用ブドウ樹を持ちこんだ人物を1人選べ。

1. Arthur Phillip　　2. Johan Gramp
3. Samuel Marsden　　4. Max Schubert

3 1830年代、フランスとスペインを巡り、主要ブドウ品種を携えて帰国し、オーストラリアのブドウ栽培の礎を築いた人物を1人選べ。

1. Johan Gramp　　2. Samuel Smith
3. James Busby　　4. Arthur Phillip

4 1840年代、Yalumba を創設した英国出身の人物を1人選べ。

1. James Busby　　2. Samuel Smith
3. Arthur Phillip　　4. Johan Gramp

5 オーストラリアの多くの Pinot Noir 栽培で用いられている「MV6」は何のクローンの一例か、1つ選べ。

1. マサル・セレクション　　2. バズビー・クローン
3. クローン・セレクション　　4. アーサー・セレクション

1 　**正解**　2．ワイン用白ブドウ栽培面積第2位はSauvignon Blancである
　解説　1．Western Australia（ウエスタン・オーストラリア）州 ⇒ Victoria（ヴィクトリア）州
　3．南緯35 ～ 45度 ⇒ 南緯31 ～ 43度
　4．Clare Valley（クレア・ヴァレー）⇒ Eden Valley（エデン・ヴァレー）

2 　**正解**　1．Arthur Phillip（アーサー・フィリップ）
　解説　Arthur Phillipは、New South Wales（ニュー・サウス・ウェールズ）州の初代総督の英国海軍大佐
　2．Johan Gramp（ヨハン・グランプ）⇒ Barossa Valleyのジェイコブス・クリークに移りブドウを植える。
　3．Samuel Marsden（サミュエル・マースデン）⇒ 1819年、ニュージーランドに初めてワイン用ブドウ樹を持ち込んだ
　4．Max Schubert（マックス・シューバート）⇒ ペンフォールズ社の醸造技術者

3 　**正解**　3．James Busby
　解説　James Busbyは「オーストラリアのワイン用ブドウ栽培の父」と形容され、帰国後にフランスとスペインの主要ワイナリーの訪問記も出版している。

4 　**正解**　2．Samuel Smith（サミュエル・スミス）
　解説　Yalumba（ヤルンバ）は、家族経営の独立したワインメーカーとして、6世代にわたりブドウを育てワインを造っている。

5 　**正解**　2．バズビー・クローン
　解説　オーストラリアで今でも一般的に栽培されているPinoit NoirクローンであるMV6（Busby 1832とも呼ばれる）は、James Busby（ジェームズ・バズビー）のオリジナルクローン。

6 Victoria州でフィロキセラが発見された年を1つ選べ。

1. 1867年　　2. 1877年　　3. 1887年　　4. 1897年

---

7 オーストラリア最古のShirazが植栽された年を1つ選べ。

1. 1843年　　2. 1860年　　3. 1877年　　4. 1892年

---

8 1940年代欧州に渡り、ボルドーの赤ワイン造りに影響を受けた人物を1人選べ。

1. Samuel Marsden　　2. Arthur Phillip
3. Max Schubert　　4. James Busby

---

9 2000年ヴィンテージから、白ワインにスクリュー栓（STELVIN®）を採用することを決めたのはどの地域のワイン生産者か1つ選べ。

1. Barossa Valley　　2. McLaren Vale
2. Eden Valley　　4. Clare Valley

---

10 Tasmania州で特徴的な水はけの良い土壌を1つ選べ。

1. Jurassic dolerite　　2. Terrarossa
3. 花崗岩質　　4. 砂質ローム

---

11 オーストラリアにおいて、ブドウ栽培とワイン醸造の教育に優れている大学を1つ選べ。

1. オーストラリア国立大学　　2. クイーンズランド大学
3. モナッシュ大学　　4. アデレード大学

6 　正解　 2．1877年
　解説　1877年、Victoria 州でフィロキセラが発見される。この頃からブドウ栽培・ワイン醸造は South Australia（サウス・オーストラリア）州へ傾斜していく。

7 　正解　 1．1843年
　解説　Barossa Valley（バロッサ・ヴァレー）の Langmeil Winery（ラングメール・ワイナリー）には最古の Shiraz（シラーズ）があるとされている。

8 　正解　 3．Max Schubert（マックス・シューバート）
　解説　ペンフォールズ社の醸造技術者 Max Schubert が、ボルドーの赤ワイン造りに影響を受け、帰国後、1951年「Grange Hermitage（グランジ・ハーミテージ）BIN 1」を初めて造る。当時市場に受け入れられずワイナリーからも製造を中止するように命令されるが、隠れて醸造を続け後に高い評価を受ける。

9 　正解　 4．Clare Valley（クレア・ヴァレー）
　解説　Clare Valley のワイン生産者13社が、白ワインにスクリュー栓（STELVIN®）を採用することを決めた。

10 　正解　 1．Jurassic dolerite（ジュラシック・ドレライト）
　解説　Jurassic dolerite はジュラ紀の粗粒玄武岩。Terrarossa（テラロッサ）土壌は Coonawarra（クナワラ）や Limestone Coast（ライムストーン・コースト）に、花崗岩質土壌は Macedon Ranges（マセドン・レーンジズ）の岩山に、砂質ローム土壌は McLaren Vale（マクラーレン・ヴェール）に分布する。

11 　正解　 4．アデレード大学
　解説　オーストラリアのワイン研究の70％はアデレード大学のキャンパスで行われ、ブドウ栽培とワイン醸造学の大学院学位は、その優秀さで国際的に評価されている。

12 オーストラリアで催される、仕込みから1年後の赤ワインの品評会の名称を1つ選べ。

1. International Wine Challenge
2. Decanter World Wine Awards
3. International Wine and Spirit Competition
4. Jimmy Watson Trophy

13 生産量が多いワイン用ブドウの上位3品種の順番として正しいものを1つ選べ。

1. Shiraz ⇒ Cabernet Sauvignon ⇒ Chardonnay
2. Shiraz ⇒ Chardonnay ⇒ Cabernet Sauvignon
3. Cabernet Sauvignon ⇒ Shiraz ⇒ Chardonnay
4. Cabernet Sauvignon ⇒ Chardonnay ⇒ Shiraz

14 オーストラリアのワイン法で、酸化防止剤、保存料に関する食品基準機関（FSANZ）の義務付け表示番号「220」の意味を1つ選べ。

1. ソルビン酸　　2. アスコルビン酸
3. 亜硫酸（二酸化硫黄）　　4. スクラロース

15 オーストラリアのG.I.を決定する権限を持つ委員会の略称を1つ選べ。

1. WAC　　　2. GWRDC　　　3. G.I.C.　　　4. AGWA

16 オーストラリアのG.I.制度において、ヴィンテージ表示するための特定のワインの最低必要割合を1つ選べ。

1. 75%　　2. 85%　　3. 90%　　4. 100%

17 オーストラリアのG.I.制度において、ブドウ品種名を表示する際、ブドウ品種が3種類以下でかつその合計が85%以上となる場合、各々のブドウ品種の最低必要割合を1つ選べ。

1. 10%　　2. 20%　　3. 30%　　4. 40%

12 〔正解〕 4．Jimmy Watson Trophy（ジミー・ワトソン・トロフィー）
〔解説〕 Jimmy Watson Trophy は、仕込みから1年後の赤ワインの品評会で、醸造家にとって最も権威のある賞の1つ。

13 〔正解〕 2．Shiraz（シラーズ）⇒ Chardonnay（シャルドネ）⇒ Cabernet Sauvignon（カベルネ・ソーヴィニヨン）
〔解説〕 1位 Shiraz、2位 Chardonnay、3位 Cabernet Sauvignon の順番。実は、この3品種の生産量合計の構成比は全体の約6割を占める。

14 〔正解〕 3．亜硫酸（二酸化硫黄）
〔解説〕 1．ソルビン酸 ⇒ 200
2．アスコルビン酸 ⇒ 300

15 〔正解〕 3．G.I.C.(Geographical Indications Committee ／地理的呼称委員会)
〔解説〕 G.I.C. が地理的表示の決定を下す際には、公認の原料ブドウ栽培者機関やワイン製造者機関と協議することが義務付けられている。

16 〔正解〕 2．85%
〔解説〕 基本的にオーストラリアでは、産地、ヴィンテージ、品種を表示するためには対象となるものが85%以上含まれている必要がある。

17 〔正解〕 2．20%
〔解説〕 20%以上含まれるブドウ品種名が3種類以下で、かつその合計が85%以上となる場合、これらのブドウ品種を全て表示する。

18 西オーストラリア州のワイン生産量の占有率を1つ選べ。

1. 約3%　　2. 約8%　　3. 約10%　　4. 約15%

19 次のワイン産地で最も西に位置するものを1つ選べ。

1. Peel　　2. Margaret River
3. Great Southern　　4. Geographe

20 〔難〕 Yallingup、Carbunup、Wilyabrupなどのサブリージョンを有する地域を1つ選べ。

1. Clare Valley　　2. Great Southern
3. Eden Valley　　4. Margret River

21 Margaret Riverのブドウ栽培面積を1つ選べ。

1. 2,873ha　　2. 5,840ha　　3. 7,377ha　　4. 11,156ha

22 〔難〕 5つの小地区Albany、Denmark、Frankland River、Porongurup、Mount Barkerを包括する産地を1つ選べ。

1. Swan District　　2. Perth Hills　　3. Great Southern

23 ワインに表れる胡椒の香りの原因物質を1つ選べ。

1. Vanillin　　2. Rotundone
3. Diacetyl　　4. Mercapto hexanol

18 正解　1.　約3%

[解説]　西オーストラリア州の中で、Margaret River（マーガレット・リバー）の伸長率が目覚ましく、州内のワイン生産量の約65%を占めている。

19 正解　2.　Margaret River（マーガレット・リヴァー）

[解説]　海からの影響が強い地中海性気候。Cabernet Sauvignon、Sauvignon Blanc、Chardonnayで知られるファインワインの産地。

20 正解　4.　Margret River

[解説]　Margret Riverは、6つのサブリージョン、Yallingup、Carbunup、Wilyabrup、Treeton、Wallcliffe、Karridaleに分けられている。

21 正解　2.　5,840ha

[解説]　1.　2,873ha ⇒ Yarra Valley（ヤラ・ヴァレー）
3.　7,377ha ⇒ McLaren Vale（マクラーレン・ヴェイル）
4.　11,156ha ⇒ Barossa Valley（バロッサ・ヴァレー）

22 正解　3.　Great Southern（グレート・サザン）

[解説]　Great Southernなど5つのサブ・リージョンを包括している。その規模、多様性おいて、西オーストラリア州では比類のない地域となっている。

23 正解　2.　Rotundone（ロタンドン）

[解説]　AWRI（オーストラリア・ワイン・リサーチ・インスティチュート）は、ロタンドンを世界に先駆けて特定した研究機関である。

24　下記の南オーストラリア州の地図でMcLaren Valeの位置を1つ選べ。

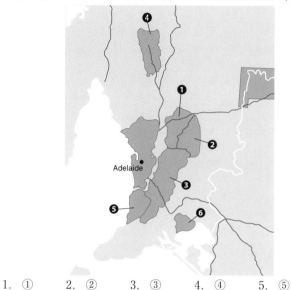

1. ①　　　2. ②　　　3. ③　　　4. ④　　　5. ⑤

25　上記の地図で④に該当する地区を1つ選べ。

1. Clare Valley　　2. Adelaide Hills
3. Eden Valley　　4. Langhorne Creek

26　アデレード周辺にある弓型の山脈の名称を1つ選べ。

1. Barossa Range　　2. Limestone Coast
3. Mount Lofty Ranges　　4. Basket Range

27　Barossa Old Vine Charter（古木憲章）で樹齢125年以上の古木の名称を1つ選べ。

1. Barossa Old Vine　　2. Barossa Ancestor Vine
3. Barossa Survivor Vine　　4. Barossa Centenarian Vine

24 正解　5.　⑤（Mclaren Vale／マクラーレン・ヴェイル）
　　解説　1.　①⇒ Barossa Valley
　　2.　②⇒ Eden Valley（イーデン・ヴァレー）
　　3.　③⇒ Adelaide Hills（アデレード・ヒルズ）
　　4.　④⇒ Clare Valley（クレア・ヴァレー）

25 正解　1.　Clare Valley（クレア・ヴァレー／④）
　　解説　2.　Adelaide Hills ⇒ ③
　　3.　Eden Valley ⇒ ②
　　4.　Langhorne Creek（ラングホーン・クリーク）⇒ ⑥

26 正解　3.　Mount Lofty Ranges（マウント・ロフティー・レンジズ〈山脈〉）
　　解説　Kangaroo Island（カンガルー・アイランド）を基点に始まり、McLaren Valeの脇を通り、Adelaide Hills、Eden Valleyに至る山地。

27 正解　2.　Barossa Ancestor Vine（バロッサ・アンセスター・ヴァイン）
　　解説　1.　Barossa Old Vine（バロッサ・オールド・ヴァイン）= 35年以上
　　3.　Barossa Survivor Vine（バロッサ・サヴァイヴァー・ヴァイン）= 70年以上
　　4.　Barossa Centenarian Vine（バロッサ・センテナリアン・ヴァイン）= 100年以上

28 Rieslingで重要な畑、Pewsey Vale が属する地区を1つ選べ。

1. Clare Valley   2. Adelaide Hills
3. Eden Valley   4. McLaren Vale

---

29 難 Watervale、Polish Hill River、Skillogalee Valleyなどの小地区（非公式）を有する産地を1つ選べ。

1. McLaren Vale   2. Eden Valley
3. Adelaide Hills   4. Clare Valley

---

30 1980年代後半、Jeffrey Grossetが畑を買い取り、後にワインの評価が高まるブドウ品種を1つ選べ。

1. Cabernet Sauvignon   2. Riesling
3. Chardonnay   4. Shiraz

---

31 Limestone Coastに属するG.I.を1つ選べ。

1. Coonawarra   2. McLaren Vale
3. Adelaide Hills   4. Eden Valley

---

32 1890年、Coonawarraに最初のブドウを植え、Penolaという土地を開拓した人物を1人選べ。

1. Cyril Henschke   2. John Riddoch
3. Harold Olmp   4. John Reynell

---

33 1860年代に「John Bull's Vineyards」として知られていた州を1つ選べ。

1. New South Wales   2. Tasmania
3. South Australia   4. Victoria

28 **正解** 3．Eden Valley（イーデン・ヴァレー）

解説 Eden ValleyはShirazとRieslingの重要な産地。特にPewsey Vale（ピュージー・ヴェール／非公式）は、標高の高さより生じる気温の低下が、優れたRieslingを生産するために不可欠な要素となっている。

29 **正解** 4．Clare Valley（クレア・ヴァレー）

解説 Clare ValleyはRieslingが主体ではあるが、ShirazとCabernet Sauvignonも大きなウエイトを持っている。

30 **正解** 2．Riesling

解説 1980年代後半、Jeffrey Grosset（ジェフリー・グロセット）はRieslingの畑を買い取り、それ以来Rieslingの評判はオーストラリアで急上昇した。最近ではオーガニックおよびビオディナミのブドウ畑で代替品種を試している。

31 **正解** 1．Coonawarra（クナワラ）

解説 South Australia州のワイン産地のうち、Coonawarra、Padthaway（パッドサウェー）、Wrattonbully（ラットンブリー）、Mount Benson（マウント・ベンソン）、Robe（ローブ）、Mount Gambier（マウント・ガンビア）の6つのG.I.を含む巨大なG.I.をLimestone Coast（ライムストーン・コースト）と呼ぶ。

32 **正解** 2．John Riddoch（ジョン・リドック）

解説 スコットランド人John Riddochは、この地域のテラロッサ土壌の豊かさを認識し、ワイン生産地域の繁栄のきっかけとなるPenola（ペノーラ）という土地を開拓した。

33 **正解** 4．Victoria（ヴィクトリア）

解説 1860年代、Victoria州のワイン産出量、及び英国向け輸出量が国内最多であったためである。

34 メルボルンから車でわずか1時間のVictoria州を代表する産地を1つ選べ。

1. Mornington Peninsula   2. Geelong
3. Yarra Valley   4. Pyrenees

---

35 Yarra Valleyのブドウ栽培面積を1つ選べ。

1. 2,873ha   2. 5,840ha   3. 7,377ha   4. 11,156ha

---

36 オーストラリア中のPinot Noirを対象とする品評会「Australian Pinot Noir Challenge」を開催している産地を1つ選べ。

1. Geelong   2. Yarra Valley
3. Mornington Peninsula   4. King Valley

---

37 〔難〕 The Bellarine、The Moorabool Valley、The Surf Coastの3つの小地区（非公式）に分類される産地を1つ選べ。

1. Goulburn Valley   2. Yarra Valley
3. Geelong   4. Mornington Peninsula

---

38 オーストラリアで長い歴史を持つワイン生産者の1つであるTahbilkが存在するワイン産地を1つ選べ。

1. Geelong   2. Beechworth
3. Alpine Valleys   4. Goulburn Valley

---

39 〔難〕 Avoca、Kara Kara、Moonambel、Redbankの4つの非小地区を有する産地を1つ選べ。

1. Pyrenees   2. Beechworth
3. Rutherglen   4. King Valley

34 　**正解**　3．Yarra Valley（ヤラ・ヴァレー）
　解説　Yarra Valleyは1838年に発祥したVictoria州最初のワイン産地。オーストラリア有数の冷涼な気候の地域であり、Chadonnay、Pinot Noir、Cabernet Sauvignon、Shirazが有名。

35 　**正解**　1．2,873ha
　解説　2．5,840ha ⇒ Margaret River
3．7,377ha ⇒ McLaren Vale
4．11,156ha ⇒ Barossa Valley

36 　**正解**　3．Mornington Peninsula（モーニングトン・ペニンシュラ）
　解説　Mornington PeninsulaはTasmaniaと並んでPinot Noir（ピノ・ノワール）の重要な生産地として存在感がアップ。2003年に始めた国際イベント「Mornington Peninsula International Pinot Noir Celebration」や、「Australian Pinot Noir Challenge」を開催している。

37 　**正解**　3．Geelong（ジロング）
　解説　Pinot Noir、Chardonnayの重要な産地、広いエリアは3つの小地区The Bellarine（ベラリン）、The Moorabool Valley（ムーラブール・ヴァレー）、The Surf Coast（サーフ・コースト）に分類される。

38 　**正解**　4．Goulburn Valley（ゴールバーン・ヴァレー）
　解説　1860年に設立されたTahbilk（タビルク）は、メルボルンの北120km、Goulburn川沿いに位置し、国内の高級ブドウ栽培地域の一つとなっている。

39 　**正解**　1．Pyrenees（ピレネー）
　解説　Cabernet Sauvignon、Shirazの重要な拠点。Avoca（アヴォカ）、Kara Kara（カラ・カラ）、Moonambel（ムーナンベル）、Redbank（レッドバンク）の4つの非小地区を有する。

40 [難] Giaconda、Castagnaなど、個性的なワイン生産者が存在するVictoria州の産地を1つ選べ。

1. Goulburn Valley　　2. Beechworth
3. Geelong　　4. Alpine Valleys

---

41 King Valleyが属する州を1つ選べ。

1. Victoria　　2. New South Wales
3. South Australia　　4. Western Australia

---

42 以下のワイン産地の中で、オーストラリア本土において最も冷涼なワイン産地を1つ選べ。

1. Tumbarumba　　2. Henty
3. Geelong　　4. Tamar Valley

---

43 Victoria州とNew South Wales州の両方にまたがる広大な産地を1つ選べ。

1. Tamar Valley　　2. Murray Darling
3. Tumbarumba　　4. Geelong

---

44 New South Wales州Hunterを代表する白ブドウ品種を1つ選べ。

1. Chardonnay　　2. Riesling
3. Sémillon　　4. Sauvignon Blanc

---

45 Mudgeeが属する州を1つ選べ。

1. Victoria　　2. New South Wales
3. South Australia　　4. Western Australia

---

40 正解 2. Beechworth（ビーチワース）
解説 Beechworthの最初のブドウ畑は1850年代に設立され、1892年までに32のワイン生産者が登録された。

41 正解 1. Victoria（ヴィクトリア）
解説 King Valley（キング・ヴァレー）は北部のミラワとモイフ周辺の広い川流域から、最南端の標高800mを超える山脈まで広がっていて、オーストラリアで標高の高いブドウ栽培地域の1つ。

42 正解 2. Henty（ヘンティー）
解説 Hentyはオーストラリア本土の中で最も冷涼なワイン産地。

43 正解 2. Murray Darling（マレー・ダーリン）
解説 Murray Darlingとその南東のSwan Hill（スワンヒル）を合わせると、Riverland（リヴァーランド：South Australia州）とRiverina（リヴェリナ：New South Wales州）に次いでオーストラリアで3番目に大きなワイン生産地域となる。

44 正解 3. Sémillon（セミヨン）
解説 「Hunter Sémillon」が有名。オーストラリアではSémillonを辛口に仕上げるのが伝統的。その典型がTyrrell's（ティレルズ社）の「VAT1 Semillon（ヴァット・ワン・セミヨン）」で、オーストラリアで最も多くの賞を受賞した白ワインである。

45 正解 2. New South Wales（ニュー・サウス・ウェールズ）
解説 栽培品種はCabernet SauvignonからRieslingやPinot Noirまでと幅広い。

46 New South Wales州の量販用ワイン向けブドウ栽培地域を1つ選べ。

1. Riverland 2. Rutherglen
3. Murray Darling 4. Riverina

47 Tamer Valley、Pipers River、East Coastなどが属する州を1つ選べ。

1. Tasmania 2. New South Wales
3. Queensland 4. Victoria

48 Tasmaniaでスパークリングワイン生産者のブドウ畑の拠点となっている産地を1つ選べ。

1. Coal River 2. East Coast
3. Pipers River 4. Tamer Valley

49 Queensland州に属する地区を1つ選べ。

1. South Burnett 2. Tumbarumba
3. Rutherglen 4. Riverina

50 オーストラリアにおける酒精強化ワインの主な産地はBarossa Valleyとどこか、1つ選べ。
必

1. Rutherglen 2. Beechworth
3. Eden Valley 4. Geelong

51 オーストラリアの酒精強化ワイン「Apera」の以前の名称を1つ選べ。
必

1. Fortified 2. Tokaj 3. Sherry 4. Port

52 酒精強化ワイン「Apera」に存在するカテゴリーを1つ選べ。
必

1. Rare 2. Grand 3. Sweet 4. Classic

46 正解 4. Riverina（リヴァリーナ）

解説 Riverinaは New South Wales 州で最大のワイン生産地域であり、オーストラリアで Riverland に次ぐ2番目に大きいワイン生産地域。

47 正解 1. Tasmania（タスマニア州）

解説 Tasmaniaはオーストラリア最南端のワイン産地であり、最も涼しい場所。ジュラ紀のドレライト地質が集中しているためよいブドウが造られ、結果として高級ワインが造られている。

48 正解 3. Pipers River（パイパーズ・リヴァー）

解説 Pipers Riverは Pinot Noir と Chadonnay を主要ブドウ品種として、オーストラリアで評価の高いスパークリングワインを製造。他に、冷涼な気候に対応するブドウ品種もつくっている。

49 正解 1. South Burnett（サウス・バーネット）

解説 Queensland（クィーンズランド）州には South Burnett と Granite Belt（グラニット・ベルト）の2つの地区が存在する。

50 正解 1. Rutherglen（ラザグレン／Victoria州）

解説 主な産地は Barossa Valley（South Australia州）と Rutherglen。

51 正解 3. Sherry（シェリー）

解説 2010年以降、Sherryの国内名称は Apera（アペラ）に変更された。

52 正解 3. Sweet（スウィート）

解説 「Apera」のカテゴリーは Dry（ドライ）、Medium Dry（ミディアム・ドライ）、Sweet、Cream（クリーム）の4種。

53 酒精強化ワイン「Fortified」に存在するカテゴリーを1つ選べ。

1. Rare　　2. Vintage　　3. Sweet　　4. Classic

54 酒精強化ワイン「Topaque」に存在する等級を1つ選べ。

1. Dry　　2. Vintage　　3. Rutherglen　　4. Cream

55 酒精強化ワイン「Fortified」に使用するブドウ品種を1つ選べ。

1. Cabernet Sauvignon　　2. Mourvèdre
3. Pinot Noir　　4. Merlot

56 酒精強化ワイン「Topaque」に使用するブドウ品種を1つ選べ。

1. Sémillon　　2. Riesling
3. Chardonnay　　4. Muscadelle

57 酒精強化ワイン「Topaque」のカテゴリーの中で、平均熟成が6~10年のものを1つ選べ

1. Grand　　2. Rutherglen
3. Classic　　4. Rare

53 正解 2. Vintage（ヴィンテージ）

解説 Fortified（フォーティファイド）は、2008年のEUとの合意までは「ポート」と呼ばれていた。カテゴリーはVintageとTawny（トゥニー）の2種。

54 正解 3. Rutherglen（ラザグレン）

解説 リキュール・トカイは、Topaque（トパーク）に名称変更。リキュールのカテゴリーはリキュール・マスカットと合わせ、Rutherglen、Classic（クラシック）、Grand（グランド）、Rare（レア）の4等級。

55 正解 2. Mourvèdre（ムールヴェードル）

解説 FortifiedはTawnyとVintageの2カテゴリーがある。TawnyはMourvèdre（Mataró／マタロ）、Shiraz、Grenache（グルナッシュ）を使い、Vintageは多くの場合Shirazで、樽熟成は1〜2年と短め。

56 正解 4. Muscadelle（ミュスカデル）

解説 「Topaque」はMuscadelleを使用。リキュール・マスカットは、ブラウン・マスカット種（ア・プティ・グラン種）を使う。いずれもRutherglenが主要産地。大小の樽で長期間貯蔵され、一般的にソレラシステムが用いられる。

57 正解 3. Classic（クラシック）

解説 平均熟成は、Rutherglen＝3~5年、Classic＝6~10年、Grand＝11~19年、Rare＝20年以上。

⑪

オーストリア

1　下記の地図において、②の地域名称をカタカナで書け。

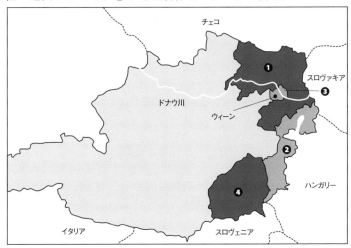

2　オーストリアの説明として正しいものを1つ選べ。

[難]

1. 全9連邦州のうちNiederösterreich州とBurgenland州だけで全栽培面積の約70％を占める
2. 1軒あたりのブドウ栽培面積は小さく、小規模家族経営生産者が多い
3. ブドウ栽培地域は北緯45度前後で、緯度はフランスのボルドーとほぼ同じ
4. 霧を発生させて貴腐ブドウを生み出すハルシュタット湖など、水が栽培地域に大きな影響を与える

3　1985年、違法な添加物がワインに混入されていることが発見されたため、ワインの価格が法外な落下を引き起こし、オーストリアワインの輸出が壊滅状態になった事件の名称を1つ選べ。

[難]

1. ドクター・コンティ事件　　2. ジェイ・マキナニー偽造ワイン事件
3. ジエチレン・グリコール混入事件　　4. パリスの審判

1 　**正解**　ブルゲンラント
　解説　北に位置するのがニーダーエスタライヒ／地図①、南がシュタイヤーマルク／地図④。

2 　**正解**　2．1軒あたりのブドウ栽培面積は小さく、小規模家族経営生産者が多い
　解説　1．約70％ ⇒ 約87％
　3．⇒ 北緯47 ～ 48度で、緯度はフランスのブルゴーニュとほぼ同じ
　4．ハルシュタット湖 ⇒ ノイジードラーゼー湖

3 　**正解**　3．ジエチレン・グリコール混入事件
　解説　事件から1年以内に、オーストリアワインを監督・検査するため新しい厳格なワイン法が導入された。

4 オーストリアのブドウ栽培面積において、白品種が占めるおおまかな割合を1つ選べ。

1. 1 / 3　　2. 1 / 2　　3. 2 / 3　　4. 3 / 4

---

5 オーストリアで最も広く栽培されている黒ブドウ品種を1つ選べ。

1. Blaufränkisch　　2. Spätburgunder
3. St. Laurent　　4. Zweigelt

---

6 Sankt Laurentの品種特徴について正しいものを1つ選べ。

[難]
1. オーストリアの黒ブドウ栽培比率で2番目である品種
2. Weststeirmarkの基幹ワイン、シルヒャーの原料ブドウ品種
3. Pinot Noirの血縁といわれ、実際に類似した性格を持つ品種
4. Roter VeltlinerとSylvanerの自然交配品種

---

7 気候的にも土壌的にも Thermenregion のみで最適な栽培地となるブドウ品種を1つ選べ。

[難]
1. Rotgipfler　　2. Grüner Veltliner
3. Zierfandler　　4. Neuburger

---

8 オーストリアのワイン法において正しいものを1つ選べ。

1. Landweinはg.U.に属する
2. Prädikatsweinはg.g.A.に属する
3. Kabinettはg.g.A.に属する
4. Qualitätsweinはg.U.に属する

---

9 オーストリアの原産地統制呼称制度の名称を1つ選べ。

1. D.O.　　2. D.A.C.　　3. A.V.A.　　4. G.I.

4 [正解] 3. 2/3
[解説] オーストリアでは26の白ワイン品種がクオリティワインの生産に認可されていて、約2/3の面積を占めている。

5 [正解] 4. Zweigelt（ツヴァイゲルト）
[解説] Zweigeltは、Blaufränkisch（ブラウフレンキッシュ）とSt. Laurent（ザンクト・ラウレント）の交配品種。

6 [正解] 3. Pinot Noirの血縁といわれ、実際に類似した性格を持つ品種
[解説] Sankt Laurent（サンクト・ラウレント）は、Pinot St. Laurent（ピノ・サンクト・ラウレント）と呼ばれるようにピノ種に属している。
1. ⇒ Blaufränkischの説明
2. ⇒ Blauer Wildbacher（ブラウアー・ヴィルトバッハー）の説明
4. ⇒ Neuburger（ノイブルガー）の説明

7 [正解] 1. Rotgipfler（ロートギプフラー）
[解説] Rotgipflerは心地良い酸、そして繊細な香りを有する。ゆっくりと熟成し、単一品種でワインが造られることが主流だが、Zierfandler（ツィアファンドラー）とブレンドすることもある。

8 [正解] 4. Qualitätswein（クヴァリテーツヴァイン）はg.U.に属する
[解説] 「g.U.」は原産地呼称保護ワイン、「g.g.A.」は地理的表示保護ワイン。
1. ⇒ Landweinはg.g.A.に属する
2. ⇒ Prädikatsweinはg.U.に属する
3. ⇒ Kabinettはg.U.に属する

9 [正解] 2. D.A.C.
[解説] D.A.C.（Districtus Austriae Controllatus／ディストゥリクトゥス・アウストリアエ・コントロラートゥス）は、ワインのラベルに産地名の直後に「D.A.C.」と表示されている場合は、そのワインがその産地で造られたことを意味している。
1. D.O. ⇒ チリの原産地呼称
3. A.V.A. ⇒ アメリカ政府認定ブドウ栽培地域
4. G.I. ⇒ オーストラリア、ニュージーランドの地理的呼称

10 地域ワイン委員会によって分けられている階層の中で、特定の村の顕著な特徴を持っている「村のワイン」の意味を持つカテゴリーを1つ選べ。

1. Gebietswein 2. Riedenwein 3. Ortswein

---

11 オーストリアで「完全に熟した糖度の高いブドウを、醸造前に藁または葦のマットの上で、もしくは吊り下げて3ヵ月以上乾燥させたものを発酵して造られる」Prädikatswein を1つ選べ。

1. Beerenauslese 2. Strohwein
3. Trockenbeerenauslese 4. Eiswein

---

12 オーストリアのワイン法の説明として正しいものを1つ選べ。

難

1. Strohweinは完全に熟した糖度の高いブドウを、醸造前に藁または葦のマットの上で、もしくは吊り下げて6ヵ月以上乾燥させたものを発酵して造られる
2. 完全に熟したブドウから造られ、最低糖度が19°KMWであるのはAusleseである
3. Beerenausleseは過熟または貴腐ブドウから造られ、最低糖度は30°KMWである
4. Kabinettはマストへの補糖及びワインへの糖分添加無し

---

13 ルストで造られるTrockenbeerenausleseに与えられる特別呼称のPrädikatsweinを1つ選べ。

1. Kabinett 2. Ausbruch 3. Spätlese 4. Auslese

---

14 Sekt Austriaの品質分類の中で、Sekt Austria Grosse Reserveの最低瓶内熟成期間を1つ選べ。

1. 9ヵ月 2. 15ヵ月 3. 18ヵ月 4. 36ヵ月

10 正解 3. Ortswein（オーツヴェイン）

[解説] Ortswein は「村」のワイン。

1. Gebietswein は、地方ワインで、そのワイン生産地域全体を表している

2. Riedenwein は単一畑ワインで、最も具体的な原産地呼称であり、ピラミッドの最上位層に位置づけされる

11 正解 2. Strohwein（シュトローヴァイン＝Schilfwein／シルフヴァイン）

[解説] 1. Beerenauslese（ベーレンアウスレーゼ）⇒ 過熟または貴腐ブドウから造られる

3. Trockenbeerenauslese（トロッケンベーレンアウスレーゼ）⇒ 大半が貴腐化したブドウないし特に乾燥したブドウから造られる

4. Eiswein（アイスヴァイン）⇒収穫時に凍結したブドウから造られる

12 正解 4. Kabinett（カビネット）はマストへの補糖及びワインへの糖分添加無し

[解説] 1. 6ヵ月以上 ⇒ 3ヵ月以上

2. Auslese（アウスレーゼ）⇒ Spätlese（シュペートレーゼ）

3. 30°KMW ⇒ 25°KMW

13 正解 2. Ausbruch（アウスブルッフ）

[解説] Ruster Ausbruch（ルスター・アウスブルッフ）D.A.C.は、Burgenland（ブルゲンラント）州の Leithaberg（ライタベルク）D.A.C.のルストで造られる貴腐の甘口ワイン。

1. Kabinett ⇒ ドイツにおいては Prädikatswein の肩書に含まれるが、オーストリアでは独立したカテゴリーなので注意

3. Spätlese ⇒ 完全に熟したブドウから造られる

4. Auslese ⇒ 粒よりしたブドウから造られる

14 正解 4. 36ヵ月

[解説] Sekt Austria（ゼクト・オーストリア）は最低9ヵ月、Sekt Austria Reserve（ゼクト・オーストリア・レゼルヴェ）は最低18ヵ月、Sekt Austria Grosse Reserve（ゼクト・オーストリア・グローセ・レゼルヴェ）は最低36ヵ月瓶内で滓と共に熟成する。

15 オーストリアで、「傾斜が26度を越える段丘や急斜面に植えられた
ブドウ樹から収穫されたブドウを原料とするワイン」を1つ選べ。

1. Bergwein　　2. Sturm
3. Ried　　4. Schaumwein

---

16 下記のオーストリアの地図でWachau D.A.C.の位置を1つ選べ。

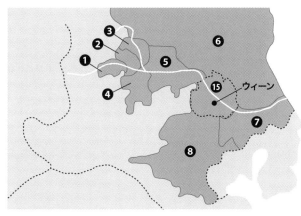

1. ①　　2. ②　　3. ③　　4. ④

---

17 上記のオーストリアの地図で⑧にあたる地域を1つ選べ。

1. Wagram D.A.C.　　2. Weinviertel D.A.C.
3. Carnuntum D.A.C.　　4. Thermenregion D.A.C.

---

18 Niederösterreich州の説明として正しいものを1つ選べ。

難

1. ブドウ栽培面積は約37,000haである
2. Leithaberg D.A.C.が属する
3. 北部とドナウ系の2つに大別される
4. 8つの限定的生産地域に分かれる

---

15 正解 1．Bergwein（ベルクヴァイン）

解説 2．Sturm（シュトゥルム）⇒ すぐに飲用されるべく販売される、部分的に発酵したブドウ果汁のこと

3．Ried（リート／リード）⇒ 単一ブドウ畑を意味するオーストリア独自のドイツ語表現

4．Schaumwein（シャウムヴァイン）⇒ ブドウ、ブドウ果汁、またはワインから造られる発泡ワイン。摂氏20度での内圧は最低3バール以上。

16 正解 1．①（Wachau／ヴァッハウ）D.A.C.

解説 2．②⇒ Kremstal（クレムスタール）D.A.C.

3．③⇒ Kamptal（カンプタール）D.A.C.

4．④⇒ Traisental（トライゼンタール）D.A.C.

17 正解 4．Thermenregion（テルメンレギオン D.A.C.／⑧）

解説 1．Wagram（ヴァーグラム）D.A.C. ⇒ ⑤

2．Weinviertel（ヴァインフィアテル）D.A.C. ⇒ ⑥

3．Carnuntum（カルヌントゥム）D.A.C. ⇒ ⑦

18 正解 4．8つの限定的生産地域に分かれる

解説 1．約37,000ha ⇒ 約27,000ha

2．Leithaberg D.A.C.は Burgenland 州

3．⇒ 北部、ドナウ系、パノニア系の3つに大別される

19 メルクからクレムスへと続くドナウ川の谷間にあり、その多くが急勾配の段々畑である産地を1つ選べ。

1. Kamptal D.A.C.　　2. Traisental D.A.C.
3. Wachau D.A.C.　　4. Kremstal D.A.C.

20 Wachau D.A.C.のワインの格付けにおいてアルコール度数が最も高いものを1つ選べ。

1. Smaragd　　2. Federspiel　　3. Steinfeder

21 Niederösterreich州の限定生産地域を1つ選べ。

1. Eisenberg D.A.C.　　　2. Leithaberg D.A.C.
3. Neusiedlersee D.A.C.　　4. Kamptal D.A.C.

22 Weinviertel D.A.C.で栽培面積の約50％を占める認可品種を1つ選べ。

1. Zweigelt　　2. Blaufränkisch
3. Grüner Veltliner　　4. Riesling

23 オーストリアの説明として正しいものを1つ選べ。

難

1. Kamptal D.A.C.やKremstal D.A.C.では認可品種にRieslingも認められている
2. Mittelburgenland D.A.C.ではZweigeltの栽培比率が約51％と最大
3. Wachau D.A.C.においてSteinfederのアルコール度数は12.5度以上である
4. Weinviertel D.A.C.の栽培面積の約70％を占めるのはGrüner Veltlinerである

24 Burgenland州の限定生産地域を1つ選べ。

1. Wiener Gemischter Satz D.A.C.　　2. Traisental D.A.C.
3. Neusiedlersee D.A.C.　　4. Weinviertel D.A.C.

19　正解　3.　Wachau（ヴァッハウ）D.A.C.
　解説　2020年ヴィンテージから「Wachau D.A.C.」として原産地呼称が認証
される。ユネスコ世界文化遺産に認定されているワインツーリズムにとって
も不可欠な産地である。

20　正解　1.　Smaragd（スマラクト）
　解説　1.　Smaragd ⇒「エメラルド色のとかげ」、Spätlese級、アルコール
度数12.5度以上
　2.　Federspiel（フェーダーシュピール）⇒「鷹狩りの道具」、Kabinett級、エ
レガントで豊かな果実味、アルコール 度数11.5～12.5度
　3.　Steinfeder（シュタインフェーダー）⇒「きゃしゃな野草」、Qualitätswein
級、軽い白ワイン、アルコール度数11.5度以下

21　正解　4.　Kamptal（カンプタール）D.A.C.
　解説　Eisenberg（アイゼンベルク）D.A.C.、Leithaberg（ライタベルク）
D.A.C.、Neusiedlersee（ノイジードラーゼー）D.A.C.は、いずれも Burgenland
（ブルゲンラント）州の D.A.C.。

22　正解　3.　Grüner Veltliner（グリューナー・ヴェルトリーナー）
　解説　Weinviertel D.A.C.はオーストリア最北の限定的生産地域。栽培面積
の約50％を占めるのが D.A.C.認可品種の Grüner Veltliner。

23　正解　1.　Kamptal（カンプタール）D.A.C.や Kremstal（クレムスタール）
D.A.C.では認可品種に Riesling（リースリング）も認められている
　解説　2.　Zweigelt ⇒ Blaufränkisch
　3.　12.5度 以上⇒ 11.5度以下
　4.　約70％ ⇒ 約50％

24　正解　3.　Neusiedlersee（ノイジードラーゼー）D.A.C.
　解説　Wiener Gemischter Satz（ヴィーナー・ゲミシュター・サッツ）D.A.C.は
Wien（ウィーン）州、Traisental（トライゼンタール）D.A.C.と Weinviertel（ヴァ
インフィアテル）D.A.C.は Niederösterreich（ニーダーエスタライヒ）州。

25 Burgenland州において栽培面積が最小な限定生産地域を1つ選べ。

1. Eisenberg D.A.C.　　2. Leithaberg D.A.C.
3. Neusiedlersee D.A.C.　　4. Rosalia D.A.C.

---

26 Wiener Gemischter SatzがD.A.C.認定された年を1つ選べ。

[難]　1. 2004年　　2. 2007年　　3. 2010年　　4. 2013年

---

27 スロヴェニアの北、ハンガリーの西に位置する丘陵地帯の地域を1つ選べ。

1. Wien州　　2. Burgenland州
3. Steiermark州　　4. Niederösterreich州

---

28 Südsteiermark D.A.C.が特に取り組んでいるブドウ品種を1つ選べ。

[難]　1. Grüner Veltliner　　2. Sauvignon Blanc
3. Riesling　　4. Traminer

---

29 Blauer Wildbacherを早く収穫して、強烈な酸を持つロゼワインに仕上げたシルヒャーで有名な産地を1つ選べ。

1. Weststeiermark D.A.C.　　2. Weinviertel D.A.C.
3. Vulkanland Steiermark D.A.C.　　4. Südsteiermark D.A.C.

---

30 以下の説明に該当する帝国の名称を1つ選べ。

[難]　『オーストリア、特にウィーンの料理とお菓子は、歴史と深く結びついている。ある帝国の発展とともに、帝国内の各民族の伝統料理が続々と流れ込んできた』

1. ロシア帝国　　2. パプスブルク帝国
3. 東ローマ帝国　　4. オスマン帝国

---

25 【正解】 4. Rosalia（ロザリア）D.A.C.

【解説】 Rosalia D.A.C.は、2018年にD.A.C.となった、オーストリアで最も小さい栽培面積のD.A.C.。ブドウ栽培面積の60％を占めるのがBlaufränkisch（ブラウフレンキッシュ）で、Zweigelt（ツヴァイゲルト）がそれに続く。

26 【正解】 4. 2013年

【解説】 D.A.C.認定されたが、混植・混醸ワインに与えられた例外的なもの。3つ以上の認定品種を混植・混醸。1品種最大50％、3番目の品種は10％以上などの規定がある。

27 【正解】 3. Steiermark（シュタイヤーマルク）州

【解説】 Steiermark州は、スロヴェニアの北、ハンガリーの西に位置する。地元のBuschenschank（ブッシェンシャンク）と言われるワイン酒場では、ワインと一緒にこの地域の料理を味わうことができる。

28 【正解】 2. Sauvignon Blanc

【解説】 この地域のブドウ畑の栽培面積の約1/5を占め、フレッシュで香り高いワインから、非常にエレガントなワインまで多岐にわたって造られている。

29 【正解】 1. Weststeiermark（ヴェストシュタイヤーマルク）D.A.C.

【解説】 シルヒャーにはスティルとスパークリングワインがあるが、Blauer Wildbacher（ブラウアー・ヴィルトバッハー）からそれぞれの個性的なスタイルのワインが造られている。

30 【正解】 2. パプスブルク帝国

【解説】 ウィーンの料理はパプスブルク帝国の宮廷で磨き上げられ、エレガントな中にノスタルジックな味わいを残している。

31 ミラノから伝わったとされるカツレツのようなWien料理を1つ選べ。

1. Marillenknödel 2. Marchfelder Spargel
3. Steirisches Kürbiskernöl 4. Wiener Schnitzel

---

32 オーストリアの「茹でた牛肉料理」を1つ選べ。

1. Tafelspitz 2. Esterhazy Torte
3. Martini Gansl 4. Backhendl

---

33 様々な種類のシャルキュトリー、チーズやスプレッドなどが木の板にのった料理を何というか、1つ選べ。

1. Lumpensalat 2. Brettljause
3. Gulasch 4. Blutwurst

---

31 正解　4．Wiener Schnitzel（ヴィーナー・シュニッツェル／仔牛ないし豚肉のカツレツ）

解説　1．Marillenknödel（マリレンクヌーデル）⇒ Wachau D.A.C. のアプリコットの菓子

2．Marchfelder Spargel（マルヒフェルダー・シュパーゲル）⇒ Weinviertel D.A.C. のアスパラガスを使った料理

3．Steirisches Kürbiskernöl（シュタイリッシェス・キュルビスケルネール）⇒ Steiermark 州のカボチャを原料とするパンプキンシードオイル

32 正解　1．Tafelspitz（ターフェルシュピッツ）

解説　2．Esterhazy Torte（エスターハージー・トルテ）⇒ Leithaberg D.A.C. のバタークリームとアーモンドのケーキ

3．Martini Gansl（マティーニ・ガンスル）⇒ Eisenberg D.A.C.のガチョウの丸焼き

4．Backhendl（バックヘンドル）⇒ フライドチキン

33 正解　2．Brettljause（ブレットルヤウゼ）

解説　1．Lumpensalat ⇒ Kamptal D.A.C.の、ハムやサラミなどとチーズを入れたサラダ

3．Gulasch（グラーシュ）⇒ 仔牛や牛肉のパプリカ煮込み

4．Blutwurst（ブルートヴルスト）⇒ 豚の血のソーセージ

⑫

カナダ

1

難

カナダの説明として正しいものを1つ選べ。

1. シャプタリゼーションはすべてのワインに認められていない
2. VQA規定に沿ったワイン生産を行っているのはOntario州とBritish Columbia州だけである
3. 2022年現在、カナダ全体で約900のワイナリーがある
4. Ontario州はアメリカのWashington州の影響を受けて発展した

2

難

カナダの説明として正しいものを1つ選べ。

1. カナダのワイン造りは1711年にJohann (John) SchillerがOntario州で始めたのが最初である
2. 寒冷な気候は良質のVin Effervescentというアイスワインの生産にも適している
3. 最近ではNew Brunswick州とPrince Edward Island州でもワイン生産が始まっている
4. Ontario州南端部は暖流の影響で温帯に属し、夏は乾燥、冬は温暖で雨が多い

3

20世紀末頃からカナダワインの品質向上に大きく影響を及ぼした出来事を1つ選べ。

1. WHO加盟　　2. 補助金政策
3. TTP　　4. EU加盟

4

Ontario州で生産量が最も多いブドウ品種を1つ選べ。

1. Chardonnay　　2. Merlot
3. Riesling　　4. Cabernet Franc

---

1 [正解] 2．VQA（Vintners Quality Alliance）規定に沿ったワイン生産を行っているのはOntario（オンタリオ）州とBritish Columbia（ブリティッシュ・コロンビア）州だけである

[解説] 1．⇒ シャプタリゼーション及びスイート・リザーヴ（未発酵のブドウ果汁）の添加は、アイスワインやレイト・ハーヴェスト・ワインを除いて規定の範囲内で許可されている

3．約900 ⇒ 約620

4．Washington州 ⇒ New York州・Pennsylvania州

2 [正解] 3．最近ではNew Brunswick（ニュー・ブランズウィック）州とPrince Edward Island（プリンス・エドワード・アイランド）州でもワイン生産が始まっている

[解説] 1．1711年 ⇒ 1811年

2．Vin Effervescent（ヴァン・エフェルヴェサン）というアイスワイン ⇒ Vin Effervescentというスパークリングワイン

4．Ontario（オンタリオ）州南端部 ⇒ 太平洋側の西海岸の沿岸部

3 [正解] 2．補助金政策

[解説] ワインの品質向上を図る目的で補助金を出す政策をとったことは現在でも継承されていて、農業・農産食料省が対象となる組織の適格性を評価し、資格基準を満たしている場合には助成金の支払いが行われる。

4 [正解] 1．Chardonnay

[解説] 白ブドウのChardonnayとRieslingが全体の1位、2位を占める

5 カナダの遅摘みワインやアイスワインに使用される Vidal の交配を1
つ選べ。

1. Chardonnay × Seibel 4986　　2. Pinot Blanc × Seibel 4986
3. Riesling × Seibel 4986　　4. Ugni Blanc × Seibel 4986

6 British Columbia 州で生産量が最も多い黒ブドウ品種を1つ選べ。

1. Cabernet Franc　　2. Merlot
3. Cabernet Sauvignon　　4. Pinot Noir

7 Ontario 州において、単一品種名をラベルに表記する場合、そのブド
ウ品種の最低使用割合を1つ選べ。

1. 75%　　2. 85%　　3. 95%　　4. 100%

8 British Columbia 州において、州名をラベルに表記する場合、その
ブドウ品種の最低使用割合を1つ選べ。

1. 75%　　2. 85%　　3. 95%　　4. 100%

9 アイスワインの規定で、樹上で凍ったブドウを収穫する時の最低外
気温を1つ選べ。

1. −7℃　　2. −8℃　　3. −9℃　　4. −10℃

10 Ontario 州のワイン生産地で最も東にあるワイン産地を1つ選べ。

1. South Island　　2. Okanagan Valley
3. Prince Edward County　　4. Lake Erie North Shore

11 Ontario 州に属するワイン産地を1つ選べ。

1. Okanagan Valley　　2. Fraser Valley
3. Lake Erie North Shore　　4. Gulf Islands

5 　**正解** 　4. Ugni Blanc (ユニ・ブラン) × Seibel 4986 (セイベル 4986)
　解説 　Vidal (ヴィダル) は、正確には Vidal Blanc (ヴィダル・ブラン) や Vidal 256 (ヴィダル 256) と呼ばれる。

6 　**正解** 　2. Merlot (メルロ)
　解説 　British Columbia 州で黒ブドウの生産量が多い上位品種は Merlot、Pinot Noir (ピノ・ノワール) の順。

7 　**正解** 　2. 85%
　解説 　単一品種、収穫年表記ともに85%以上のブドウを使用する。原産州名を表記する場合は、Ontario 州で収穫されたブドウを100%使用する。

8 　**正解** 　4. 100%
　解説 　British Columbia 州でも Ontario 州と同様に州で収穫されたブドウを100%使用する。

9 　**正解** 　2. −8℃ (以下)
　解説 　その他の規定は、
・ラベルにヴィンテージを記載すること
・ブドウ品種は認可された Vitis vinifera 種または Vidal Blanc のみ使用可能
・シャプタリザシオンは禁止、など

10 　**正解** 　3. Prince Edward County (プリンス・エドワード・カウンティ)
　解説 　1. South Island (サウス・アイランド) ⇒ Ontario 州の中で西側
　2. Okanagan Valley (オカナガン・ヴァレー) ⇒ British Columbia 州

11 　**正解** 　3. Lake Erie North Shore (レイク・エリー・ノース・ショア)
　解説 　Okanagan Valley、Fraser Valley (フレーザー・ヴァレー)、Gulf Islands (ガルフ・アイランズ) は、British Columbia 州。

12 Niagara Peninsulaの説明として正しいものを1つ選べ。

1. Ontario州のワイン生産量の約80％以上を生産する産地
2. 2つのリジョナル・アペレーションと6つのサブ・アペレーションが制定されている
3. ブドウ栽培地域は北緯43度に位置している
4. 栽培面積はカナダのブドウ栽培地区において2番目に広い

---

13 Niagara Peninsulaの2つのリジョナル・アペレーションはNiagara Escarpmentと何か、1つ選べ。

1. Niagara-on-the-Lake　　2. Niagara River
3. Creek Shores　　4. Niagara Lakeshore

---

14 Ontario州 Niagara Escarpmentに属さないサブ・アペレーションを1つ選べ。

1. Short Hills Bench　　2. Beamsville Bench
3. St. David's Bench　　4. Twenty Mile Bench

---

15 British Columbia州のブドウ栽培地域の北緯の緯度を1つ選べ。

1. 41〜44度　　2. 44〜46度
3. 45〜47度　　4. 49〜50度

---

16 British Columbia州に属するワイン産地を1つ選べ。

1. Prince Edward County　　2. Niagara Peninsula
3. Gulf Islands　　4. South Islands

---

17 Okanagan Valleyの気候を1つ選べ。

1. 海洋性気候　　2. 地中海性気候
3. 温暖湿潤気候　　4. 大陸性気候

12 　正解　3．ブドウ栽培地域は北緯43度に位置している
　解説　1．約80％ ⇒ 約68％
2．6つ ⇒ 10
4．2番目 ⇒ 最大の約5,500ha

13 　正解　1．Niagara-on-the-Lake（ナイアガラ・オン・ザ・レイク）
　解説　Niagara River（ナイアガラ・リバー）、Creek Shores（クリーク・ショ
アズ）、Niagara Lakeshore（ナイアガラ・レイクショア）の3つは、いずれも
サブ・アペレーション。

14 　正解　3．St. David's Bench（セント・デイヴィッズ・ベンチ）
　解説　St. David's Benchは、Niagara-on-the-Lakeのサブ・アペレーション。

15 　正解　4．49〜50度
　解説　British Columbia州は北緯49〜50度、カナダ最西端に位置する。
1．41〜44度 ⇒ Ontario州
2．44〜46度 ⇒ Nova Scotia州
3．45〜47度 ⇒ Québec（ケベック）州

16 　正解　3．Gulf Islands（ガルフ・アイランズ）
　解説　Prince Edward County、Niagara Peninsula、South Islandsは、い
ずれもOntario州。

17 　正解　4．大陸性気候
　解説　Okanagan Valley（オカナガン・ヴァレー）を含むBritish Columbia
州中央部と南東部では湿潤な大陸性気候が優勢で、ロッキー山脈は大草原か
ら北極圏の冷たい空気の西への流れを制限し、この地域の冬の気候を和らげ
る。

18 Okanagan Valleyのサブ・リージョンで、最初にG.I.として承認された地区を1つ選べ。

1. Black Sage Bench / Osoyoos   2. Lake County
3. Golden Mile Bench   4. Naramata Bench

19 Okanagan Valleyのサブ・リージョンOkanagan FallsがG.I.として承認された年を1つ選べ。

1. 2013年   2. 2015年   3. 2018年   4. 2019年

20 [難] Okanagan Valleyのサブ・リージョンで、最南端に位置し温暖な気候の地区を1つ選べ。

1. Black Sage Bench / Osoyoos   2. Lake County
3. Okanagan Falls   4. Skaha bench

21 Nova Scotia州において最も高く評価されているワイン・カテゴリーを1つ選べ。

1. ロゼワイン   2. アイスワイン
3. 白ワイン   4. スパークリングワイン

18 正解 3. Golden Mile Bench（ゴールデン・マイル・ベンチ）

解説 Golden Mile Benchが2015年に最初に正式なサブ・リージョンG.I.として承認された。

19 正解 3. 2018年

解説 2018年にOkanagan Falls（オカナガン・フォールズ）が承認された。Okanagan Valleyのサブ・リージョンは11のG.I. が承認されているが、まだ未承認のワイン栽培地域も多い。

20 正解 1. Black Sage Bench / Osoyoos（ブラック・セージ・ベンチ／オソヨース）

解説 Black Sage Bench/Osoyoosは温暖な気候の地区。カナダとアメリカの国境近くにある。

21 正解 4. スパークリングワイン

解説 Nova Scotia（ノヴァ・スコシア）州は、全体的には非常に寒冷な気候で、冬の降雪量も多い。最も高く評価されているのはスパークリングワインである。

⓬ ギリシャ

1 紀元前4世紀、ギリシャにおいてブドウ栽培とワイン生産を奨励した
人物を1人選べ。

1. ヘシオドス　　　2. カール大帝
3. アレキサンダー大王　　4. ディオニュソス

---

2 「新ギリシャワイン・リバイバル」が起きた期間を1つ選べ。

1. 19世紀最初の10年間　　　2. 19世紀最後の10年間
3. 20世紀最初の10年間　　　4. 20世紀最後の10年間

---

3 ギリシャのブドウ栽培産地の緯度として近いものを1つ選べ。

1. 30〜36度　　2. 32〜38度
3. 35〜41度　　4. 38〜44度

---

4 土着品種の数量とその生産量の割合として正しいものを1つ選べ。

1. 約200種と80%　　2. 約200種と90%
3. 約300種と80%　　4. 約300種と90%

---

5 ギリシャの白ブドウと黒ブドウ、それぞれの栽培面積1位の組合せを
1つ選べ。

1. 白 Savatiano、黒 Agiorgitiko　　2. 白 Savatiano、黒 Liatiko
3. 白 Roditis、黒 Agiorgitiko　　4. 白 Roditis、黒 Liatiko

---

6 ギリシャの土着品種、Xinomavroの「Mavro」の意味を1つ選べ。

1. 酸　　2. 赤い　　3. 渋み　　4. 黒い

1　**正解**　3．アレキサンダー大王
　解説　紀元前4世紀、アレキサンダー大王はブドウ栽培とワイン生産を奨励。大王の死後も2世紀にわたり、古代ギリシャ文明と古代オリエント文明を融合したヘレニズム文明が拡散し、ブドウ栽培とワイン醸造の技術は広まった。

2　**正解**　4．20世紀最後の10年間
　解説　「新ギリシャワイン・リバイバル」：ワイン醸造家が新しい技術と醸造方法によって、希少な土着品種と国際品種から収穫されるブドウを最大限に活用し、優れた傑出したワインを生産するために知恵を出し合った。

3　**正解**　3．35〜41度
　解説　ギリシャのブドウ栽培産地は北緯35〜41度に位置するため、ブドウの栽培に適した気候条件に恵まれている。海に近いことは、特に沿岸地域のテロワールに気候に有利な影響を与える。

4　**正解**　4．約300種と90%
　解説　ギリシャは土着品種の宝庫であり、約300の土着品種が存在し生産量の90%を占める。

5　**正解**　1．白 Savatiano（サヴァティアノ）、黒 Agiorgitiko（アギオルギティコ）
　解説　白ブドウは、1位がSavatiano、2位がRoditis（ロディティス）。黒ブドウは、1位がAgiorgitiko、2位がLiatiko（リアティコ）。

6　**正解**　4．黒い
　解説　Xinomavro（クシノマヴロ）の「Xino」は「酸」、「Mavro」は「黒い」の意味。ギリシャを代表する赤ワイン用品種。

7 原産地呼称制度P.G.I.のレベル名称として正しくないものを1つ選べ。

1. P.G.I. Area Wines 　　2. P.G.I. Zone Wines
3. P.G.I. District Wines 　　4. P.G.I. Regional Wines

---

8 RetsinaとVerdeaが含まれる、ギリシャの歴史的な価値を持つと認められたワインに表記される名称を1つ選べ。

1. Varietal Wines 　　2. Vin Liastos
3. Traditional Designation 　　4. Table Wines

---

9 遅摘みのブドウを1〜2週間天日干しにしたブドウからつくるギリシャのワインの名称を1つ選べ。

1. Verdea 　　2. Vin liastos
3. Retsina 　　4. Varietal Wines

---

10 ギリシャ本土の中で最も東側に位置し、トルコ及びブルガリアと国境を接する地方を1つ選べ。

1. Macedonia 　　2. Thrace 　　3. Epirus 　　4. Thessaly

---

11 P.D.O. Naoussaを代表するブドウ品種を1つ選べ。

1. Agiorgitiko 　　2. Roditis
3. Liatiko 　　4. Xinomavro

---

12 1963年、ギリシャで初のCabernet Sauvignonが植えられた産地を1つ選べ。

1. Macedonia 　　2. Thrace 　　3. Epirus 　　4. Thessaly

---

13 Epirusで唯一のP.D.O. Zitsaに用いられる白ブドウを1つ選べ。

難　　1. Vlahiko 　　2. Dafni 　　3. Vilana 　　4. Debina

---

7 正解 2．P.G.I. Zone Wines
解説 P.G.I.（Protected Geographical Indication プロテクティッド・ジェオ グラフィカル・インディケーション）はRegional Wines、District Wines、Area Wines の3つのレベルからなる。

8 正解 3．Traditional Designation（トラディショナル・デジグネーション）
解説 Traditional Designation（伝統的指定）は、産地というより歴史的な 製法や品種との関連性が強い位置付けの名称。

9 正解 2．Vin liastos（ヴィン・リアストス）
解説 糖度が非常に高く、発酵に3ヵ月ほどかかることもある。
1．Verdea（ヴェルデア）⇒ イオニア海・ザキントス島の伝説的なワイン。「緑」 を意味するイタリア語の「Verde」に由来していて、ワインの酸味を高めるた めに使用される未熟なブドウの色を指す
3．Retsina（レチーナ）⇒ 松脂による独特の風味を有するワイン。Retsinaの 生産に使用される主なブドウ品種はSavatianoだが、Roditis も使用される
4．Varietal Wines（ヴァラエタル・ワイン）⇒ テーブルワインの中で同一品 種を75％以上使用し、一定基準を満たしたワインは品種名とヴィンテージを 表記できる

10 正解 2．Thrace（トラキア）
解説 Thrace地方の主なワイン生産地域は、ロドピのマロニア、クサンティ のアヴディラで、今後その存在感が向上するすることが期待されている。

11 正解 4．Xinomavro
解説 酸度が高く、タンニンがよりしっかりしているため、収穫の際に遅く 摘み取られ、多くの場合、長い低温浸漬を経て醸造される。

12 正解 3．Epirus（イピロス）
解説 Cabernet Sauvignonの他、Chardonnay、Rieslingなどの国際品種も 栽培されている。

13 正解 4．Debina（デビナ）
解説 Zitsa（ジツァ）はギリシャ北西部の山岳地帯Epirus地方に位置する。 Debinaはその高い酸味と繊細な香りによりスパークリングワインの製造に適 している。

14 〔難〕 いくつかの川が灌漑に使用されており、近くの山々の雪が春の終わりまで溶けないため水は豊富であることから、「ギリシャの穀倉地帯」と呼ばれる地域を1つ選べ。

1. Thessaly　　2. Epirus　　3. Thrace　　4. Macedonia

15 Thessalyに属するP.D.O.を1つ選べ。

1. Patras　　2. Santorini　　3. Sitia　　4. Rapsani

16 〔難〕 中央ギリシャ、アッティカの主要栽培品種を1つ選べ。

1. Assytico　　2. Roditis　　3. Athiri　　4. Savatiano

17 Verdeaを産出する産地を1つ選べ。

1. Peloponnese　　2. Thessaly
3. Ionian Islands　　4. Aegean Islands

18 〔難〕 Ionian Islandsの唯一の辛口ワインを1つ選べ。

1. Mantineia　　2. Patras
3. Rhodes　　4. Robola of Cephalonia

19 Peloponneseに属するP.D.O.を1つ選べ。

1. Paros　　2. Naoussa　　3. Samos　　4. Nemea

20 甘口ワインを多く産出する産地を1つ選べ。

1. Central Greece　　2. Epirus
3. Aegean Islands　　4. Thessaly

14 正解 1. Thessaly（テッサリア）
解説 ThessalyにはRapsani（ラプサニ）、Messenikola（メセニコラ）、Anchialos（アンヒアロス）の3つのP.D.O.がある。

15 正解 4. Rapsani（ラプサニ）
解説 1. Patras（パトラス）⇒ Peloponnese
2. Santorini（サントリーニ）⇒ Aegean Islands
3. Sitia（シティア）⇒ Crete（クレタ）

16 正解 4. Savatiano
解説 アッティカの主要栽培品種は、Retsinaの主要ブドウ品種でもあるSavatiano。

17 正解 3. Ionian Islands（イオニア諸島）
解説 Verdeaはイオニア海・ザキントス島の伝統的なワイン。「緑」を意味するイタリア語の「Verde」に由来していて、ワインの酸味を高めるために使用される未熟なブドウの色を指す。

18 正解 4. Robola of Cephalonia（ロボラ・オブ・ケファロニア）
解説 Robola of Cephaloniaは高貴品種のRobola（ロボラ）で造る、この地域唯一の辛口ワイン。Mantineia（マンティニア）とPatrasはPeloponnese、Rhodes（ロードス）はAegean Islandsに属する。

19 正解 4. Nemea（ネメア）
解説 Nemeaは、Agiorgitikoの赤ワインの最重要産地の1つ。地元の伝統ではこの地域でAgiorgitiko（アギオルギティコ）から造られたワインを「ヘラクレスの血」と呼んでいる。Paros（パロス）とSamosはAegean Islands、NaoussaはMacedoniaに属する。

20 正解 3. Aegean Islands（エーゲ海の島々）
解説 エーゲ海は甘口ワインの宝庫であり、Limnos島（リムノス）、Samos島（サモス）でMuscat種から最上級の甘口ワインが造られている。

21 Santorini島のブドウ仕立てで、強風に耐えるため、地をはうような
バスケット状に仕立てる名称を1つ選べ。

1. Kouloura　　2. Goumenissa
3. Nykteri　　4. Vinsanto

22 極めて辛口の白ワインとして、白ブドウ100%で造られるP.D.O.
Santoriniのブドウ品種を1つ選べ。

1. Athiri　　2. Asproudes　　3. Aidani　　4. Assyrtiko

23 よく熟れたブドウを涼しい夜間に収穫し、夜が明ける前に圧搾して
造ったワインを何というか、1つ選べ。

1. Nychteri　　2. Vinsanto　　3. Kouloura　　4. Vin Liastos

24 Crete島に属するP.D.O.を1つ選べ。

難

1. Patras　　2. Zitsa　　3. Peza　　4. Rhdes

21 [正解] 1. Kouloura（クルラ）

[解説] ブドウの枝を大きな花輪のような形に編み上げ、島の火山性土壌の上に置く。結実が始まるとブドウは「編まれた」バスケットの中で保護されて成長する、という仕立て方。

22 [正解] 4. Assyrtiko（アシルティコ）

[解説] P.D.O. Santorini は Assyrtiko 100%、または Athiri（アシリ）と Aidani（アイダニ）のブレンドによる白ワイン。

23 [正解] 1. Nychteri（ニクテリ）

[解説] Nychta はギリシャ語で「夜」を意味する言葉 Nychta（ニヒタ）に由来する。夜間は日光が当たらず気温が低くなり、エーゲ海の風がブドウを涼しく保つため、ブドウが酸化して変質するリスクが低くなることから、夜間に収穫を行う。

24 [正解] 3. Peza（ペザ）

[解説] Peza は Crete 島のイラクリオン地区の中央やや北に位置し、白ワイン用のブドウ畑は標高300m以上に植える必要がある。

⑭
クロアチア

1
〔難〕

Slavonija地方南部、ボスニア・ヘルツェゴビナとの国境にある川を1つ選べ。

1. クルカ川　　2. ドラヴァ川
3. リュブリャニツァ川　　4. サヴァ川

2

クロアチアでは赤ワインのことを何と呼ぶか1つ選べ。

1. ベヴァンダ　　2. ゲミシュト
3. ツルノ・ヴィーノ　　4. グーラッシュ

3
〔難〕

PrimitivoやZinfandelと同種であることが判明したDalmacijaの土着品種を1つ選べ。

1. Tribidrag　　2. Teran　　3. Trbljan　　4. Traminac

4
〔難〕

Istraでワイン生産者による協会(Vinistra)が発足された年を1つ選べ。

1. 1995年　　2. 1996年　　3. 2010年　　4. 2012年

5

クロアチアで栽培面積が最大の黒ブドウ品種を1つ選べ。

1. Merlot　　2. Plavac Mali
3. Malvazija　　4. Graševina

6

黒ブドウ品種、Frankovkaの別名を1つ選べ。

1. Cabernet Sauvignon　　2. Blaufränkisch
3. Carbernet Franc　　4. Portugieser

1 正解 4. サヴァ川
（解説）Slavonija(スラヴォニア)地方は、南部のサヴァ川がボスニア・ヘルツェゴビナとの国境に、北部のドラヴァ川がハンガリーとの国境にある。

2 正解 3. ツルノ・ヴィーノ
（解説）赤ワインのことを、ツルノ・ヴィーノ（crno vino ／黒ワイン）と呼ぶことが多い。
1. ベヴァンダは赤ワインを水で割って飲む。
2. ゲミシュトは白ワインを炭酸水で割って飲む。

3 正解 1. Tribidrag（トリビドラグ）
（解説）2001年のDNA鑑定の結果、Dalmacijaの土着品種であるCrljenak Kaštelanski（ツリエンナーク・カーステラーンスキ）とTribidragと同種であることが判明した。またジャンシス・ロビンソンは、Tribidragを品種の主要な名前として使用するべきであると自らの著書でも主張している。

4 正解 1. 1995年
（解説）1995年、Istra（イストラ）でワイン生産者による協会（Vinistra ／ヴィニストラ）が発足された。翌1996年、ブドウ栽培とワイン醸造学の研究所が設立される。2010年には商工会議所がワイナリー協会を立ち上げた。

5 正解 2. Plavac Mali（プラヴァッツ・マリ）
（解説）黒ブドウではPlavac Maliが面積最大で、白ブドウ及び全体ではGraševina（グラシェヴィナ）。

6 正解 2. Blaufränkisch（ブラウフレンキッシュ）
（解説）ドイツ語で"青いフランクのブドウ"と呼ばれるBlaufränkischは、オーストリアでは黒ブドウで2番目の栽培面積を占めていて、クロアチアではFrankovka（フランコヴカ）と呼ばれる。

7　クロアチアの「原産地表記付きテーブルワイン」の名称を1つ選べ。

1. Vrhunsko Vino s kontroliranim podrijetlom
2. Kvalitetno vino s kontroliranim podrijetlom
3. Stolno vino
4. Stolno vino s kontroliranim podrijetlom

8　Ledeno vinoの説明として正しいものを1つ選べ。

1. シュペートレーゼ　　　2. アウスレーゼ
3. 過熟した及び貴腐ブドウから造る　　　4. アイスワイン

9
難　Moslavina、Prigorje-Bilogoraなどのサブ・リージョンが属するワイン産地を1つ選べ。

1. Dalmacija　　　2. Istra·
3. Slavonija　　　4. Središnja Bregovita Hrvatska

10　伝統的な方式でアロマティック品種の甘口ワイン、Bermetが造られる産地を1つ選べ。

1. Pokuplje　　　2. Plešivica
3. Prigorje-Bilogora　　　4. Hrvatska Istra

11
難　Hrvatska Istraを代表する2つの品種の組合せを1つ選べ。

1. MalvazijaとPlavac Mali　　　2. Pinot BlancとPlavac Mali
3. MalvazijaとTeran　　　4. Pinot BlancとTeran

12
難　Srednja i Južna Dalmacijaを代表する黒ブドウ品種を1つ選べ。

1. Frankovka　　　2. Plavac Mali
3. Teran　　　4. Portugizac

7 【正解】 4. Stolno vino s kontroliranim podrijetlom（ストルノ・ヴィーノ・サ・コントゥロリニム・ポデゥリエトゥロム）

【解説】 1. Vrhunsko Vino s kontroliranim podrijetlom（ヴルフヌスコ・ヴィーノ・サ・コントゥロリニム・ポデゥリエトゥロム）⇒ 統制保証原産地産最上級ワイン

2. Kvalitetno vino s kontroliranim podrijetlom（クワリテテゥノ・ヴィーノ・〜）⇒ 統制保証原産地産上級ワイン

3. Stolno vino（ストルノ・ヴィノ）⇒ 原産地表示がないテーブルワイン

8 【正解】 4. アイスワイン

【解説】 Ledeno vino（レデノ・ヴィノ）はアイスワイン。－7℃以下で収穫。

1. シュペートレーゼ ⇒ Kasna berba（カスナ・ベルバ）

2. アウスレーゼ ⇒ Izborna berba（イズボルナ・ベルバ）

3. 過熟した及び貴腐ブドウから造る ⇒ Izborna berba bobica（イズボルナ・ベルバ・ボビツァ）

9 【正解】 4. Središnja Bregovita Hrvatska（スレディシュニャ・ブレゴヴィタ・フルヴァツカ）

【解説】 クロアチア中部の丘陵地帯。5つのサブ・リージョンで構成され、Prigorje-Bilogora（プリゴリエ・ビロゴラ）は首都ザグレブを有し、ハンガリーと国境を接する生産地。

10 【正解】 2. Plešivica（プレシヴィツァ）

【解説】 Plešivicaは伝統的な方式でアロマティック品種の甘口ワインBermet（ベルメット）が造られる産地。その中のサモボール地区では、クロアチアの秀逸なスパークリングワインを生産することでも有名。

11 【正解】 3. Malvazija（マルヴァジア）と Teran（テラン）

【解説】 この地を代表する2品種がMalvazijaとTeran。特にTeranはイストラ半島の固有の赤色品種であると考えられていて、現在人気が再燃しており、優れたワインを生産するためにTeranを使用するワインメーカーが増えている。

12 【正解】 2. Plavac Mali（プラヴァッツ・マリ）

【解説】 Dalmacija地方を代表する品種はPlavac Mali。Plavac Maliには2つのまったく異なる顔があり、ディンガチやポストアップなどの場所からのものと、ペリェシャツなど内陸部のものでは、まるで同じ品種ではないかのように、造られるワインが変わる。

⑮

ジョージア

1 ジョージアでワイン造りが始まったとされる時期を1つ選べ。

1. 紀元前6000年頃 　　2. 紀元前4000年頃
3. 紀元前3000年頃 　　4. 紀元前2000年頃

2 ジョージアの土着品種の数を1つ選べ。

1. 225 　　2. 325 　　3. 425 　　4. 525

3 「Qvevri」の現代的な形状が創造された時期を1つ選べ。

1. 紀元前7世紀 　　2. 337年
3. 1991年 　　4. 紀元前6000年頃

4 2022年のワイン輸出において、輸出トップのワインを1つ選べ。

[難]

1. ツィナンダリ 　　2. ムクザニ
3. キンズマラウリ 　　4. ムツヴァネ

5 伝統的に受け継がれてきた、客人をもてなす宴に該当するものを1つ選べ。

1. Kantsi 　　2. Tamada 　　3. Supra 　　4. Gaumarjos

6 Supraを仕切る重要な役割を担う宴席の進行役の名称を1つ選べ。

1. Chacha 　　2. Gaumarjos 　　3. Kantsi 　　4. Tamada

1 **正解** 1．紀元前6000年頃
解説 ジョージアのワインに関連する歴史は、紀元前6000年の新石器時代まで遡る。これまでに発掘された遺跡から、その頃のワイン用の土器の破片や破片に残っていた酒石酸、ブドウの種子の化石等が発見され、8000年に及ぶ長いワイン造りの歴史がある事が明らかになった。

2 **正解** 4．525
解説 ジョージアの国家ワイン局によると、土着品種の数は525種存在すると言われ、よく使われているのは30種前後。国際品種は全体の1割にも満たない。

3 **正解** 1．紀元前7世紀
解説 2．337年 ⇒ キリスト教を国教として認定
3．1991年 ⇒ ソ連からの独立
4．紀元前6000年頃 ⇒ ワイン造りが始まる

4 **正解** 3．キンズマラウリ（Kindzmarauli）
解説 輸出のトップは赤ワインのセミスイートのキンズマラウリで、白ワインの辛口ツィナンダリ、赤ワインの辛口ムクザニと続く。

5 **正解** 3．Supra（スプラ）
解説 Supraの語源はペルシャ語で、数多くの皿が並ぶテーブルクロスを意味するが、婚礼、葬儀の通夜、誕生日、命日、宗教的な祝日など、あらゆる場面で設けられる「宴席」を指す。

6 **正解** 4．Tamada（タマダ）
解説 乾杯はとても重要な儀式で、Tamadaが「Gaumarjos!（ガウマルジョス）」〔「勝利に！」の意〕と乾杯を捧げてから全員で乾杯する。乾杯ではKantsi（カンツィ）と呼ばれるヤギや牛の角で作られた杯にワインが注がれる。

7 ジョージアで最も広く栽培されているブドウ品種を1つ選べ。

1. Tsitska　　2. Rkatsiteli
3. Saperavi　　4. Mtsvane Kakhuri

8 ジョージア語で「着色する、色を付ける」を意味する、辛口から甘口、ロゼや酒精強化ワインまで幅広く造られる黒ブドウ品種を1つ選べ。

1. ゼルシャヴィ（Dzelshavi）　　2. キシ（Kisi）
3. サペラヴィ（Saperavi）　　4. ツィツカ（Tsitska）

9 ジョージアの29のP.D.O.のうち、Kakhetiが占める数を1つ選べ。

1. 17　　2. 18　　3. 19　　4. 20

10 ワインを保管するセラーのような場所の名称を1つ選べ。

1. Satsnakheli　　2. Marani　　3. Chacha　　4. Kantsi

11 ジュースのみを使用しQvevriで発酵させたワインを何というか1つ選べ。

1. dedaze　　2. Tamada　　3. udedo　　4. Spura

12 ジョージアで最も東に位置する産地を1つ選べ。

1. Kartli　　2. Imereti　　3. Meskheti　　4. Kakheti

13 Kakhetiでインナー・カヘティは何川の両岸に広がるか、1つ選べ。

1. ムトゥクヴァリ川　　2. アラザニ川
3. リオニ川　　4. クヴィリラ川

7 正解 2. Rkatsiteli (ルカツィテリ)

解説 1位Rkatsiteli (白)、2位Saperavi (黒)、3位Mtsvane Kakhuri (白：ムツヴァネ・カフリ)。

8 正解 3. サペラヴィ (Saperavi)

解説 黒ブドウ品種で栽培面積が最大、全体では2番目となる。主要産地はKakheti (カヘティ) 地方で、果肉は赤くアントシアニンが多量に含まれているため、出来上がるワインは濃い色調となる。

9 正解 4. 20

解説 ジョージアには10の栽培地域があり、29のP.D.O. (Protected Designation of Origin) が登録されていて、そのうち20がKakhetiに属している。

10 正解 2. Marani (マラニ)

解説 Satsnakheli (サッナヘリ) と呼ばれる木製の槽の中で足を使ってブドウを潰した後、果汁とともにChacha (チャチャ) と呼ばれるブドウを搾汁した後に残る搾りかす (果皮、果梗、種等) もQvevriに入れて発酵させる。そして出来上がったワインは、Maraniと呼ばれる古くから家庭で最も神聖な場所で保管される。

11 正解 3. udedo (ウデド)

解説 ジュースのみを使用しQvevriで発酵させたワインのスタイルをudedoと呼び、果汁とともに果皮、茎、種などを漬け込みQvevriで発酵させたワインをdedaze (デダゼ) と呼ぶ。

12 正解 4. Kakheti (カヘティ)

解説 ジョージアで最も重要な産地は、最大産地である東部のKakheti。西部のImereti (イメレティ) もクヴェヴリ・ワインで知られる。KakhetiとImeretiに挟まれるKartli (カルトリ) には首都のトビリシがある。

13 正解 2. アラザニ川

解説 インナー・カヘティは山脈からアラザニ川の両岸に広がる。アウター・カヘティはゴンボリ山脈の南西斜面に広がる。

14 Kakheti P.D.O.の主要品種を Rkatsiteli、Saperavi 以外に 1 つ選べ。

[難]
1. Mtsvane Kakhuri 　　 2. Tsolikouri
3. Adjara 　　 4. Tsitska

---

15 ジョージアで唯一国際品種からワインを造る産地を 1 つ選べ。

1. Tibaani 　　 2. Manavi 　　 3. Teliani 　　 4. Kvareli

---

16 Imereti 地方における Qvevri の名称を 1 つ選べ。

1. Chacha 　　 2. Marani 　　 3. Churi 　　 4. Satsnakheli

---

17 首都のトビリシを包括する産地を 1 つ選べ。

1. Imereti 　　 2. Kakheti 　　 3. Racha 　　 4. Kartli

---

18 Khvanchkara P.D.O. と Tvishi P.D.O. が属する産地を 1 つ選べ。

[難]
1. Black Sea 　　 2. Imereti
3. Racha-Lechkhumi 　　 4. Kartli

---

14 【正解】 1．Mtsvane Kakhuri（ムツヴァネ・カフリ）
【解説】 Kakheti P.D.O. を名乗る辛口白ワインは、Rkatsiteli か Mtsvane Kakhuri。

15 【正解】 3．Teliani（テリアニ）
【解説】 Teliani P.D.O. はジョージアで唯一国際品種からワインを造る産地。Cabernet Sauvignon（カベルネ・ソーヴィニョン）を使用した辛口赤ワインが造られている。

16 【正解】 3．Churi（チュリ）
【解説】 Imereti 地方では Qvevri を Churi と呼び、そのワイン造りでは、Qvevri に注がれるブドウ果汁に、Chacha の全量ではなく最大で 1/3 を加える。

17 【正解】 4．Kartli（カルトリ）
【解説】 Kartli 地方は Kakheti と Imereti に挟まれ、首都のトビリシも含む。高品質のスパークリングワインが有名で、特に Ateni（アテニ）P.D.O. のワインは中世より評価されている。

18 【正解】 3．Racha-Lechkhumi（ラチャとレチュフミ）
【解説】 Racha（ラチャ）と Lechkhumi（レチュフミ）は 2 つの異なる地方だが、一緒に語られることが多い。Racha 地方の Khvanchkara P.D.O.（ヴァンチカラ）は赤ワインの中甘口、Lechkhumi 地方の Tvishi P.D.O.（トヴィシ）は白ワインの中甘口ワインを造っている。

16

スイス

1 下記のスイスの地図でValaisの位置を1つ選べ。

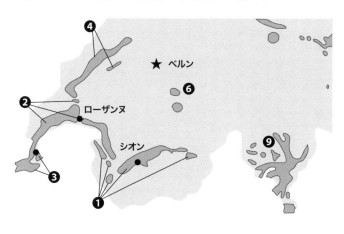

1. ①　　2. ②　　3. ③　　4. ④

2 問1のスイスの地図で②にあたる産地を1つ選べ。

1. Neuchâtel　　2. Genève　　3. Vaud　　4. Valais

3 問1のスイスの地図で⑨にあたる産地をカタカナで書け。

4 スイスで栽培面積が最大のブドウ品種を1つ選べ。

1. Chasselas　　2. Müller-Thurgau
3. Blauburgunder　　4. Gamay

5 スイスで使用される糖度測定値を1つ選べ。

1. KMW　　2. エクスレ　　3. °Brix

1 【正解】 1. ① (Valais／ヴァレー)

【解説】 Valaisは、スイス最大のワイン産地で、マルティニからブリークまでローヌ川の渓谷に沿って約80kmにわたって畑が広がっている。

2 【正解】 3. Vaud (ヴォー／②)

【解説】 Vaudは、ジュラ山脈に守られるようにレマン湖を中心に、北はNeuchâtel (ヌーシャテル) 湖沿いに、東はValais州付近のBex (ベー) までブドウ畑が広がる。
1. Neuchâtel⇒ ④
2. Genève (ジュネーブ) ⇒ ③
4. Valais ⇒ ①

3 【正解】 ティチーノ

【解説】 Ticino (ティチーノ) 州のブドウ畑には多くのMerlotが植えられており、海の影響を伴うこの気候はMerlotの栽培に最適。

4 【正解】 3. Blauburgunder (ブラウブルグンダー) = Pinot Noir (ピノ・ノワール)

【解説】 Pinot Noirが黒ブドウ品種の栽培面積の約46%を占める。Chasselas (シャスラ) は白ブドウ品種の栽培面積の約55%を占めるものの、全体では2番目。

5 【正解】 3. °Brix (ブリックス)

【解説】 °Brix 値とは主に食品産業で糖の含有量を測るために糖度として用いられる物理量。スイスの各州の規定に従って、使用できる最低必要糖度が定められている。

6 スイス・ロマンド地域が占めるワイン生産量の割合を1つ選べ。

1. 約60％　　2. 約70％　　3. 約80％　　4. 約90％

---

7 Chasselasが別名としてPerlanと呼ばれるのはどの州か1つ選べ。

1. Ticino　　2. Vaud　　3. Genève　　4. Valais

---

8 Valais州でのMarsanne Blancheの名称を1つ選べ。

1. Ermitage　　2. Fendant　　3. Perlan　　4. Heida

---

9 Valais州でのHeida/Païenの名称を1つ選べ。

1. Savagnin Blanc　　2. Salvagnin
3. Sauvignon Blanc　　4. Sylvaner

---

10 Dôle du Valais A.O.C.の主要品種を1つ選べ。

1. Gamay　　2. Syrah　　3. Garanoir　　4. Pinot Noir

---

11 Valais州のチーズの塊を熱して、溶けたチーズを削ってジャガイモなどに添える料理を1つ選べ。

1. Raclette　　2. Filet de Perche
3. Malakoff　　4. Filet de Bondelle

---

12 スイスの肉料理、Papet Vaudoisに関係する州を1つ選べ。

1. Vaud　　2. Genève　　3. Valais　　4. Neuchâtel

---

13 「修道士の頭」という意味のセミハードチーズを1つ選べ。

1. L'Etivaz　　2. Tête de Moine　　3. Gruyère

6 正解　3. 約80％

(解説)　スイス・ロマンド（フランス語圏）のワイン生産量は約78万hℓで、スイス全体の約80％を占める。Valais州やGenève州では赤ワインの生産量が多く、Vaud州、三湖地方では白ワインの生産量が多い。

7 正解　3. Genève（ジュネーヴ）

(解説)　Chasselas（シャスラ）はGeneve州ではPerlan（ペルラン）、Valais州ではFendant（ファンダン）、Vaud州ではDorin（ドラン）の名称を持つ。

8 正解　1. Ermitage（エルミタージュ）

(解説)　ErmitageはValais州でのMarsanne Blanche（マルサンヌ・ブランシュ）の名称。元々、Marsanne（マルサンヌ）はフランスローヌ地方のブドウ品種で、1845年頃にValais地方に伝わり、その地のHermitage（エルミタージュ）の名前にちなんで、Marsanne BlancheはErmitageとなった。

9 正解　1. Savagnin Blanc（サヴァニャン・ブラン）

(解説)　Heida（ハイダ）/Païen（パイエン）はValais州でのSavagnin Blancの名称となる。

10 正解　4. Pinot Noir

(解説)　Dôle du Valais（ドール・デュ・ヴァレー）A.O.C.は、Pinot Noir 100％、またはPinot Noir主体でGamayと合わせて51％以上を使用して造られる赤ワイン。

11 正解　1. Raclette（ラクレット）

(解説)　スイスのRacletteチーズは、牛の生乳または低温殺菌牛乳からつくられるセミハードチーズ。表皮は薄い茶色、中は乳白色で、少なくとも3ヵ月間熟成される。

12 正解　1. Vaud（ヴォー）

(解説)　Papet Vaudois（パペ・ヴォードワ）は、Vaud州産ソーセージと西洋葱と玉葱のクリーム煮込み。

13 正解　2. Tête de Moine（テット・ドゥ・モアンヌ）

(解説)　Tête de Moineは、「修道士の頭」という意味のセミハードチーズ。専用のジロールという削り器でフリル状に削る。
1. L'Etivaz（レティヴァ）⇒ 薪火をたいてつくるハードチーズ
3. Gruyère（グリュイエール）⇒ スイスを代表するハードチーズ

14 Valais州のブドウ畑を流れる川を1つ選べ。

1. ライン川　　2. ドナウ川　　3. イン川　　4. ローヌ川

15 Valais州でのSylvanerの名称を1つ選べ。

1. Perlan　　2. Fendant　　3. Ermitage　　4. Johannisberg

16 Valais州のグラン・クリュの数を1つ選べ。

1. 6　　2. 8　　3. 10　　4. 12

17 Valais州のグラン・クリュを1つ選べ。

難

1. Aigle　　2. Conthey　　3. Dardagny　　4. Le Landeron

18 Valais州のグラン・クリュの中で、指定ブドウ品種がChasselas、Pinot Noirである産地を1つ選べ。

難

1. Leytron　　2. Vétroz　　3. Saint-Léonard　　4. Saillon

19 Valais州のグラン・クリュに指定されている産地において、白ブドウ品種Amigneの残糖度を3段階に分ける際、使用するロゴマークを1つ選べ。

難

1. コウノトリ　　2. 蜜蜂　　3. 鷲　　4. 白鳥

20 Chasselasが生産量の約60％を占めるワイン生産地を1つ選べ。

1. Vaud　　2. Genève　　3. Neuchâtel　　4. Valais

21 Vaud州のワイン産地の中心にある湖を1つ選べ。

1. モラ湖　　2. トゥーン湖　　3. レマン湖　　4. ビール湖

14 正解 4. ローヌ川
解説 Valais州はスイス最大のワイン産地で、テラス状になっているブドウ畑がローヌ川の上流に沿って広がっている。国内の他の地域よりも高い標高、たとえばVisperterminen（フィスパーテルミネン）では海抜1,100m以上の標高の畑でブドウ栽培している。

15 正解 4. Johannisberg（ヨハニスベルク）
解説 Johannisbergは、Valais州でのSylvaner（シルヴァーナー）の名称。

16 正解 4. 12
解説 Vétroz（ヴェトロ）、Leytron（レトロン）、Chamoson（シャモゾン）、St. Léonard（サン・レオナール）など12の産地が指定されている。

17 正解 2. Conthey（コンテ）
解説 1. Aigle（エーグル）⇒ Vaud州Chablais（シャブレ）
3. Dardagny（ダルダニー）⇒ Genève（ジュネーヴ）州
4. Le Landeron（ル・ランドロン）⇒ Neuchâtel（ヌーシャテル）

18 正解 3. Saint-Léonard （サン・レオナール）
解説 12のグラン・クリュの産地には各々の指定ブドウ品種がある。

19 正解 2. 蜜蜂
解説 辛口でフレッシュなワインには1匹、中甘口なワインには2匹、甘口には3匹の蜜蜂を使う。

20 正解 1. Vaud（ヴォー）
解説 Vaud州では生産量の約60％をChasselasが占める。

21 正解 3. レマン湖
解説 Vaud州はジュラ川の穏やかな起伏からヴォードワ・アルプスまで、レマン湖に沿って広がる。

22 Vaud州のA.O.C.の数を1つ選べ。

1. 10　　2. 14　　3. 28　　4. 42

23 Vaud州で開発された交配品種を1つ選べ。

1. Cornalin　　2. Doral
3. Gamaret　　4. Humagne Rouge

24 Vaud州の中で、ローザンヌからジュネーヴの間、レマン湖沿いに45kmにわたるA.O.C.を1つ選べ。

1. Vully　　2. Lavaux　　3. Chablais　　4. La Côte

25 Vaud州で「3つの太陽」が宿るといわれているA.O.C.を1つ選べ。

1. Chablais　　2. Lavaux　　3. La Côte　　4. Bonvillars

26 Vaud州のグラン・クリュを1つ選べ。

〔難〕
1. Fully　　2. Visperterminen
3. Dézaley　　4. Chamoson

27 VaudとFribourgの両州に栽培がまたがるA.O.C.を1つ選べ。

〔難〕
1. Lavaux　　2. Chablais　　3. Bonvillars　　4. Vully

28 Genève州で最も重要な白ブドウ品種を1つ選べ。

〔難〕
1. Perlan　　2. Rhin　　3. Païen　　4. Ermitage

29 Neuchâtel発祥の「Oeil de Perdrix」の生産可能色を1つ選べ。

1. 赤　　2. 白　　3. ロゼ　　4. 赤、白

22 正解　1. 10

解説　Vaud州には、3つのグラン・クリュ A.O.C. も含めて、合計10のA.O.C. が存在する。

23 正解　3. Gamaret（ガマレ）

解説　Vaud州でGamaretやGaranoir（ガラノワール）が開発され、特にGamaretは四半世紀の期間で、スイスで4番目に栽培面積の広い黒ブドウ品種になった。

24 正解　4. La Côte（ラ・コート）

解説　La Côteは、栽培されているブドウ品種がChasselas、Pinot Noirなどで、白ワインと赤ワインの両方の生産で有名な産地。

25 正解　2. Lavaux（ラヴォー）

解説　Lavaux地区は豊かな日差し、レマン湖の反射光、そして石垣の放射熱の「3つの太陽」があると言われており、ブドウの生育に理想的な条件を備えている。

26 正解　3. Dézaley（デザレー）

解説　2013年にVaud州政府は、DézaleyとCalaman（カラマン）のブドウ畑にA.O.C. グラン・クリュの地位を与えた。

27 正解　4. Vully（ヴュリィ）

解説　ヌーシャテル湖とモラ湖の間に位置するVully（ヴュリィ）はVaud州とFribourg（フリブール）州の両州にまたがっている。

28 正解　1. Perlan（ペルラン）

解説　Genève州では、ChasselasをPerlanと呼ぶ。また黒ブドウ品種はGamayが中心となる。

29 正解　3. ロゼ

解説　Pinot Noirから造られる美しい色調のロゼワイン「Oeil de Perdrix（ウイユ・ド・ペルドゥリ）」、発祥の地がNeuchâtel。

30 [難] Deutschschweiz（ドイチュシュヴァイツ：ドイツ語圏）における、ワインの品質向上を図るための品質保証マークを1つ選べ。

1. Winzerwy　　2. Lauriers de Platine
3. VITI　　4. La Gerle d'Or

---

31 Deutschschweiz（ドイチュシュヴァイツ：ドイツ語圏）における、重量100kg以上で「チーズアイ」と呼ばれる多数の穴が特徴のハードチーズを1つ選べ。

1. Appenzeller®　　2. Sbrinz
3. Vacherin Mont-d'Or　　4. Emmentaler®

---

32 Deutschschweiz（ドイチュシュヴァイツ：ドイツ語圏）と関係の深い白ブドウ品種を1つ選べ。

1. Sauvignon Blanc　　2. Müller-Thurgau
3. Sémillon　　4. Chardonnay

---

33 Svizzera Italiana（シュヴィツェーラ・イタリアーナ：イタリア語圏）の栽培品種の約80%を占めるブドウ品種を1つ選べ。

1. Chasselas　　2. Bondola　　3. Merlot　　4. Nebbiolo

---

34 Svizzera Italiana（シュヴィツェーラ・イタリアーナ：イタリア語圏）の肉料理を1つ選べ。

1. Geschnetzeltes　　2. Osso buco　　3. Raclette

30 【正解】 1. Winzerwy（ヴィンツァーヴィ）
【解説】 2. Lauriers de Platine（ロリエ・ドゥ・プラチナ）⇒ Vaud 州の最優秀ワインの称号
3. VITI（ヴィティ）⇒ Ticino（ティチーノ）州の Merlot（メルロ）に適用される品質保証のラベル
4. La Gerle d'Or（ラ・ゲール・ドール）⇒ Neuchâtel の高得点 Chasselas の称号

31 【正解】 4. Emmentaler® （エメンターラー）
【解説】 1. Appenzeller® （アッペンツェラー）⇒ アッペンツェル州
2. Sbrinz（スブリンツ）⇒ 名前の発祥はブリエンツ村に由来
3. Vacherin Mont-d'Or（ヴァシュラン・モンドール）⇒ 8月15日～3月31日限定で製造されるスイス・ロマンドのチーズ

32 【正解】 2. Müller-Thurgau（ミュラー・トゥルガウ）
【解説】 19世紀に Thurgau（トゥルガウ）出身のヘルマン・ミュラー博士によって育種・開発された交配品種。Thurgau は Deutschschweiz（ドイチュシュヴァイツ：ドイツ語圏）の中央地区。

33 【正解】 3. Merlot
【解説】 Merlot は Ticino（ティチーノ）の環境や土壌に見事に適応し、今では Ticino の名産となっている。赤ワインがメインだが、最近では上品な味わいの白ワインも造られている。

34 【正解】 2. Osso buco（オッソ・ブーコ）
【解説】 Osso buco は、仔牛のすね肉と野菜のトマトソース煮込み。
1. Geschnetzeltes（ゲシュネッツェルテス）⇒ Zürich（チューリッヒ）州、薄切りの仔牛肉とマッシュルームのクリームソース煮込み
3. Raclette（ラクレット）⇒ Valais 州など、ラクレットチーズとジャガイモの料理

⑰

スペイン

1 下記の地図において、⑤にあたる州をカタカナで書け。

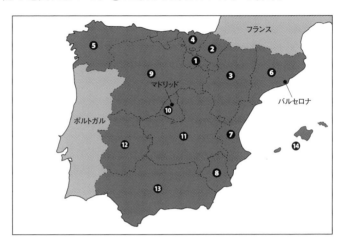

2 問1の地図において、⑦にあたる州をカタカナで書け。

3 スペインのワイン用ブドウ栽培の面積を1つ選べ。

1. 約94万ha   2. 約74万ha
3. 約63万ha   4. 約57万ha

4 スペインにブドウ栽培が伝わった時期を1つ選べ。

1. 紀元前1100年頃   2. 紀元前200年頃
3. 300年頃   4. 700年頃

5 独裁政権から立憲君主制に戻り、民主化を歩み始めた年代を1つ選べ。

1. 1960年代   2. 1970年代   3. 1980年代   4. 1990年代

1 [正解] ガリシア
[解説] ガリシア州はスペイン北西部の角に位置し、南はポルトガルと国境を接している。

2 [正解] バレンシア
[解説] バレンシア州の州都バレンシアはマドリッド、バルセロナに次いでスペイン第三位の規模をもつ人口約80万人の都市。

3 [正解] 1. 約94万ha
[解説] ワイン用のブドウ栽培面積は約94万haで世界第1位。そのうちD.O.P.に登録されるブドウ畑の面積が約7割を占める。

4 [正解] 1. 紀元前1100年頃
[解説] 紀元前1100年頃、スペイン南のカディスから北東端までの東海岸全域は、古代ギリシャ人やフェニキア人たちによって支配されていた。彼らが祖国からブドウ樹と醸造技術を運んできたことがスペインワインの始まり。

5 [正解] 2. 1970年代
[解説] スペインがそれまでの半鎖国状態から抜け出したことによって、ワイン産業も復興を始め、輸出を意識し、量から品質を重視する方向へと大きく転換するようになった。

6 スペインが現在のEUに加盟した年を1つ選べ。

1. 1970年　　2. 1986年　　3. 1998年　　4. 2009年

7 スペイン中央部に広がる、高く平らな中央大地の名称を1つ選べ。

1. エノトリア・テルス　　2. テュフォー
3. キンメリジャン　　4. メセタ

8 スペインで栽培面積が最も広いワイン用ブドウ品種を1つ選べ。

1. Tempranillo　　2. Airén　　3. Bobal　　4. Macabeo

9 スペインを代表するブドウ品種、TempranilloのRibera del Duero
でのシノニムを1つ選べ。

1. Ull de Llebre　　2. Cencibel
3. Tinto del País　　4. Tinta de Toro

10 スペインを代表するブドウ品種、Tempranilloのシノニム「Cencibel」
はどこの地域のものか、1つ選べ。

1. Ribera del Duero　　2. Cataluña
3. Toro　　4. La Mancha

11 フランスで「Carignan（カリニャン）」と呼ばれるCariñena（カリニェ
ナ）は、Riojaなどでは何と呼ばれるか、1つ選べ。

1. Mourvèdre　　2. Viura　　3. Tinta de Madrid　　4. Mazuelo

6 正解 2. 1986年

解説 スペイン経済の動向に外部から大きな影響を与えたのは、1986年の EU（当時のEEC）加盟で、経済発展に拍車をかける好機であると広く受けとめられ、民主主義体制を確立させた。

7 正解 4. メセタ（Meseta）

解説 1. エノトリア・テルス ⇒ イタリア「ワインの大地」の意味
2. テュフォー ⇒ フランス、ロワール地方の土壌（白亜質の石灰岩の一種）
3. キンメリジャン ⇒ フランス、シャブリ地区の石灰石と泥灰岩の土壌

8 正解 1. Tempranillo（テンプラニーリョ）

解説 2022年のデータでは、白ブドウ1位はAirén（アイレン）、黒ブドウ1位はTempranillo（テンプラニーリョ）で、全体を通してもTempranilloが栽培面積最大の品種。

9 正解 3. Tinto del País（ティント・デル・パイス）

解説 1. Ull de Llebre（ウル・デ・リェブレ）⇒ Cataluña（カタルーニャ）州
2. Cencibel（センシベル）⇒ Castilla La Mancha（カスティーリャ・ラ・マンチャ）州のLa Mancha（ラ・マンチャ）
3. Tinto del País、Tinto Fino（ティント・フィノ）⇒ Castilla y León（カスティーリャ・イ・レオン）州のRibera del Duero（リベラ・デル・ドゥエロ）
4. Tinta de Toro（ティンタ・デ・トロ）⇒ Castilla y León州のToro（トロ）

10 正解 4. La Mancha（ラ・マンチャ）

解説 1. Ribera del Duero（Castilla y León州）⇒ Tinto del País、Tinto Fino
2. Cataluña州 ⇒ Ull de Llebre
3. Toro（Castilla y León州）⇒ Tinta de Toro

11 正解 4. Mazuelo（マスエロ）

解説 1. Mourvèdre（ムールヴェードル）= Monastrell（モナストレル）
2. Viura（ビウラ）= Macabeo（マカベオ）
3. Tinta de Madrid（ティンタ・デ・マドリッド）= Tempranillo

12
【難】
国が現在のワイン原産地呼称統制法の基となるワイン法、Estatuto del Vino（エスタトゥート・デル・ヴィノ）を政令として承認した年を1つ選べ。

1. 1926年　　2. 1932年　　3. 1935年　　4. 1970年

13
スペインのワイン法による分類において、「地域名付き高級ワイン」を意味するものを1つ選べ。

1. Vino de Pago　　2. Vino de Calidad con indicación Geográfica
3. Vino de la Tierra　　4. Denominación de Origen Calificada

14
スペインのワイン法による分類において、高級ワインの中核的なカテゴリーといってよいものを1つ選べ。

1. V.P.　　2. D.O.　　3. V.C.　　4. D.O.Ca.

15
ワイン法D.O.において、ラベル記載には原産地とD.O.表示の必要があるが、例外と認められているものはSherryと何か、1つ選べ。

1. Gran Añada　　2. Chacolí　　3. Añejo　　4. Cava

16
スペインのワイン法での分類で「V.P.」が意味するものを1つ選べ。

1. 地域名付き高級ワイン　　2. 地理的表示保護ワイン
3. 単一ブドウ畑限定ワイン　　4. 特選原産地呼称ワイン

17
スペインのD.O.P.の赤ワインで「Reserva」の熟成規定について正しいものを1つ選べ。

1. 24ヵ月以上の熟成を経て、うち6ヵ月以上は樽熟成すること
2. 18ヵ月以上の熟成を経て、うち6ヵ月以上は樽熟成すること
3. 36ヵ月以上の熟成を経て、うち12ヵ月以上は樽熟成すること
4. 48ヵ月以上の熟成を経て、うち6ヵ月以上は樽熟成すること

12 正解 2. 1932年

解説 1. 1926年 ⇒ リオハが原産地保護のため、Consejo Regulador（コンセホ・レグラドール）を最初に設立した年。

3. 1935年 ⇒ フランスのA.O.C.法が制定された年

4. 1970年 ⇒「ブドウ園、ワイン及びアルコール飲料に関する法」の施行年

13 正解 2. Vino de Calidad con indicación Geográfica（V.C.：ビノ・デ・カリダ・コン・インディカシオン・ヘオグラフィカ）

解説 現在のVino de la Tierra（ビノ・デ・ラ・ティエラ）の多くが、将来V.C.に昇格する予定である。なおV.C.で5年以上実績を積んだ生産地は、D.O.への昇格を申請することができる。

1. Vino de Pago ⇒ V.P.「単一ブドウ畑限定ワイン」

3. Vino de la Tierra ⇒「地理的表示保護ワイン」

4. Denominación de Origen Calificada ⇒ D.O.Ca.「特選産地呼称ワイン」

14 正解 2. D.O.（Denominación de Origen／デノミナシオン・デ・オリヘン）

解説 D.O.は、地域内で栽培された認可品種を原料とし、厳しい基準に基づいて生産されたワイン。現在、68が認定されている。

1. V.P. ⇒ Vino de Pago（ビノ・デ・パゴ）

3. V.C. ⇒ Vino de Calidad con Indicación Geográfica

4. D.O.Ca. ⇒ Denominación de Origen Calificada（デノミナシオン・デ・オリヘン・カリフィカーダ）

15 正解 4. Cava（カバ）

解説 例外として認められているのは2つあり、Sherry（シェリー／ Jerez）とCava。ラベル記載上、各々、SherryとCavaだけの表記でよい。

16 正解 3. 単一ブドウ畑限定ワイン（Vino de Pago）

解説 1. ⇒ V.C.

2. ⇒ Vino de la Tierra

4. ⇒ D.O.Ca.

17 正解 3. 36ヵ月以上の熟成を経て、うち12ヵ月以上は樽熟成すること

解説 1. ⇒ Crianza（クリアンサ）の赤とReserva（レセルバ）の白・ロゼワインの規定

2. ⇒ Crianzaの白・ロゼワインの規定

4. ⇒ Gran Reserva（グラン・レセルバ）の白・ロゼワインの規定

18 太陽光、酵素、外気の高温など自然の作用で、酸化熟成風味を帯びるワインの名称を1つ選べ。

1. Viejo   2. Añejo   3. Noble

19 カタルーニャ語の「Cava」の意味として正しいものを1つ選べ。

1. 洞窟   2. 丘のある巣   3. 壺   4. 動瓶

20 スペイン産のスパークリングワインの呼称としてCavaが承認された年を1つ選べ。

1. 1859年   2. 1872年   3. 1959年   4. 1972年

21 Cavaの使用認定品種の中で、白ブドウとして認められていない品種を1つ選べ。

1. Macabeo   2. Parellada   3. Polomino   4. Xarello

22 ロゼのCavaの生産のみに使用される品種を1つ選べ。

1. Monastrell   2. Garnacha Tinta
3. Trepat   4. Mencía

23 Cavaの生産量でCataluña州の占める割合を1つ選べ。

1. 80%   2. 85%   3. 90%   4. 95%

24 Cava統制委員会が認証する際にボトルに張るシールとして、Cava de Guarda Superior Reservaの認証シールの色を1つ選べ。

1. 緑色   2. 黄色   3. 銀色   4. 金色

18 正解 1．Viejo（ビエホ）

解説 Viejoは36ヵ月以上熟成させ、太陽光、酵素、外気の高温など自然の作用で酸化熟成風味を帯びるワイン。

Añejo（アニェホ）は樽または瓶にて24ヵ月以上、Noble（ノーブレ）は18ヵ月以上熟成させる。

19 正解 1．洞窟

解説 Cavaは瓶内二次発酵させる製法で造られるスパークリングワイン。カタルーニャ語で「洞窟」「地下蔵」の意味。

20 正解 4．1972年

解説 1972年、スパークリングワインの統制保護委員会が設置され、スペイン産のスパークリングワインの呼称としてCavaが承認された。

21 正解 3．Polomino（パロミノ）

解説 白ブドウの認定品種として、選択肢のMacabeo、Parellada（パレリャーダ）、Xarello（チャレッロ）の他にChardonnay、Subirat Parent（スビラ・パレン）が認められている。

22 正解 3．Trepat（トレパット）

解説 Cavaの認定品種として、黒ブドウはGarnacha Tinta（ガルナッチャ・ティンタ）、Monastrell、Pinot Noir、Trepatがある。

23 正解 4．95％

解説 異なる州のいくつかの産地がD.O.に認められ、生産地域は1つに限定されていないのが特徴。ただし、生産量の95％はCataluña（カタルーニャ）州に集中している。中でもBarcelona（バルセロナ）県Sant Sadurní d'Anoia（サン・サドゥルニ・ダノイア）でその85％を生産。

24 正解 3．銀色

解説 Cava統制委員会がカテゴリーをセグメントする上で貼る認証シール。Cava de Guarda（カバ・デ・グアルダ）が緑色、Cava de Guarda Superior Reserva（カバ・デ・グアルダ・スーペリア・レゼルバ）が銀色、Cava de Guarda Superior Gran Reserva（カバ・デ・グアルダ・スーペリア・グラン・レゼルバ）が金色となっている。

25

必

Cava「Cava de Paraje Calificado」の最低瓶内熟成期間を1つ選べ。

1. 9ヵ月 　　 2. 18ヵ月 　　 3. 30ヵ月 　　 4. 36ヵ月

26

難

Penedesのスパークリングワイン生産者がCava D.O.から離脱して、厳格な規則に基づく高品質なCavaの生産に乗り出した団体の名称を1つ選べ。

1. Vinos de Municipio 　　 2. Corpinnat
3. Vinos de Finca 　　 4. Velles Vinyas

27

19世紀後半、リオハにボルドースタイルの製造法を真っ先に取り入れた人物を1人選べ。

1. リスカル侯爵 　　 2. ミゲル・トーレス
3. アフォンソ1世 　　 4. サルバドール・ダリ

28

Riojaで伝統的に使用されている樽の種類を1つ選べ。

1. フレンチオーク 　　 2. スロヴェニアオーク
3. スパニッシュオーク 　　 4. アメリカンオーク

29

下記のスペインの地図で⒜が示すゾーンを1つ選べ。

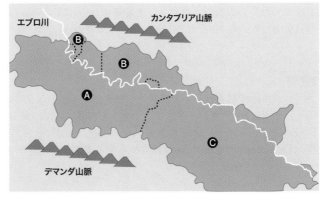

1. Rioja Oriental 　　 2. Rioja Alavesa 　　 3. Rioja Alta

---

25 正解 4．36ヵ月

解説 Cava de Paraje Calificado（カバ・デ・パラヘ・カリフィカード）は、Cava D.O.認定地域内の、単一畑とは限らないが限定されたエリアの同じ土壌や環境を包括する複数の区画の集合体も含む。瓶内熟成36ヵ月以上（瓶詰め〜滓抜き）。

1．9ヵ月⇒ Cava de Guarda（カバ・デ・グアルダ）の最低瓶内熟成期間
2．18ヵ月⇒ Reserva（レゼルバ）
3．30ヵ月 ⇒ Gran Reserva（グラン・レゼルバ）

26 正解 2．Corpinnat（コルピナット）

解説 Corpinnat は欧州連合知的財産庁に登録、承認された独自の商標。Penedes（ペネデス）の中心部で造られるスパークリングワインを差別化したいという情熱のもと、100%オーガニック栽培のブドウを手摘みするなど、厳しい生産条件を定めている。

27 正解 1．リスカル侯爵

解説 19世紀後半、フィロキセラに冒されフランスワインが衰弱しはじめた頃、ボルドーのネゴシアン達はリオハへと出向き、最新のワイン製造技術を伝えた。このことが、リオハがプレミアムワインの産地としての名誉を受ける歴史につながっている。

28 正解 4．アメリカンオーク

解説 風味豊かなアメリカンオークと Tempranillo の組合せが、19世紀当時、高品質のスペインワインを飲んでいなかった地元の愛飲家を満足させた。

29 正解 3．Rioja Alta（リオハ・アルタ／Ⓐ）

解説 Rioja Alta は最も西部、エブロ川上流域の右岸と左岸の一角。特に標高の高い地域では、ブドウの成熟が遅くなり酸味が増し長期熟成の可能性が高まる。

1．Rioja Oriental（リオハ・オリエンタル／Ⓒ）⇒ エブロ川下流の両岸、リオハ地域の最東端。標高の低いブドウ畑、そして乾燥した温暖な気候により、アルコール度数の高いワインが造られる
2．Rioja Alavesa（リオハ・アラベサ／Ⓑ）⇒ エブロ川左岸の País Vasco（バスク）州 Álava（アラバ）県に属し、ブドウ畑は南向きの斜面上に多い

30 Rioja D.O.Ca.において、Garnacha主体のゾーンを1つ選べ。

1. Rioja Oriental　　2. Rioja Alavesa　　3. Rioja Alta

31 難 Rioja独自の上質スパークリングワインの規定において、上級品となるGran Añadaの最低熟成期間を1つ選べ。

1. 9ヵ月　　2. 15ヵ月　　3. 24ヵ月　　4. 36ヵ月

32 スペインの黒ブドウ品種、Cariñenaの原産地の州を1つ選べ。

1. Navarra　　2. Cataluña　　3. Valencia　　4. Aragón

33 サン・セバスチャンなどのバルで、パンやパイ生地に少量の料理を載せ、串に刺したフィンガーフードの名称を1つ選べ。

1. Pinchos　　2. Pollo al Chilindrón
3. Marmitako　　4. Caldo Gallego

34 Galicia州のD.O. Rías Baixasで栽培ブドウの約96％を占める品種を1つ選べ。

1. Tempranillo　　2. Palomino
3. Albariño　　4. Monastrell

35 D.O. Ribeira Sacraが属する州を1つ選べ。

1. Galicia　　2. Cataluña　　3. Navarra　　4. Castilla y León

36 Cataluña州のD.O.Ca.を1つ選べ。

1. Penedes　　2. Empordà　　3. Priorato　　4. Rioja

30 　[正解]　1.　Rioja Oriental（リオハ・オリエンタル／問29の地図の©）
　[解説]　Rioja Oriental は Garnacha（ガルナッチャ）の栽培に適しており、多くの生産者が、アルコール度が高く酸味と香りが程よいワインが造られることに気付き Garnacha に植え替えている。

31 　[正解]　4.　36ヵ月
　[解説]　ジェネリックスパークリングのタイプは15ヵ月、レゼルバタイプは24ヵ月、そしてグレートヴィンテージスパークリングとしての Gran Añada（グラン・アニャダ）は36ヵ月の最低熟成期間となる。

32 　[正解]　4.　Aragón（アラゴン）
　[解説]　黒ブドウ品種の Cariñena（カリニェナ）は、Aragón 州の D.O. Cariñena（カリニェナ）が原産地。フランスでは Carignan（カリニャン）、Aragón 州以外の産地では Mazuelo（マスエロ）と呼ばれる。

33 　[正解]　1.　Pinchos（ピンチョス）
　[解説]　バスクのバルで提供される最もポピュラーな食べ物が Pinchos（ピンチョス）。Pinchos（スペイン語：Pincho、バスク語：Pintxo)」とは、もともとは「串」という単語であり、そこから転じて複数の食材を串刺しにしたおつまみのことを今日では意味している。

34 　[正解]　3.　Albariño（アルバリーニョ）
　[解説]　Rías Baixas（リアス・バイシャス）の海岸線は非常に入り組んだ典型的なリアス式海岸になっていて、Rías は「入り江」、Baixas は「下部」を意味する。

35 　[正解]　1.　Galicia（ガリシア）
　[解説]　ラテン語に由来する Ribeira Sacra（リベイラ・サクラ）:「聖なる川岸」という名前は、数多くの教会や修道院がこの地域に集中していたことに起因している。

36 　[正解]　3.　Priorato（プリオラート）
　[解説]　2009年に特選原産地呼称、D.O.Ca. に認定された。地域を代表するブドウ品種が Garnacha と Cariñena。ちなみにもう1つの D.O.Ca. は1991年に認定された Rioja。

37 D.O.Ca. Priorato の土壌を 1 つ選べ。

1. 火山性土壌　　2. 石灰質で真っ白な土壌
3. スレート土壌　　4. 赤い粘土質の土壌

38 D.O. Montsant が属する州を 1 つ選べ。

1. Valencia　　2. Castilla y León　　3. Cataluña　　4. Galicia

39 Valencia 州に属する D.O. を 1 つ選べ。

1. Alella　　2. Valdeorras　　3. Alicante　　4. Yecla

40 Murcia 州の主要黒ブドウ品種を 1 つ選べ。

1. Mencia　　2. Bobal　　3. Monastrell　　4. Tempranillo

41 D.O. Ribera del Duero が属する州を 1 つ選べ。

1. Aragon　　2. Cataluña　　3. Galicia　　4. Castilla y León

42 D.O. Ribera del Duero の生産可能色を 1 つ選べ。

1. 白　　2. 赤　　3. 赤、白　　4. 赤、ロゼ、白

43 D.O. Ribera del Duero の Tempranillo の最低使用比率を 1 つ選べ。

1. 50％　　2. 75％　　3. 85％　　4. 95％

44 D.O. Ribera del Duero の白ワインの主要品種を 1 つ選べ。

難

1. Albillo Mayor　　2. Palomino
3. Albariño　　4. Macabeo

37 [正解] 3．スレート土壌 (Llicorella ／リコレッリャ)
[解説] 1．火山性土壌 ⇒ カナリア諸島のランサローテ島
2．石灰質で真っ白な土壌 ⇒ アンダルシア地方のシェリーやモンティーリャ
の産地
4．赤い粘土質の土壌 ⇒ 中央台地（高く平らな「メセタ」と呼ばれる土地）に
あるラ・マンチャ

38 [正解] 3．Cataluña (カタルーニャ)
[解説] D.O. Montsant(モンサン)は2001年、D.O. Tarragona(タラゴナ) か
ら独立した新しい産地。

39 [正解] 3．Alicante (アリカンテ)
[解説] D.O. Alicante には、Monastrell で最低10年熟成させたナチュラル・
ヴィンテージワイン「Fondillon (フォンディリョン)」がある。

40 [正解] 3．Monastrell (モナストレル)
[解説] Murcia州には、Bullas (ブーリャス)、Yecla (イェクラ)、Jumilla (フ
ミーリャ) の3つのD.O.があるが、主要黒ブドウ品種はすべてMonastrellで
ある。

41 [正解] 4．Castilla y León (カスティーリャ・イ・レオン)
[解説] D.O. Ribera del Dueroは1982年にD.O.認定。「Pesquera ペスケラ」
をはじめ世界的名声を得る生産者が増えている。

42 [正解] 4．赤、ロゼ、白
[解説] 2019年7月の規定変更で、2019年ヴィンテージから白ワインも認め
られた。また、ロゼワインとしてClarete (クラレテ) の表示も可能になった。

43 [正解] 2．75％
[解説] 赤の場合、Tempranilloを75％以上使用すること。ロゼの場合、認定
黒ブドウ品種を50％以上使うことが義務付けられている。

44 [正解] 1．Albillo Mayor (アルビーリョ・マヨール)
[解説] 白ワインの場合、Albillo Mayorを75％以上使用せねばならない。

45 D.O. Ruedaで「Rueda・Blanco」と表示する場合のVerdejoの最低使用比率を1つ選べ。

1. 50%　　2. 75%　　3. 85%　　4. 95%

---

46 D.O. Bierzoの主要黒ブドウ品種を1つ選べ。

1. Bobal　　2. Monastrell　　3. Tempranillo　　4. Mencía

---

47 D.O. Valdepeñasが属する州を1つ選べ。

1. Andalucía　　2. Castilla La Mancha
3. Madrid　　4. Castilla y León

---

48 D.O. Ribera del Guadianaが属する州を1つ選べ。

1. Castilla y León　　2. Andalucía
3. Extremadura　　4. Valencia

---

49 Sherryの産地の土壌を1つ選べ。

1. アルバリサ　　2. ローム
3. トルトニアーノ　　4. クラス・ド・フェール

---

50 Sherryの熟成で最も古いワインが入った樽の名を1つ選べ。

1. 第1 Criadera　　2. 第2 Criadera
3. 第3 Criadera　　4. Solera

---

51 シェリーの熟成において、熟成システムに入る前段階で待機しているワインのことを何というか、1つ選べ。

1. Sobretabla　　2. Suelo　　3. Criadera　　4. Solera

---

45 正解 1. 50%
解説 「Rueda・Blanco」表示は、50％以上のVerdejo（ベルデホ）または Sauvignon Blanc を使うことが義務付けられている。

46 正解 4. Mencía（メンシア）
解説 「Bierzo（ビエルソ）はMencíaの土地」というD.O.のスローガンそのままに、MencíaはBierzoの生産地で栽培されているブドウの約75％を占めている。

47 正解 2. Castilla La Mancha（カスティーリャ・ラ・マンチャ）
解説 広大なLa Mancha（ラ・マンチャ）平原の南側に大きな渓谷があり、この地形から「石の谷」を意味する名前で呼ばれるのがValdepeñas（バルデペーニャス）。夏が暑く、冬が厳しい大陸性気候で、Cencibel（Tempranillo）を主体とした軽やかな赤ワインが多い。

48 正解 3. Extremadura（エストレマドゥーラ）
解説 D.O. Ribera del Guadiana（リベラ・デル・グアディアナ）は、Extremadura（エストレマドゥーラ）州の最初の原産地呼称（D.O.）。6つのサブゾーンに分かれ、標高は様々で、気候や土壌など自然条件も多様。

49 正解 1. アルバリサ（Albariza）
解説 Sherryの産地の土壌は大きく3種に分類される。1つはアルバリサで、この土壌は非常に保水性が高く、梅雨時にはスポンジのように大量の水を吸収する。その後の夏にブドウの根に水分を供給する。他の土壌にはBarro（バロ）とArena（アレナ）がある。

50 正解 4. Solera（ソレラ）
解説 熟成はCriadera（クリアデラ）とSoleraのシステムで行う。一番下の段はSoleraと呼ばれる。Soleraの減った分は第1 Criaderaの少し若いワインで、第1 Criaderaの減った分は第2 Criaderaに入ったさらに若いワインで補充する。

51 正解 1. Sobretabla（ソブレタブラ）
解説 Sobretablaは、熟成システムに入る前段階で待機しているワインのこと。

52 最初は典型的なフロールの下で熟成され、その後フロールが消えてワインが酸化熟成の第2段階に移行し、徐々にワインの色が濃くなり、凝縮感と複雑さが増すタイプのSherryの名称を1つ選べ。

1. Manzanilla　　2. Amontillado
3. Oloroso　　4. Fino

53 Sherryの裏ラベルに記載される「V.O.R.S.」の最低熟成年数を1つ選べ。

1. 12年　　2. 15年　　3. 20年　　4. 30年

54 Andalucía州に属するD.O.を1つ選べ。

1. Valdepeñas　　2. La Mancha　　3. Ucles　　4. Málaga

55 バレアレス諸島の主要白ブドウ品種を1つ選べ。

1. Mencía　　2. Moll　　3. Manto Negro　　4. Monastrell

56 Binissalemが属する地方を1つ選べ。

1. Islas Canarias　　2. Madrid
3. Islas Baleares　　4. Andalucía

57 難 ブドウを植えるにあたって、火山礫を並べたクレーター状の穴の中に樹を1本ずつ植える独特な栽培するD.O.を1つ選べ。

1. Binissalem　　2. Abona
3. La Palma　　4. Lanzarote

58 「イスラ・ボニータ」＝「美しい島」と呼ばれる島全体が原産地呼称に認定されているD.O.を1つ選べ。

1. Tacoronte-Acentejo　　2. Lanzarote
3. El Hierro　　4. La Palma

52 正解 2. Amontillado（アモンティリャード）
解説 アルコール度は16〜22度。
1. Manzanilla（マンサニーリャ）⇒ 海辺の町サンルーカル・デ・バラメダの
ボデガで熟成されるもの。その気候条件がソルティな風味を生む。アルコー
ル度：15〜17度
3. Oloroso（オロロソ）⇒ スペイン語でにおいを意味する"オロール"に由来
する高い香りを持つ。フルボディで充実度の高いワイン。アルコール度：17
〜22度
4. Fino ⇒ シャープでデリケートなアーモンドのような香り、辛口で軽い口
当たり。フロールのもとで熟成したもの。アルコール度：15〜17度

53 正解 4. 30年
解説 「V.O.R.S.」「V.O.S.」は統治委員会が認定する「熟成期間認定シェリー」
のこと。平均熟成期間が、V.O.R.S. は30年以上、V.O.S. は20年以上。

54 正解 4. Málaga（マラガ）
解説 Málagaには、主にPedro Ximénez（ペドロヒメネス）とMoscatel（モ
スカテル）から造られるMálaga市発祥の酒精強化ワインがある。

55 正解 2. Moll（モル＝Prensal Blanca／プレンサル・ブランカ）
解説 Manto Negro（マント・ネグロ）はバレアレス諸島（Islas Baleares）
の主要黒ブドウ。

56 正解 3. Islas Baleares（バレアレス諸島）
解説 Binissalem（ビニサレム）の気候は、乾燥して暑い夏と、穏やかで短
い冬の、島特有の地中海性気候。固有品種のManto Negroが黒ブドウの約7
割を、白ブドウではMollが約7割を占めている。

57 正解 4. Lanzarote（ランサローテ）
解説 Lanzarote島でブドウを植えるにあたっては、Hoyos（オヨス）と呼ぶ
穴、あるいはZanjas（サンハス）と呼ぶ溝を掘り、縁に火山礫を並べた
Abrigo（アブリゴ）と呼ぶ低い壁で海に面した側を囲う。これにより大西洋か
ら吹き込む風からブドウの木を守る。

58 正解 4. La Palma（ラ・パルマ）
解説 カナリア諸島（Islas Canarias）の最北西部にあるLa Palma島は、土
壌が火山灰であるためフィロキセラなどのブドウ特有の病害が無い。
Malvasia（マルバシア）を使った甘い酒精強化ワインが伝統的に造られてきた。

スロヴェニア

1 スロヴェニアの国土の北緯として、近い緯度を1つ選べ。

1. 42度～44度　　2. 43度～45度
3. 44度～46度　　4. 45度～47度

2 北東部のハンガリー平原に位置するPodravje地域の気候を1つ選べ。

1. 地中海性気候　　2. 半大陸性気候
3. 大陸性気候　　4. 山地気候

3 国際品種・土着品種も含め、栽培されているブドウ品種のおおよその数を1つ選べ。

1. 525　　2. 300　　3. 250　　4. 50

4 スロヴェニアで栽培面積が最大のブドウ品種を1つ選べ。

1. Refošk　　2. Malvazija　　3. Laski Rizling　　4. Rebula

5 EUの基準に基づき、P.G.I.とP.D.O.が導入された年を1つ選べ。

難

1. 2004年　　2. 2006年　　3. 2008年　　4. 2010年

6 スロヴェニアの「統制保証原産地産最上級ワイン」の名称を1つ選べ。

1. Deželno vino P.G.O.　　2. Vrhunsko vino Z.G.P.
3. Kakovostno vino Z.G.P.

1　**正解**　4．45度〜47度

　解説　北緯45度〜47度の中央ヨーロッパに位置し、アルプスに隣接し地中海に面している。

2　**正解**　3．大陸性気候

　解説　Podravje（ポドラウイエ）地域は大陸性気候。

1．地中海性気候 ⇒ Primorska（プリモルスカ）地域

2．半大陸性気候 ⇒ Posavje（ポサウイエ）地域

3　**正解**　4．50種

　解説　約50種ほどのVitis vinifera種が栽培されている。525種はジョージア、300種はギリシャの土着品種の数。250種はポルトガルの固有品種の数。

4　**正解**　3．Laski Rizling（ラシュキ・リーズリング）

　解説　全体1位 Laski Rizling、2位 Refošk（レフォシュク）の順番。黒ブドウ品種の1位は Refošk。

5　**正解**　3．2008年

　解説　7割がP.D.O.ワインにあたり、残りの約3割がP.G.I.ワインと原産地表記のない Namizno vino（ナミズノ・ヴィーノ／テーブルワイン）。

6　**正解**　2．Vrhunsko vino（ヴルフンスコ・ヴィノ）Z.G.P.

　解説　Kakovostno vino（カコヴォストノ・ヴィノ）Z.G.P.は統制保証原産地産上級ワイン、Deželno vino（デジェウノ・ヴィノ）P.G.O.は地理的表示ワイン。

7 スロヴェニアにおける遅摘みや貴腐化したブドウから造るワインのカテゴリーで「ベーレンアウスレーゼ」のことを何と呼ぶか、1つ選べ。

1. Pozna trgatev　　2. Izbor
3. Jagodni izbor　　4. Ledeno vino

8 スロヴェニアで一番温暖な地域を1つ選べ。

1. Podravje　　2. Primorska　　3. Posavje

9 Primorska地域内で、イタリア国境沿いにある地区を1つ選べ。

1. Dolina　　2. Brda　　3. Kras　　4. Istra

10 Primorska地域Kras地区で造られるRefoškのワインを1つ選べ。

〔難〕

1. Kraški Teran　　　2. Cviček
3. Metliška črnina　　4. Belokranjec

11 Štajerska SlovenijaとPrekmurjeの2地区が属する地域を1つ選べ。

1. Primorska　　2. Podravje　　3. Posavje

12 オーストリアと隣接する地域を1つ選べ。

1. Posavje　　2. Primorska　　3. Podravje

13 Posavjeが隣接している国を1つ選べ。

1. オーストリア　　2. ハンガリー
3. イタリア　　4. クロアチア

14 スロヴェニアでCvičekというワインが代表的な地域を1つ選べ。

1. Podravje　　2. Posavje　　3. Primorska

7 【正解】 3. Jagodni izbor（ヤゴドニ・イズボール）
【解説】 1. Pozna trgatev（ポズナ・トゥルガテウ）= シュペートレーゼ
2. Izbor（イズボール）= アウスレーゼ
4. Ledeno vino（レデノ・ヴィノ）= アイスワイン

8 【正解】 2. Primorska（プリモルスカ）
【解説】 Primorskaは南西部にあり、地区内の4つの地区のワイン生産地は、すべて温暖なアドリア海の影響を受けている。

9 【正解】 2. Brda（ブルダ）
【解説】 なだらかな丘陵地帯のBrdaは「スロヴェニアのトスカーナ」と呼ばれていて、隣国イタリア・コッリオ地域に接している。

10 【正解】 1. Kraški Teran（クラシュキ・テラン）
【解説】 Krasクラス地区の土はスロヴェニア語でテランと呼ばれるテッラロッサ土壌で、ここで造られるRefošk レフォシュクはKraški Teranとして有名である。

11 【正解】 2. Podravje（ポドラウイエ）
【解説】 統制保証原産地区としてŠtajerska Slovenija（シュタイエルスカ・スロヴェニア）とPrekmurje（プレクムリエ）の2地区が存在する。

12 【正解】 3. Podravje
【解説】 Podravje地域は、Sauvignon Blancの産地として名高いオーストリアのSüdsteiermark（ズュートシュタイヤーマルク）と隣接している。

13 【正解】 4. クロアチア
【解説】 Posavje（ポサウイエ）地域はスロヴェニアの南東部にあり、クロアチアと隣接している。

14 【正解】 2. Posavje
【解説】 PosavjeのDorenijska（ドレニスカ）地区では、アルコール度数が低く赤いベリーの風味が特徴的な軽いワインであるCviček（ツヴィチェック）がよく知られている。

⑲

チリ

1 南氷洋から北に向かって流れる冷たい寒流を1つ選べ。

1. フンボルト海流　　2. カナリア海流
3. ベンゲラ海流　　4. メキシコ湾流

2 1850年代、フランスから帰国しボルドー系のブドウの苗木を植えた人物を1人選べ。

1. Claude Vallat　　2. Jean Michel Boursiquo
3. Francisco de Aguirre　　4. Silvestre Ochagavia

3 チリの説明として正しいものを1つ選べ。

[難]
1. ブドウ栽培地域は、国土の中間部分にあたる南北1,600kmに細長く広がる
2. D.O. Central Valleyの雨は収穫時期に降る。よって灌漑の必要はない
3. アペニン山脈から吹き下ろす風により、ブドウ成熟期は涼しくなる
4. 白ブドウ品種の中で栽培面積が最大な品種はSauvignon Blancである

4 チリの伝統的な灌漑の方法で「雪解け水を貯めて（あるいは川から引き込んで）畝間に流すこと」の説明として正しいものを1つ選べ。

1. ドリップ・イリゲーション　　2. ドライ・ファーミング
3. カリカタ　　4. ナチュラル・イリゲーション

5 チリのブドウ栽培面積の30%を占めるブドウ品種を1つ選べ。

1. Sauvignon Blanc　　2. Chardonnay
3. Carmenère　　4. Cabernet Sauvignon

1 【正解】 1. フンボルト海流
【解説】 2. カナリア湾流 ⇒ 北大西洋のスペイン西方沖からカナリア諸島近海を流れる寒流
3. ベンゲラ海流 ⇒ 南アフリカ・西ケープ州、南極からの冷たい海流
4. メキシコ湾流 ⇒ メキシコ湾から大西洋を北東向きに流れる暖流

2 【正解】 4. Silvestre Ochagavia（シルベストレ・オチャガビア）
【解説】 Silvestre Ochagaviaがサンティアゴ・デ・チリにフランス・ボルドー系のブドウ品種の苗木を植え、国内のワイン造りに革命をもたらした。

3 【正解】 4. 白ブドウ品種の中で栽培面積が最大な品種はSauvignon Blancである
【解説】 1. 1,600km ⇒ 1,400km
2. 雨は収穫時期に降る。灌漑の必要はない ⇒ 雨は冬に降る。灌漑が必要
3. アペニン山脈 ⇒ アンデス山脈

4 【正解】 4. ナチュラル・イリゲーション
【解説】 1. ドリップ・イリゲーション ⇒ 点滴灌漑。井戸を掘って水を確保すること
2. ドライ・ファーミング ⇒ 自然のままに任せて灌水をしないこと
3. カリカタ ⇒ 土壌分析のために畝間に掘った穴のこと

5 【正解】 4. Cabernet Sauvignon（カベルネ・ソーヴィニヨン）
【解説】 Cabernet Sauvignonが全体の30％を占め、ほかのボルドー品種を加えた占有率は6割強。D.O. Maipo Valley（マイポ・ヴァレー）が主な産地。

6 かつてMerlotと考えられていて、1994年ブドウ栽培家 Jean Michel Boursiquot（ジャン・ミッシェル・ブルシコオ）によって再発見されたブドウ品種を1つ選べ。

1. Cabernet Sauvignon
2. Chardonnay
3. Sauvignon Blanc
4. Carmenère

---

7 〔難〕 Carmenèreのシノニムとして正しいものを1つ選べ。

1. Azal
2. Grande Vidure
3. Durif
4. Cesar

---

8 〔難〕 D.O. Maule Valley の生産者団体VIGNOの製造基準の中で、Carignanの最低樹齢年数を1つ選べ。

1. 30年
2. 35年
3. 50年
4. 65年

---

9 1940年以降、パイスに代わるものとしてフランス・ラングドックからチリに持ち込まれた品種を1つ選べ。

1. Shiraz
2. Carignan
3. Merlot
4. Pinot Noir

---

10 チリのD.O.表示で「Reserva」の説明として正しいものを1つ選べ。

1. アルコール度数が法定最低アルコール度数より少なくとも0.5％以上高く、独自の香味がある
2. アルコール度数が法定最低アルコール度数より少なくとも0.5％以上高く、独自の香味があり、樽熟成したもの
3. アルコール度数が法定最低アルコール度数より少なくとも1％以上高く、独自の香味がある
4. アルコール度数が法定最低アルコール度数より少なくとも1％以上高く、独自の香味があり、樽熟成したもの

---

11 チリのワイン法で品種、産地、ヴィンテージの表示基準の最低使用割合を1つ選べ。

1. 75％
2. 85％
3. 90％
4. 100％

---

6 正解 4．Carmenère（カルメネール）

解説 絶滅から救われたCarmenèreは独特のスモーキーさ、スパイス、ベリーや草の香りで知られ、チリワイン業界を決定づける品種となっていく。

7 正解 2．Grande Vidure（グラン・ヴィデュール）

解説 Carmenèreの特徴は色素の濃さ。語源のCarmine（カルミン）は「深紅色の」という意味。Grande VidureはCarmenèreのシノニムとしても知られているが、現在、EUではこの名前での輸入は禁止されている。

8 正解 1．30年

解説 2009年、D.O. Maule Valley（マウレ・ヴァレー）の生産者団体VIGNO（ヴィーニョ）＝ Vignadores de Carignanが結成される。VIGNOの製造基準は、樹齢30年以上のCarignanを使用する、など細かな規定がある。

9 正解 2．Carignan（カリニャン）

解説 Carignanはもともとフランス・ラングドックとスペイン・プリオラートの地中海地域で栽培されていたブドウ品種で、暑くて乾燥したMaule Valleyの地に適している。

10 正解 1．アルコール度数が法定最低アルコール度数より少なくとも0.5％以上高く、独自の香味がある

解説 2．⇒ Reserva Especial（レセルバ・エスペシアル）
3．⇒ Reserva Privada（レセルバ・プリバダ）
4．⇒ Gran Reserva（グラン・レセルバ）

11 正解 1．75％

解説 基本的にチリの場合、産地、ヴィンテージ、品種を表示するためには対象となるものが75％以上含まれている必要がある。

12 チリの定番料理である「魚介類のレモン果汁和え」を1つ選べ。

    1.　Ceviche　　2.　Asado　　3.　Humitas　　4.　Choclo

13 下記の地図でD.O. Cachapoal Valleyの位置を1つ選べ。

    1.　⑨　　2.　⑩　　3.　⑪　　4.　⑫

14 問13の地図で、⑭のD.O.を1つ選べ。

    1.　D.O. Maipo Valley　　2.　D.O. Bío Bío Valley
    3.　D.O. Choapa Valley　　4.　D.O. Malleco Valley

12 　**正解**　1．Ceviche（セビーチェ）

　　　解説　Cevicheはペルーだけではなく、チリの定番料理でもある。

13 　**正解**　1．⑨（D.O. Cachapoal Valley／カチャポアル・ヴァレー）

　　　解説　2．⑩ ⇒ D.O. Colchagua Valley（コルチャグア・ヴァレー）

　　3．⑪ ⇒ D.O. Curicó Valley（クリコ・ヴァレー）

　　4．⑫ ⇒ D.O. Maule Valley

14 　**正解**　2．D.O. Bío Bío Valley（ビオ・ビオ・ヴァレー／⑭）

　　　解説　1．D.O. Maipo Valley（マイポ・ヴァレー）⇒　⑧

　　3．D.O. Choapa Valley（チョアパ・ヴァレー）⇒　④

　　4．D.O. Malleco Valley（マジェコ・ヴァレー）⇒　⑮

15

難

問13の地図で、Cabernet Sauvignon、Carmenère、Syrahなどしっかりした赤ワインが中心の産地を1つ選べ。

1. ⑤　　2. ⑥　　3. ⑦　　4. ⑬

16

D.O. Copiapó Valleyで造られる蒸溜酒、ピスコの主要品種を1つ選べ。

1. Sémillon　　2. Carignan　　3. Moscatel　　4. Carmenère

17

D.O. Huasco Valleyの海沿いに、フンボルト海流の影響で発生する海洋性層積雲／海霧の名称を1つ選べ。

1. カマンチャカ　　　2. エンパナータ
3. グスト・チレノ　　　4. レイネタ

18

難

アンデス山中のアルコワス（標高2,200m）に、チリで最も標高の高いブドウ畑があるD.O.を1つ選べ。

1. D.O. Limarí Valley　　　2. D.O. Choapa Valley
3. D.O. Copiapó Valley　　　4. D.O. Elqui Valley

19

D.O. Limarí Valleyが属するD.O.を1つ選べ。

1. D.O. Atacama　　　2. D.O. Coquimbo
3. D.O. Aconcagua　　　4. D.O. Central Valley

20

D.O. San Antonio Valleyが属するD.O.を1つ選べ。

1. D.O. Central Valley　　　2. D.O. Atacama
3. D.O. Coquimbo　　　4. D.O. Aconcagua

21

D.O. Central Valleyに属するD.O.を1つ選べ。

1. D.O. Bío Bío Valley　　　2. D.O. Casablanca Valley
3. D.O. Curicó Valley　　　4. D.O. Limarí Valley

15 正解 1. ⑤（D.O. Aconcagua Valley ／アコンカグア・ヴァレー）
解説 Aconcagua Valleyでは黒ブドウ品種が生産の大半を占めており、特にSyrahはこの地域の高温と長い熟成期間によく適応している。アンデス山脈の麓に広がるAconcagua渓谷の土壌は主に岩が多く、これはCabernet Sauvignonのような生命力の強い品種にとって望ましい特性となっている。
2. ⑥ ⇒ D.O. Casablanca Valley（カサブランカ・ヴァレー）
3. ⑦ ⇒ D.O. San Antonio Valley（サン・アントニオ・ヴァレー）
4. ⑬ ⇒ D.O. Itata Valley（イタタ・ヴァレー）

16 正解 3. Moscatel（モスカテル）
解説 D.O. Atacama（アタカマ）にD.O. Copiapó Valley（コピアポ・ヴァレー）があり、ピスコという蒸溜酒を造るためにMoscatel（モスカテル）を栽培している。

17 正解 1. カマンチャカ
解説 カマンチャカ（Camanchaca）と呼ばれている海洋性層積雲／海霧は、フンボルト海流が流れる冷たい海に吹きこんできた大気の下層が冷やされて発生する。

18 正解 4. D.O. Elqui Valley（エルキ・ヴァレー）
解説 Elqui Valleyにあるビニェドス・デ・アルコワスは、南緯30度、標高1650〜2206mに位置し、太陽、花崗岩土壌、標高という3つの基本的な要素の影響を受けている。

19 正解 2. D.O. Coquimbo（コキンボ）
解説 D.O. CoquimboにはD.O. Limarí Valley（リマリ・ヴァレー）のほか、D.O. Elqui Valley（エルキ・ヴァレー）とD.O. Choapa Valley（チョアパ・ヴァレー）がある。

20 正解 4. D.O. Aconcagua（アコンカグア）
解説 D.O. San Antonio Valley（サン・アントニオ・ヴァレー）は、D.O. Aconcaguaに属し、D.O. San Antonio ValleyにはサブゾーンとしてのD.O. Leyda Valley（レイダ・ヴァレー）が含まれる。

21 正解 3. D.O. Curicó Valley（クリコ・ヴァレー）
解説 1. D.O. Bío Bío Valley ⇒ D.O. South（サウス）
2. D.O. Casablanca Valley ⇒ D.O. Aconcagua
4. D.O. Limarí Valley ⇒ D.O. Coquimbo

22 Cabernet Sauvignonの栽培面積が50％近くを占めるD.O.を1つ選べ。

1. D.O. Maule Valley　　2. D.O. Casablanca Valley
3. D.O. Maipo Valley　　4. D.O. Curicó Valley

---

23 アパルタ丘陵に有名ワイナリーが集まっているD.O.を1つ選べ。

1. D.O. Casablanca Valley　　2. D.O. Cachapoal Valley
3. D.O. Colchagua Valley　　4. D.O. Curicó Valley

---

24 D.O. Colchagua Valleyに属するAreaを1つ選べ。

[難]

1. Los Lingues　　2. San Juan　　3. Pirque　　4. Requínoa

---

25 D.O. Teno ValleyとD.O. Lontué Valleyの2つのサブゾーンが属するD.O.を1つ選べ。

1. D.O. Curicó Valley　　2. D.O. Rapel Valley
3. D.O. Maipo Valley　　4. D.O. Maule Valley

---

26 D.O. Secano Interiorに属さないD.O.を1つ選べ。

1. D.O. Curicó Valley　　2. D.O. Itata Valley
3. D.O. Bío Bío Valley　　4. D.O. Malleco Valley

---

27 チリの「南極」と名付けられたD.O.を1つ選べ。

1. D.O. South　　2. D.O. Coquimbo
3. D.O. Austral　　4. D.O. Secano Interior

---

28 Entre Cordillerasがチリワイン生産量において占める割合として近いものを1つ選べ。

1. 約40％　　2. 約50％　　3. 約60％　　4. 約70％

22 【正解】 3. D.O. Maipo Valley（マイポ・ヴァレー）
【解説】 D.O. Maipo Valleyのブドウ栽培の歴史は古く、マイポ川流域に畑が集積。Cabernet Sauvignonが最も多く栽培されているブドウ品種で、温暖な気候がこのチリを代表するブドウ品種に適している。

23 【正解】 3. D.O. Colchagua Valley（コルチャグア・ヴァレー）
【解説】 Colchagua Valleyのアパルタ丘陵は赤ワインの生産に焦点を当てた地域。ここで造られるワインは伝統的にCabernet SauvignonとMerlotが主で、近年Syrah、Carmenèreが続いている。

24 【正解】 1. Los Lingues（ロス・リンゲス）
【解説】 D.O. Colchagua Valleyのアンデス山脈側には、Chimbarongo（チンバロンゴ）やLos Linguesの有名なAreaがある。

25 【正解】 1. D.O. Curicó Valley（クリコ・ヴァレー）
【解説】 D.O. Curicó Valleyは、東からアンデス山脈、中央平地、海岸山地が比較的きれいに並行して南北に延びている。

26 【正解】 4. D.O. Malleco Valley（マジェコ・ヴァレー）
【解説】 D.O. Secano Interior（セカノ・インテリオル）のSecanoは「乾燥した土地」または「灌漑されていない」という意味で、D.O. Curico、D.O. Maule、D.O. Bío Bío、D.O. Itataの非灌漑地で栽培したパイスとサンソーに適用される呼称。

27 【正解】 3. D.O. Austral（アウストラル／南極）
【解説】 2011年認定の原産地呼称で、Sur（南）よりも南に位置するためD.O. Australと名付けられた。D.O. Cautin Valley（カウティン・ヴァレー）とD.O. Osorno Valley（オソルノ・ヴァレー）というサブ・リージョンがある。

28 【正解】 3. 約60%
【解説】 Entre Cordilleras（エントレ・コルディリェラス）は「2つの山脈の間」という意味で、チリワイン生産量の約60%を占めている。

⑳

ドイツ

1 下記のドイツの地図で②の地域名称をカタカナで書け。

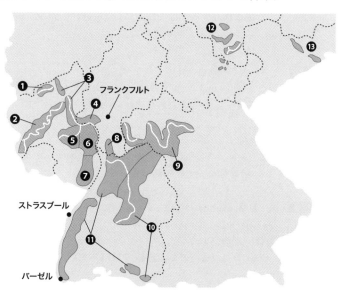

2 上記のドイツの地図で⑬の地域名称をカタカナで書け。

3 上記のドイツの地図で④が示す地域を1つ選べ。

1. Ahr   2. Pfalz   3. Rheingau   4. Rheinhessen

4 上記のドイツの地図で⑨が示す地域を1つ選べ。

1. Franken   2. Mittelrhein
3. Württemberg   4. Baden

1 **正解** モーゼル

解説 かつて、Mosel, Saar, Ruwer（モーゼル・ザール・ルーヴァー）の名称であり、今はMoselの名称となったこの栽培地域は、ドイツで最も古いワイン産地とみなされている。

2 **正解** ザクセン

解説 Sachsen（ザクセン）州は最東端に位置していて、磁器の街マイセンは、Sachsen州のブドウ栽培発祥の地と考えられている。

3 **正解** 3. Rheingau（ラインガウ：④）

解説 1. Ahr（アール）⇒ ①
2. Pfalz（ファルツ）⇒ ⑦
4. Rheinhessen（ラインヘッセン）⇒ ⑥

4 **正解** 1. Franken（フランケン：⑨）

解説 2. Mittelrhein（ミッテルライン）⇒ ③
3. Württemberg ⇒ ⑩
4. Baden（バーデン）⇒ ⑪

5 6～7世紀にかけて、ドイツ各地にブドウ栽培が広がった理由として正しいものを1つ選べ。

1. キリスト教団が布教と共に活動 　　2. 戦争の敗北
3. 偽造や有害物の混入対策 　　4. 鉄道の敷設

6 800年頃、ドイツでワイン造りの普及に貢献した人物を1人選べ。

1. カール3世 　　2. クレメンス・ヴェンツェスラウス
3. アレキサンダー大王 　　4. カール大帝

7 ワイン用ブドウ品種Dornfelderの交配として正しいものを1つ選べ。

1. Riesling × Madeleine Royale
2. Helfensteiner × Heroldrebe
3. Portugieser × Spätburgunder
4. Riesling × Bukettraube

8 ドイツのブドウ栽培面積の上位3位の順番として正しいものを1つ選べ。

1. Riesling ⇒ Müller-Thurgau ⇒ Grauburgunder
2. Riesling ⇒ Spätburgunder ⇒ Müller-Thurgau
3. Spätburgunder ⇒ Grauburgunder ⇒ Silvaner
4. Riesling ⇒ Spätburgunder ⇒ Silvaner

9 MittelrheinのBereichを1つ選べ。

[難]
1. Bingen 　　2. Umstadt
3. Loreley 　　4. Meissen

10 RheingauのBereichを1つ選べ。

[難]
1. Johannisberg 　　2. Nierstein
3. Bernkastel 　　4. Kaiserstuhl

5 　**正解**　1．キリスト教団が布教と共に活動
　〔解説〕　ドイツワインの歴史はライン川沿岸地方の歴史とも言え、ライン川の交易に権力を振るったキリスト教団は、布教活動と共にドイツのブドウ栽培地域を広げ、ワイン交易に大きな影響を与えた。

6 　**正解**　4．カール大帝
　〔解説〕　カール大帝は教会・修道院にブドウ畑を所有させブドウ栽培を指示。主に修道院で行われていたワイン造りに活力をもたらした。
1．カール3世 ⇒ カール大帝の曾孫で肥満王だといわれている
2．クレメンス・ヴェンツェスラウス ⇒ トリーア大司教で選帝侯。Riesling（リースリング）と見られる高品質なブドウ栽培を命じた
3．アレキサンダー大王 ⇒ 4世紀にブドウ栽培とワインの生産を奨励

7 　**正解**　2．Helfensteiner（ヘルフェンシュタイナー）× Heroldrebe（ヘロルドレーベ）
　〔解説〕　Dornfelder（ドルンフェルダー）= Helfensteiner × Heroldrebe
1．Riesling（リースリング）× Madeleine Royale（マドレーヌ・ロイアル）= Müller-Thurgau（ミュラー・トゥルガウ）
3．Portugieser（ポルトギーザー）× Spätburgunder（シュペートブルグンダー）= Domina（ドミナ）
4．Riesling × Bukettraube（ブケットラウベ）= Scheurebe（ショイレーベ）

8 　**正解**　2．Riesling（リースリング）⇒ Spätburgunder（シュペートブルグンダー）⇒ Müller-Thurgau（ミュラー・トゥルガウ）
　〔解説〕　1位Riesling、2位Spätburgunder、3位Müller-Thurgau。

9 　**正解**　3．Loreley（ローレライ）
　〔解説〕　MittelrheinにはBereichが2つあり、LoreleyとSiebengebirge（ジーベンゲビルゲ）である。

10 　**正解**　1．Johannisberg（ヨハニスベルク）
　〔解説〕　MittelrheinにはBereichが1つだけありJohannisberg。ちなみに選択肢3のBernkastel（ベルンカステル）はMozel（モーゼル）のBereich。

11 ドイツワインの指定地域の中で、Bereichが最も多い限定生産地域を1つ選べ。

1. Rheingau　　2. Mosel-Saar-Ruwer
3. Württemberg　　4. Baden

---

12 [難] 2000年代に入り有機農法に取り組む生産者が増え、黴菌耐性品種（PIWI）の中で注目されるようになった黒ブドウの代表的な品種を1つ選べ。

1. Lemberger　　2. Portugieser
3. Regent　　4. Trollinger

---

13 [難] 自然なブドウ果汁のみから醸造したワインを保護することとしたNaturweinが最初に定義された年を1つ選べ。

1. 1901年　　2. 1909年　　3. 1930年　　4. 1971年

---

14 複数の単一畑を統合した集合畑の名称を1つ選べ。

1. Einzellage　　2. Bereich
3. Landwein　　4. Großlage

---

15 Bestimmtes Anbaugebietの数を1つ選べ。

1. 9　　2. 13　　3. 26　　4. 42

---

16 2021年に施行されたドイツワイン法のQualitätsweinの生産規定として、13ある特定ワイン生産地域のいずれか1つの地域内で栽培・収穫されるブドウの最低使用割合を1つ選べ。

1. 75%　　2. 85%　　3. 95%　　4. 100%

11 **正解** 4. Baden（バーデン）
（解説）42ある Bereich（ベライヒ）の中で、Baden が最も多く9つある。

12 **正解** 3. Regent（レゲント）
（解説）代表的な PIWI 品種に黒ブドウの Regent、白ブドウの Cabernet blanc（カベルネ・ブラン）、Solaris（ソラリス）、Johaniniter（ヨハニター）などがあり、持続可能性の観点からも世界から注目されている。

13 **正解** 1. 1901年
（解説）1901年のワイン法改定で、いわゆる Naturwein（ナトゥアヴァイン）とは、「自然なブドウの果汁からアルコール発酵によって製造された飲み物」のみと定義された。

14 **正解** 4. Großlage（グロースラーゲ）
（解説）Großlage は、Einzellage（アインツェルラーゲ：単一畑）を統合したものでもあり、Bereich の次に大きな地理的表示単位の集合畑でもある。

15 **正解** 2. 13
（解説）Bestimmtes Anbaugebiet（ベシュテムテス・アンバウゲビート）は、特定ワイン生産地域のことで13ある。
3. 26 ⇒ Landwein（ラントヴァイン）の数
4. 42 ⇒ Bereich（ベライヒ）の数

16 **正解** 4. 100%
（解説）Qualitätswein（クヴァリテーツヴァイン）では、100%特定ワイン生産地域内で栽培収穫されたブドウを用いる。一方、Landwein（ラントヴァイン）では、85%以上地域内で栽培・収穫されたブドウを用いる。

17 Spätleseの説明として正しいものを1つ選べ。

1. 遅くまで待ち、完熟した状態で収穫したブドウを用いる
2. 完熟しているか、貴腐のついたブドウを用いる
3. 貴腐化したブドウか、少なくとも過熟したブドウを用いる
4. 相当程度に乾燥した貴腐ブドウを用いる

---

18 Beerenausleseの説明として正しいものを1つ選べ。

1. 完熟しているか、貴腐のついたブドウを用いる
2. 貴腐化したブドウか、少なくとも過熟したブドウを用いる
3. 樹上で氷点下7℃以下の寒気で凍結したブドウを用いる
4. 補糖を行わず、各生産地域が品種ごとに定めた収穫時の果汁糖度を満たしている

---

19 Eisweinの収穫時の果汁糖度を1つ選べ。

1. 80 〜 95°Oe
2. 88 〜 105°Oe
3. 110 〜 128°Oe
4. 150 〜 154°Oe

---

20 残糖値によるスタイルにおいて、残糖値が18g/ℓ以下で、総酸度が残糖値を10g/ℓ以上下回らない条件となるものを1つ選べ。

1. trocken
2. halbtrocken
3. lieblich
4. feinherb

---

21 süßの残糖値として正しいものを1つ選べ。

1. 4g／ℓもしくは9g／ℓ以下
2. 12g／ℓ以下か、18g／ℓ以下
3. 19g／ℓ〜45g／ℓ以下
4. 45g／ℓ以上

---

17 正解 1. 遅くまで待ち、完熟した状態で収穫したブドウを用いる
解説 2. ⇒ Auslese（アウスレーゼ）
3. ⇒ Beerenauslese（ベーレンアウスレーゼ）
4. ⇒ Trockenbeerenauslese（トロッケンベーレンアウスレーゼ）

18 正解 2. 貴腐化したブドウか、少なくとも過熟したブドウを用いる
解説 1. ⇒ Auslese
3. ⇒ Eiswein（アイスヴァイン）
4. ⇒ Kabinett（カビネット）

19 正解 3. 110 〜 128°Oe
解説 1. 80 〜 95Oe ⇒ Spätlese（シュペートレーゼ）
2. 88 〜 105°Oe ⇒ Auslese
4. 150 〜 154°Oe ⇒ Trockenbeerenauslese

20 正解 2. halbtrocken（ハルプトロッケン）
解説 halbtrocken は、残糖値が
・trocken の基準値を超えており、かつ12g/ℓ 以下か、
・18g/ℓ 以下で、総酸度が残糖値を10g/ℓ 以上下回らないこと
trocken（トロッケン）は、残糖値が
・4g/ℓ 以下
・もしくは9g/ℓ 以下で、総酸値と残糖値を2g/ℓ 以上下回らないこと
lieblich（リープリッヒ）は、残糖値が
・halbtrocken の基準値を超えており、かつ残糖値が45g/ℓ 以下であること

21 正解 4. 45g ／ℓ 以上
解説 süß（ズュース）の残糖値は45g ／ℓ 以上。残糖値のラベルへの表記は任意なので書いていないこともある。

22 Perlweinの説明として正しいものを1つ選べ。

1. 弱発泡性のワインで、20℃において1～2.5気圧のもの
2. 最低アルコール濃度は9％
3. イタリアのSpumante、フランスのCrémantに相当する
4. 通常Silvanerなど酸味がゆるく、アロマティックなワインに仕立てられることが多い

---

23 スパークリングワインにおいて、「特定生産地域で生産されたクヴァリテーツヴァインから生産される」ものを1つ選べ。

1. Sekt b.A. 　　2. Deutscher Sekt
3. Schaumwein 　　4. Sekt

---

24 単一の赤ワイン用品種から造られるドイツのロゼワインの呼称を1つ選べ。

1. Pét-Nat 　　2. Weißherbst
3. Schieler 　　4. Badisch Rotgold

---

25 黒・白ブドウの混醸法で造られるロゼワインを1つ選べ。

1. Rotling 　　2. Schaumwein
3. Perlwein 　　4. Süßreserve

---

26 Schillerweinの生産地を1つ選べ。

1. Sachsen 　　2. Baden
3. Württemberg 　　4. Saale-Unstrut

---

22 【正解】 1. 弱発泡性のワインで、20℃において1〜2.5気圧のもの（Perlwein ／ペールヴァイン）

【解説】 2. 9%⇒7%

3. イタリアのSpumante（スプマンテ）、フランスのCrémant（クレマン）⇒ イタリアのFrizzante（フリッツァンテ）、フランスのPétillant（ペティヤン）

4. Silvaner ⇒ Müller-Thurgau

23 【正解】 1. Sekt b.A.

【解説】 Sekt b.A.もしくはQualitätsschaumwein b.A.にはWinzersektヴィンツァーゼクトとCremantクレマンの2つのカテゴリーがある。両者とも滓抜きまで最低9ヵ月間、滓と一緒に熟成させる必要がある。

24 【正解】 2. Weißherbst（ヴァイスヘルプスト）

【解説】 Weißherbstは単一の赤ワイン用品種から醸造されたロゼワインの一種。

1. Pét-Nat（ペット・ナット）⇒フランス語の「Pétillant Naturel（ペティヤン・ナチュレル）」の略語。一次発酵の途中で瓶詰めして二酸化炭素をワインに溶け込ませる、メトード・アンセストラルと同様の製法で醸造するスパークリングワイン。

3. Schieler（シーラー）⇒Sachsen（ザクセン）産のRotling（伝統的には混植混醸）

4. Badisch Rotgold（バーディッシュ・ロートゴルト）⇒ Baden（バーデン）産のRotling。Grauburgunder（グラウブルグンダー）+ Spätburgunder

25 【正解】 1. Rotling（ロートリング）

【解説】 Rotlingは生産地域によって名称の違いがある。

2. Schaumwein ⇒ 発泡性ワイン、アルコール度数9.5%以上

3. Perlwein ⇒ 弱発泡性ワイン、最低アルコール度数7%

4. Süßreserve ⇒ 発酵後に添加されることがある、未発酵のブドウ果汁

26 【正解】 3. Württemberg（ヴュルテンベルク）

【解説】 1. Sachsen ⇒ Schieler ／ザクセン産のRotling

2. Baden ⇒ Badisch Rotgold ／バーデン産のRotling

27 VDPが等級格付けしているものを1つ選べ。

1. 収穫時の果汁糖度　　2. 生産者
3. ブドウ畑　　4. 地理的呼称

---

28 VDPの品質基準で最上位のものを1つ選べ。

1. Große Lage　　2. Erste Lage　　3. Ortswein　　4. Gutswein

---

29 VDP. SEKT. PRESTIGEの最低熟成期間を1つ選べ。

1. 15ヵ月　　2. 24ヵ月　　3. 36ヵ月　　4. 48ヵ月

---

30 2021年のドイツワイン法改正前の、従来のワイン法の格付け基準として正しいものを1つ選べ。

1. 地理的呼称範囲　　2. 発酵前の酸度
3. 収穫時の果汁糖度　　4. 発酵後のアルコール度数

---

31 ドイツ西部のワイン生産地の中で、Spätburgunderの栽培比率が最も高い地域を1つ選べ。

1. Württemberg　　2. Nahe　　3. Franken　　4. Ahr

---

32 Ahrの説明として正しいものを1つ選べ。

難

1. ドイツ西部における最南のブドウ栽培地域
2. 赤ワイン用ブドウの栽培面積比率が約80％の赤ワイン産地
3. ドイツで3番目に小さなワイン産地である
4. アルテナールはワイン醸造協同組合発祥の地である

27 正解 3．ブドウ畑
解説 VDPはドイツトップクラスの約200醸造所が加盟する独立団体で、ドイツワイン法とは別に独自の栽培・醸造基準を定め、ブドウ畑の等級格付けを行っている。

28 正解 1．Große Lage（グローセ・ラーゲ）
解説 2．Erste Lage（エアステ・ラーゲ）⇒ 生産規定：プルミエ・クリュ（1級区画）に相当する優れた畑
3．Ortswein（オルツヴァイン）⇒ 生産規定：市町村名ワインに相当
4．Gutswein（グーツヴァイン）⇒ 生産規定：醸造所名を名乗る日常消費用のワイン

29 正解 3．36ヵ月
解説 VDP. SEKTは15ヵ月、VDP. SEKTヴィンテージは少なくとも24ヵ月、VDP. SEKT. PRESTIGEは36ヵ月の瓶内熟成が必要となる。

30 正解 3．収穫時の果汁糖度
解説 2021年のドイツワイン法改定により、格付けの基準が従来の「収穫時の果汁糖度」から「地理的呼称範囲」へと変わり、フランス、イタリアなどEUの他の生産国と足並みを揃えることになった。

31 正解 4．Ahr（アール）
解説 赤ワイン用品種が全体の79.8%を占め、そのうちSpätburgunderが64.3%を占める。ちなみにWürttembergでは赤ワイン用品種が全体の65.0%を占める。

32 正解 2．赤ワイン用ブドウの栽培面積比率が約80%の赤ワイン産地
解説 1．最南 ⇒ 最北
3．3番目 ⇒ 4番目
4．アルテナール⇒ マイショース

33 Moselの説明として正しいものを1つ選べ。

1. 白ワイン用品種が多く、栽培面積の約90%を占める
2. Terassenmoselは、渓谷の斜面の約4割が斜度30%超の急斜面の畑
3. Bereich「Johannisberg」が存在する
4. 主要品種Rieslingが約75%を占める

34 Moselに関係するものを1つ選べ。

1. エーバーバッハ修道院　　2. ヴォージュ山脈
3. ボーデン湖　　4. トリーア大司教

35 MoselのBereicheを1つ選べ。

1. Bingen　　2. Johannisberg　　3. Steigerwald　　4. Bernkastel

36 ビンゲンからコブレンツまでの景観がユネスコの世界文化遺産に登録されている地域を1つ選べ。

1. Rheingau　　2. Ahr　　3. Rheinhessen　　4. Mittelrhein

37 Mittelrheinの説明として正しいものを1つ選べ。

1. ビンゲンとボンの間の約110kmにわたるライン川流域の産地
2. 白ワイン用品種が多く、栽培面積の約60%を占める
3. ドイツで3番目に小さなワイン産地である
4. 観光名所となっているコブレンツはBereichにもなっている

38 ラインガウのワイン産地の北緯度を1つ選べ。

1. 46度　　2. 48度　　3. 50度　　4. 52度

33 [正解] 1．白ワイン用品種が多く、栽培面積の約90％を占める
[解説] 2．Terassenmosel ⇒ 急斜面の畑は Steillage（シュタイルラーゲ）
3．⇒ Mosel の Bereich は Bernkastel（ベルンカステル）など6つ。Johannisberg
（ヨハニスベルク）は Rheingau の Bereich
4．約75％ ⇒ 約62％

34 [正解] 4．トリーア大司教
[解説] 1．エーバーバッハ修道院 ⇒ Rheingau。1136年設立。シトー派
2．ヴォージュ山脈 ⇒ Baden にはヴォージュ山脈南部とジュラ山地の間に「ブ
ルゴーニュの門」といわれる低地がある
3．ボーデン湖 ⇒ Württemberg と、スイス、オーストリアにまたがる

35 [正解] 4．Bernkastel（ベルンカステル）
[解説] 1．Bingen（ビンゲン）⇒ Rheinhessen
2．Johannisberg（ヨハニスベルク）⇒ Rheingau
3．Steigerwald（シュタイガーヴァルト）⇒ Franken

36 [正解] 4．Mittelrhein（ミッテルライン）
[解説] 人気の観光名所。ローレライの歌で知られるかつての船の難所もある。

37 [正解] 1．ビンゲンとボンの間の約110kmにわたるライン川流域の産地
[解説] 2．約60％ ⇒ 約85％
3．3番目 ⇒ 2番目
4．コブレンツ ⇒ ローレライ

38 [正解] 3．50度
[解説] ラインガウのワイン産地は北緯50度に沿って広がり、畑の約77％を
Riesling が、約12％を Spätburgunder が占める。

39 12世紀にRheingauにSpätburgunderを持ち込んだとされる団体を1つ選べ。

1. ガイゼンハイム大学　　2. トリーア大司教
3. エーバーバッハ修道院　　4. メッセージ・イン・ア・ボトル

---

40 Bereich「Johannisberg」がある地域はどこか、1つ選べ。

1. Mosel　　2. Baden　　3. Rheingau　　4. Rheinhessen

---

41 赤みを帯びた流紋岩でできていることから、Rotenfels（赤い岸壁）と呼ばれる巨大な岩山が存在する地域を1つ選べ。

1. Rheinhessen　　2. Pfalz　　3. Rheingau　　4. Nahe

---

42 18世紀のリープフラウミルヒや若手醸造家達のMessage in a bottleで有名な地域を1つ選べ。

1. Rheinhessen　　2. Franken　　3. Mosel　　4. Mittelrhe

---

43 Rheinhessenの説明として正しいものを1つ選べ。

難

1. 若手醸造家たちが2001年にSüdpfalz Connexionを結成し、高品質なワイン造りに取り組む
2. 南端はフランスとの国境に接し、一部のブドウ畑はフランス側にある
3. なだらかな地形から「千の丘陵地」の名で知られているドイツ最大のワイン生産地
4. 赤ワイン用品種で最も栽培面積が広いのはSpätburgunder

---

44 Pfalzの説明として正しいものを1つ選べ。

難

1. ドイツで3番目に大きな生産地域
2. ドイツで最も温暖な気候の地域
3. 白ワイン用品種が多く、栽培面積の約80％を占める
4. 南端はスイスとの国境に接し、一部のブドウ畑はスイスにある

39 　[正解] 　3．エーバーバッハ修道院
　[解説] 　シトー派のエーバーバッハ修道院が持ち込んだとされ、クロスター・エーベルバッハのSpätburgunderはトレードマークとして残っていて、今でも最高品質のSpätburgunderを生産している。

40 　[正解] 　3．Rheingau（ラインガウ）
　[解説] 　1．Mosel ⇒ Bernkastelを含む6つのBereich
2．Baden ⇒ 9つのBereich
4．Rheinhessen ⇒ 3つのBereich

41 　[正解] 　4．Nahe（ナーエ）
　[解説] 　Rotenfels（ローテンフェルス）は、2億7000万年前から2億6000万年前、火山活動が特に活発だった時期に、マグマの上昇によって形成された赤みがかった岩山。

42 　[正解] 　1．Rheinhessen（ラインヘッセン）
　[解説] 　Message in a Bottle（メッセージ・イン・ア・ボトル）は、2001年結成の団体。重要品種であるRieslingとSpätburgunderの栽培に力を入れ、誰でも気軽に参加できるイベントを行い消費者とのつながりを大切にしていた。

43 　[正解] 　3．なだらかな地形から「千の丘陵地」の名で知られているドイツ最大のワイン生産地
　[解説] 　1．Südpfalz Connexion（ズートファルツ・コネクション）⇒ Message in a bottle（メッセージ・イン・ア・ボトル）。なおSudpfalz Connexionは、2000年頃に結成されたPfalzの若手醸造家団体
2．⇒ この説明に該当するのはPfalz
4．Spätburgunder ⇒ Dornfelder（ドルンフェルダー）

44 　[正解] 　2．ドイツで最も温暖な気候の地域
　[解説] 　1．3番目 ⇒ 2番目
3．約80% ⇒ 約68%
4．スイス ⇒ フランス

45 Frankenの説明として正しいものを1つ選べ。

難

1. 生産地域は大きく4つのBereichに分けられる
2. 夏は暑く乾燥し、冬は寒さが厳しい大陸性気候
3. ブランデンブルク州に属する生産地域である
4. 白ワイン用品種の栽培面積の割合は約6割である

---

46 20世紀半ばまでÖsterreicherと呼ばれ、1970年代までドイツのブドウ畑の約1/3で栽培されていた品種を1つ選べ。

1. Dornfelder　　2. Portugieser
3. Silvaner　　4. Müller-Thurgau

---

47 ドイツでBocksbeutelと呼ばれる独自の袋状の丸い扁平ボトルで販売している地域を1つ選べ。

1. Rheingau　　2. Franken
3. Württemberg　　4. Salle-Unstrut

---

48 ドイツのワイン産地でネッカー川流域の地域を1つ選べ。

1. Württemberg　　2. Franken　　3. Nahe　　4. Baden

---

49 赤ワイン用ブドウの栽培面積比率が高い地域を1つ選べ。

1. Mosel　　2. Hessische Bergstraße
3. Rheingau　　4. Württemberg

---

50 Badenで最も多く栽培されているブドウ品種を1つ選べ。

1. Spätburgunder　　2. Trollinger
3. Silvaner　　4. Graugunder

---

45 正解 2. 夏は暑く乾燥し、冬は寒さが厳しい大陸性気候

解説 1. 4つ ⇒ 3つのBereich（Mainviereck ／マインフィアエック、Maindreieck ／マインドライエック、Steigerwald ／シュタイガーヴァルト）

3. ブランデンブルク州 ⇒ バイエルン州

4. 約6割 ⇒ 約8割を超える

46 正解 3. Silvaner（シルヴァーナー）

解説 Silvanerはオーストリア最古の自生ブドウ品種のひとつで、ドイツに伝わり、20世紀半ばまでÖsterreicher（エスタライヒャー／オーストリアもの）と呼ばれていた。

47 正解 2. Franken（フランケン）

解説 Bocksbeutel（ボックスボイテル）のボトルの形状は、ボトルが転がるのを防ぐために実用的に平らにつくられている。

48 正解 1. Württemberg（ヴュルテンベルク）

解説 2. Franken ⇒ マイン川

3. Nahe ⇒ ナーエ川

4. Baden ⇒ ライン川

49 正解 4. Württemberg（ヴュルテンベルク）

解説 Württembergは赤ワイン用ブドウ比率65％。なお、赤ワイン用ブドウ比率が80％に近いのはAhrのみ。

50 正解 1. Spätburgunder

解説 Badenは白ワイン用ブドウ比率が61.3％だが、Spätburgunderが全体トップの32.4％を占めている。

51 Badenの説明として正しいものを1つ選べ。

難

1. オーストリア国境に接しているため、その食文化の影響が強い
2. ドイツで4番目に大きなワイン生産地域
3. Bereich の数は多く、9つある
4. Weißburgunderの生産量が多く、面積では約1/3を占める

---

52 ドイツ最北のワイン生産地域を1つ選べ。

1. Sachsen   2. Württemberg
3. Ahr   4. Saale-Unstrut

---

53 ドイツのワイン生産地について、以下の記述に該当する生産地域を1つ選べ。

「エルベ渓谷の影響で北緯51度付近にしては温暖な気候。ボーリングのピンのような形をしたボトルと交配品種ゴルトリースリングが特産物である」

1. Württemberg   2. Saale-Unstrut
3. Rheinhessen   4. Sachsen

---

54 ドイツのワイン生産地域で、ブドウ栽培面積の上位3位の順番として正しいものを1つ選べ。

1. Pfalz → Baden → Rheingau
2. Rheinhessen → Pfalz → Baden
3. Pfalz → Rheinhessen → Baden
4. Rheinhessen → Pfalz → Mosel

---

55 炒めたタマネギとベーコンを生クリームと卵に混ぜて焼いたパンケーキを1つ選べ。

難

1. Flammkuchen   2. Himmel und Erde
3. Zwiebelkuchen   4. Wildschweinbraten

---

51 正解 3. Bereichの数は多く、9つある
〔解説〕 1. オーストリア国境 ⇒ フランス国境
2. 4番目 ⇒ 3番目
4. Weißburgunder ⇒ Spätburgunder

52 正解 4. Saale-Unstrut（ザーレ・ウンストルート）
〔解説〕 1. Sachsen ⇒ 最東
2. Württemberg ⇒ 南の地域
3. Ahr ⇒ ドイツ西部における最北

53 正解 4. Sachsen（ザクセン）
〔解説〕 Sachsenはドイツで最も東寄りのポーランドとの国境に近い生産地域。Sachsenならではの名産にゴルトリースリングがあり、Sachsenだけで栽培が認められている。

54 正解 2. Rheinhessen → Pfalz → Baden
〔解説〕 ちなみにワイン生産量の順位も同様になる。

55 正解 3. Zwiebelkuchen（ツヴィーベルクーヘン）
〔解説〕 Rheinhessenを含むドイツ各地のワイン産地でつくられる。
1. Flammkuchen（フラムクーヘン）⇒ 薄いパン生地にタマネギ、ベーコンなどをのせて焼いたピザ
2. Himmel und Erde（ヒンメル・ウント・エアデ）⇒ 天国を意味する「ヒンメル」はアップルムース、地上を意味する「エアデ」はジャガイモのピュレを指し、これらとグリルしたソーセージが盛ってある料理
4. Wildschweinbraten（ヴィルトシュヴァインブラーテン）⇒ イノシシのソテー

㉑

ニュージーランド

1 　下記のニュージーランドの地図で③の地域名称をカタカナで書け。

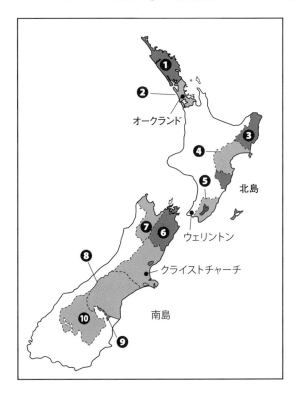

2 　問1の地図で⑥の地域名称をカタカナで書け。

1 **正解** ギズボーン

解説 ニュージーランド最東端にあるワイン産地。

2 **正解** マールボロ

解説 ニュージーランドのブドウ栽培面積の約7割を占める最大産地。

3 1980年代後半から世界的に注目を集めるようになったニュージーランドワインに使われている品種を1つ選べ。

1. Cabernet Sauvignon　　2. Chardonnay
3. Pinot Noir　　4. Sauvignon Blanc

---

4 北島と南島の2つの島から構成される国土の南北の距離を1つ選べ。

1. 1,400km　　2. 1,600km　　3. 2,400km　　4. 3,000km

---

5 ニュージーランドで1995年まで生産量が最も多かったブドウ品種を1つ選べ。

1. Sauvignon Blanc　　2. Müller-Thurgau
3. Pinot Noir　　4. Silvaner

---

6 ニュージーランドで1996年〜2001年まで生産量が最も多かった品種を1つ選べ。

1. Müller-Thurgau　　2. Spätburgunder
3. Sauvignon Blanc　　4. Chardonnay

---

7 ニュージーランドに初めてブドウ樹が植えられた年を1つ選べ。

1. 1819年　　2. 1836年　　3. 1847年　　4. 1850年

---

8 ニュージーランドでフィロキセラが発見された際、アメリカの台木に接ぎ木する方法をブドウ生産者に伝えた人物を1人選べ。

1. Samuel Marsden　　2. James Busby
3. Romeo Bragato　　4. Arthur Phillip

3 正解　4. Sauvignon Blanc（ソーヴィニヨン・ブラン）
解説　1970年代にニュージーランド最大手のワイナリーであるモンタナが、マールボロにSauvignon Blancを植え始め、このブドウで造られたワインが、1980年代の世界のワイン・コンペで最優秀賞を獲得。これを機に、ニュージーランドワインが世界に注目されるようになった。

4 正解　2. 1,600km
解説　首都は北島のWellington（ウェリントン）。ワイン産地は大きく10に分けられ、南緯35～45度、Northland（ノースランド）から、Central Otago（セントラル・オタゴ）まで南北1,100kmの間に分布している。

5 正解　2. Müller-Thurgau（ミュラー・トゥルガウ）
解説　Müller-Thurgauは1980年代に豊作でワインの供給過剰につながった。一部の大規模生産者は余剰ワインを輸出することに成功したが、多くの小規模ワイナリーは自社製品の市場を見つけることができず廃業した。

6 正解　4. Chardonnay（シャルドネ）
解説　1990年代、国際的に流行したChardonnayの栽培が他のすべてのブドウの栽培を上回った。

7 正解　1. 1819年
解説　英国人宣教師のSamuel Marsden（サミュエル・マースデン）が北島、ベイ・オブ・アイランズのKerikeri（ケリケリ）に植えたのが最初。

8 正解　3. Romeo Bragato（ロメオ・ブラガード）
解説　Romeo Bragatoは病気に強い株を輸入し、植える品種、接ぎ木するフィロキセラ耐性台木、ブドウを植える地域、各地域に適した品種、ブドウ畑のレイアウト、剪定方法などをブドウ生産者に紹介していった。

9 20世紀、Auckland周域でワイン産業の基盤を整える役割を果たした移民の国を1つ選べ。

1. クロアチア　　2. ルーマニア
3. ブルガリア　　4. ハンガリー

---

10 20世紀前半までAuckland周域ではどのようなワインが生産の主体だったか、1つ選べ。

1. スパークリングワイン　　2. 白ワイン
3. 酒精強化ワイン　　4. 赤ワイン

---

11 ニュージーランドで1980年代半ば以来、政府のブドウ栽培技士としてキャノピー・マネージメントを指導した人物を1人選べ。

1. Derek Milne博士　　2. Helmut Becker博士
3. 富永敬俊博士　　4. Richard Smart博士

---

12 1970年前半、Derek Milne博士が「気候がブルゴーニュと似ている」と推奨した1番目の地域を1つ選べ。

1. Marlborough　　2. Gisborne
3. Martinborough　　4. Wairarapa

---

13 カリフォルニア州ではWädensvil（ヴェーデンスヴィル）クローンと称されるPinot Noirクローンを1つ選べ。

1. DRCエイベル　　2. UCD5
3. Dijon Clones　　4. 10/5

---

14 Harold Olmo博士が、シャトー・ド・ポマールの畑から採取したとされるPinot Noirクローンを1つ選べ。

1. 10/5　　2. UCD5
3. DRCエイベル　　4. Dijon Clones

---

9 [正解] 1. クロアチア

[解説] 1916年、クロアチア移民 Josip Petrov Babich ジョシップ・ペトロフ・バビッチが Awanui（アワヌイ）でブドウ栽培を始めた。現在に至るまで、クロアチアの存在感は小さくない。

10 [正解] 3. 酒精強化ワイン

[解説] 20世紀前半までのワイン造りは、Auckland（オークランド）周域でハイブリット種による酒精強化ワインが主体。その後、ワイン生産者はブドウ栽培に適した気候を求めて、Gisborne（ギズボーン）、Hawke's Bay（ホークス・ベイ）と北島の東側へ移動していった。

11 [正解] 4. Richard Smart（リチャード・スマート）博士

[解説] キャノピー・マネジメントとは葉っぱの管理のこと。ブドウの房の周囲にある葉っぱの密集状態を改善することによって、房に太陽の光が届きやすくなり、同時に空気の流れがよくなって湿度の状態が改善され、病気の発生も抑えられる。

12 [正解] 3. Martinborough（マーティンボロ）

[解説] 1番目に推奨したのは Martinborough。ただし、Martinborough は栽培面積が狭いことから、最終的には断念。博士は南島の Marlborough（マールボロ）を2番目に推奨した。

13 [正解] 4. 10/5（Ten Bar Five／テン・バー・ファイブ）

[解説] 1960年代、10/5 はスイス・ヴェーデンスヴィルの商業用ブドウ畑からもたらされたとされる。

14 [正解] 2. UCD5

[解説] UCD5 は「ポマール・クローン」と称され、カリフォルニア大学デイヴィス校ブドウ栽培・ワイン醸造学部の Harold Olmo（ハロルド・オルモ）博士がブルゴーニュのシャトー・ド・ポマールから採取し、ニュージーランドにもたらした。

15 1970年代半ば、ドメーヌ・ド・ラ・ロマネ・コンティの畑から取得したとされる Pinot Noir クローンを1つ選べ。

1. Dijon Clones   2. 10/5
3. UCD5   4. DRCエイベル

---

16 1980年代、モレ・サン・ドニから採取され、113、114、115、667、777の5種を持つ Pinot Noir クローンを1つ選べ。

1. 10/5   2. DRCエイベル
3. Dijon Clones   4. UCD5

---

17 ニュージーランドの先住民族、マオリ族の「人間が結び付いている土地」を意味する概念を1つ選べ。

1. Hangi   2. Turangawaewae   3. Pavlova

---

18 ニュージーランドの食品衛生安全局（NZFSA）が管理している、ワインのラベル表記上の最低必要割合を1つ選べ。

1. 65%   2. 75%   3. 85%   4. 95%

---

19 Northlandで初めてワイン用ブドウが植えられた場所を1つ選べ。

難

1. Kerikeri   2. Waiheke Island
3. Kumeu   4. Waitangi

---

20 ニュージーランドでMerlotのワイン生産者「Providence」で有名なG.I.を1つ選べ。

1. Matakana   2. Waiheke Island
3. Kumeu   4. Central Hawk's Bay

---

15 正解 4．DRCエイベル

解説 アタ・ランギのブドウ樹のほとんどは、当初、Malcolm Abel（マルコ
ルム・エイベル）氏のクローンによるものだけで仕込まれていた。「DRCエイ
ベル」、特に「アタ・ランギ・クローン」などと呼ばれることが多い。

16 正解 3．Dijon Clones（ディジョン・クローン）

解説 ベルナール博士の初期のクローン試験の材料として、普及当初は「ベ
ルナール・クローン」と呼ばれていた。モレ・サン・ドニにあるクロ・ド・ラ・
ロッシュのブドウから採取されたもの。これらの挿し木は、とりわけDijon
Clones113、114、115の源となっている。

17 正解 2．Turangawaewae（トゥーランガワエワエ）

解説 土地と人間の相互供与からワインが生まれるという考え。
1．Hangi（ハンギ）⇒ マオリ族の料理で、熱した石の上で葉や布でくるんだ
食材を蒸し焼きにしたもの
3．Pavlova（パヴロヴァ）⇒ メレンゲと生クリーム、フルーツを使ったスイー
ツ

18 正解 3．85％

解説 2007年のヴィンテージから「85％ルール」が適用。単一の品種名、収
穫年、産地名を表記する場合、当該ブドウを85％以上使用することが不可欠。

19 正解 1．Kerikeri（ケリケリ）

解説 Northland、ベイ・オブ・アイランズのKerikeriに1819年、ニュージー
ランドで初めてワイン用ブドウが植えられた。

20 正解 1．Matakana（マタカナ）

解説 麻井宇介氏はあまり気候的に恵まれているとは思えないMatakanaで、
亜硫酸を添加せずワインを仕込んでいることを見て大きな感銘を受けた。
2．Waiheke Island（G.I.）⇒ ボルドー系品種による少量生産の高級ワインが
産出されている
3．Kumeu（クメウ／G.I.）⇒ 1944年に設立されたKumeu River（クメウ・
リヴァー）は、現在もブラジコヴィッチ家によって所有及び運営されている
4．Central Hawke's Bay（セントラル・ホークス・ベイ／G.I.）⇒ Hawke's
Bayの中で南側に位置し、より冷涼

21
日付変更線に近接するニュージーランド最東端のG.I.を1つ選べ。

1. Gisborne　　2. Hawke's Bay　　3. Nelson　　4. Wairarapa

22
ボルドー系の赤ワイン用ブドウ品種とSyrahの産地として重要な
G.I.を1つ選べ。

1. Nelson　　2. Hawke's Bay
3. Gisborne　　4. Wairarapa

23
Gimblett Gravels Districtという有力なブドウ栽培地区があるG.I.を
1つ選べ。

1. Hawke's Bay　　2. Wairarapa
3. Nelson　　4. Gisborne

24
ニュージーランドの首都、Wellingtonが含まれるG.I.を1つ選べ。

1. Gisborne　　2. Hawke's bay　　3. Auckland　　4. Wairarapa

25
[難]
ニュージーランド産を世界に知らしめた「Martinborough Terrace」地
区で生産されるブドウ品種を1つ選べ。

1. Merlot　　2. Pinot Noir
3. Sauvignon Blanc　　4. Chardonnay

26
Marlboroughに含まれるサブリージョンを1つ選べ。

1. Wairarapa　　2. Wairau Valley
3. Waipara Valley　　4. Waitaki Valley

27
Cloudy Bayは現在、以下のどのグループに属しているか1つ選べ。

1. LVMH　　2. ペルノ・リカール
3. レミーコアントロー　　4. バカルディ

21 [正解] 1. Gisborne（ギズボーン）
[解説] GisborneはChardonnay主体のワイン産地で、スパークリングワインとフルボディワインの両方の生産に適している。

22 [正解] 2. Hawke's Bay（ホークス・ベイ）
[解説] Hawke's Bayは、かつて高品質なCabernet Sauvignon、Merlot、Syrah、Chardonnay、そして数多くの素晴らしいアロマティックな白ワインを生み出したことによって国際的な評価を受けた。地域全体の栽培面積はニュージーランドで2番目に大きい。

23 [正解] 1. Hawke's Bay（ホークス・ベイ）
[解説] Hawke's Bayにはナルロロ川沿いにGimblett Gravels District（ギムレット・グラヴェルズ・ディストリクト）とBridge Pa Triangle（ブリッジ・パ・トライアングル）という2つの有力なブドウ栽培地区がある。

24 [正解] 4. Wairarapa（ワイララパ）
[解説] Wairarapaは首都Wellingtonの北東にある産地。国内の代表的なPinot Noir産地Martinborough（G.I.）のほかに、北にMasterton（マスタートン）とGladstone（グラッドストーン／G.I.）の計3つのサブリージョンがある。

25 [正解] 2. Pinot Noir
[解説] Martinboroughは、気候的にはブルゴーニュ北部のディジョンとほぼ同じで、水はけのよい土壌、暑い夏、そして長く乾燥した秋といった特徴から、ブルゴーニュスタイルのワイン、特にPinot Noirの栽培に適している。

26 [正解] 2. Wairau Valley（ワイラウ・ヴァレー）
[解説] Marlborough（マールボロ）は「Wairau Valley」「Southern Valleys（サザン・ヴァレー）」「Awatere Valley（アワテレ・ヴァレー）」の3つのサブリージョンから構成される。

27 [正解] 1. LVMH（モエ・ヘネシー・ルイ・ヴィトン）
[解説] Cloudy Bayのストーリーは、ケープメンテル創業者のDavid Hohnen（デヴィッド・ホーネン）が1985年に設立したところから始まる。

28 Waimea Plains（ワイメア・プレインズ）が属するG.I. を1つ選べ。

1. Marlborough　　2. Auckland　　3. Wairarapa　　4. Nelson

---

29 ニュージーランド南島で、3つのG.I. が重なっているG.I. を1つ選べ。

1. Central Otago　　　2. Nelson
3. Canterbury　　　4. Marlborough

---

30 クライストチャーチから車で北へ1時間のG.I. を1つ選べ。

1. Awatere Valley　　　2. Wairau Valley
3. Waipara Valley　　　4. Southern Valley

---

31 Central Otagoの南緯度を1つ選べ。

1. 38度　　　2. 42度　　　3. 45度　　　4. 48度

---

32 Central Otagoで栽培面積が8割を占める主要ブドウ品種を1つ選べ。

1. Sauvignon Blanc　　　2. Pinot Noir
3. Cabernet Sauvignon　　　4. Chardonnay

---

33 「COPNL」が組織されているニュージーランドのG.I. を1つ選べ。

1. Marlborough　　　2. Nelson
3. Central Otago　　　4. Canterbury

---

34 Central Otagoの中で最も標高が高く、冷涼な産地として、比較的繊細なワインを産出するサブリージョンを1つ選べ。

難

1. Alexandra　　　2. Wanaka
3. Gibbston Valley　　　4. Cromwell

---

28 【正解】 4．Nelson（ネルソン）

【解説】 Nelsonは南島の北端に位置し、サブ・リージョンとしてWaimea PlainsとMoutere Hill（ムーテレ・ヒルズ）が属する。

29 【正解】 3．Canterbury（カンタベリー）

【解説】 Canterbury地方のNorth Canterbury（ノース・カンタベリー／G.I.）にはWaipara Valley（ワイパラ・バレー／G.I.）が含まれる。

30 【正解】 3．Waipara Valley（ワイパラ・ヴァレー）

【解説】 Waipara Valley（G.I.）の気候は周囲の丘陵が海風を遮るため、カンタベリー地方の他の地域よりもわずかに暖かく、また土壌はPinot Noirに適したヒルサイドの石灰粘土質による砂利質堆積土壌となっている。

31 【正解】 3．45度

【解説】 Central Otago（セントラル・オタゴ）は、南緯45度に位置する世界最南端のワイン産地の1つ。ニュージーランドで唯一、半大陸性気候の産地。

32 【正解】 2．Pinot Noir（ピノ・ノワール）

【解説】 Central OtagoはPinot Noirが8割を占める広いエリアで、サブリージョンとしてGibbston Valley、Bannockburn、Cromwell、Pisa Range、Lowburn、Bendigo、Wanaka、Alexandraが存在する。

33 【正解】 3．Central Otago（セントラル・オタゴ）

【解説】 COPNL（コプネル）は、Central Otago Pinot Noir Limited（セントラル・オタゴ・ピノ・ノワール・リミテッド）の略。産地プロモーションを担う任意のマーケティング団体。独自に消費者イベント「セントラル・オタゴ・ピノ・ノワール・セレブレーション（COPNC）」を毎年開催している。

34 【正解】 3．Gibbston Valley（ギブストン・ヴァレー）

【解説】 クイーンズタウンの東に位置するGibbston Valleyは最も標高が高く冷涼な気候となるため、他の地域よりもブドウが遅く熟し、軽いながらも濃厚なワインが造られる。

35

[難]

ダンストン・レイク周域のCromwell Basin盆地に含まれるサブリージョンを1つ選べ。

1. Wanaka
2. Alexandra
3. Bendigo
4. Gibbston Valley

36

[難]

Pisa Rangeの川石や砂などの堆積物はどこから流れてきたものか1つ選べ。

1. Bendigo
2. Alexandra
3. Bannockburn
4. Wanaka

37

[難]

ニュージーランドで最も南に位置するサブ・リージョンのワイン産地を1つ選べ。

1. Gibbston Valley
2. Bendigo
3. Wanaka
4. Alexandra

35　正解　3．Bendigo（ベンディゴ）
　解説　Cromwell Basin（クロムウェル・ベイスン）盆地はBannockburn（バノックバーン）、Pisa Range（ピサ・レンジ）、Lowburn（ローバーン）、Bendigo（ベンディゴ）のエリアを含む。

36　正解　4．Wanaka（ワナカ）
　解説　Pisa Range は上流のLake Wanakaから流れてきた川石や砂の堆積土壌が分布。Wanakaはセントラル・オタゴ内でも若干降水量が多め。Lake Wanakaが反射する豊富な日光により霜害も軽減している。

37　正解　4．Alexandra（アレクサンドラ）
　解説　Alexandraの気候は極度に乾燥し、極端に夏は暑く冬は寒い。

㉒ ハンガリー

1 ハンガリーの気候を1つ選べ。

1. 大陸性気候　　　2. 地中海性気候
3. 亜熱帯気候　　　4. 海洋性気候

---

2 ハンガリーで最も多く栽培されているブドウ品種を1つ選べ。

1. Cabernet Sauvignon　　　2. Furmint
3. Kékfrankos　　4. Bianca

---

3 「原産地呼称保護ワイン」のハンガリー語の名称を1つ選べ。

1. O.F.J.　　　2. H.N.T.　　　3. P.G.I.　　　4. O.E.M.

---

4 ハンガリーのワイン法による格付けにおいて、P.D.O.の中でも最上位に区分されるカテゴリーを1つ選べ。

1. O.E.M.　　　2. B.O.R.　　　3. D.H.C.　　　4. O.F.J.

---

5 ゼンプレーン山脈の裾野の産地に流れる川の組合せを1つ選べ。

1. Bodrog川と Tisza川　　　2. Duna川と Tisza川
3. Bodrog川と La Plata川　　　4. Bodrog川と La Plata川

---

6 トカイが原産地呼称統制を導入した年を1つ選べ。

1. 1716年　　　2. 1737年　　　3. 1756年　　　4. 1935年

---

7 ハンガリー以外で「Tokaj」を名乗れる国を1つ選べ。

1. スロヴェニア　　　2. ウクライナ
3. スロヴァキア　　　4. セルビア

1 **正解** 1．大陸性気候
[解説] ハンガリーは典型的な大陸性気候で、日本と同じように四季がある。夏と冬の気温差はかなり大きく、夏の平均気温は22℃くらいだが35℃を超える猛暑もあり、冬の寒さは厳しく、1月、2月の最低気温はマイナス10℃近くになることもある。

2 **正解** 3．Kékfrankos（ケークフランコシュ）
[解説] 黒ブドウ及び全体1位はKékfrankos、白ブドウ1位はBianca（ビアンカ）。

3 **正解** 4．O.E.M.
[解説] ハンガリーワインは2011年から3つのカテゴリーに分けられ、それは6つのP.G.I.（ハンガリー語：O.F.J.＝地理的表示保護ワイン）と32のP.D.O.（ハンガリー語：O.E.M.＝原産地呼称保護ワイン）とWine（地理的表示なし、テーブルワイン）となる。

4 **正解** 3．D.H.C.（ディストリクトゥス・フンガリクス・コントロラートゥス）
[解説] 2003年に国内で最も厳しい品質管理を規定するため導入された。Classicus（クラッシクシュ）、Premium（プレミアム）、Super Premium（スーパー・プレミアム）の3つの品質レベルがある。

5 **正解** 1．Bodrog（ボドログ）川とTisza（ティサ）川
[解説] トカイのワイン産地はBodrog川とTisza川の合流地点にある。

6 **正解** 2．1737年
[解説] 1716年はイタリアのChianti（キアンティ）、1756年はポルトガルのPorto（ポルト）が、地域として原産地呼称統制を導入した年。1935年はフランスが国として原産地呼称統制を導入した年。

7 **正解** 3．スロヴァキア
[解説] 「Tokaj（トカイ）」という産地名は、スロヴァキアでも原産地呼称として使用が認められている。

8 トカイの主要ブドウ品種において、Furmint以外のものを1つ選べ。

1. Szürkebarát　　2. Bianca
3. Hárslevelü　　4. Kékfrankos

---

9 トカイワインの品質区分で、Eszenciaの最低残糖度を1つ選べ。

1. 45g/ℓ　　2. 120g/ℓ　　3. 150g/ℓ　　4. 450g/ℓ

---

10 Száraz、Édesと表記することができるトカイワインの品質区分を1つ選べ。

1. Szamorodni　　2. Máslás
3. Eszencia　　4. Fordítás

---

11 トカイワインの品質区分で、遅摘みワインを意味するものを1つ選べ。

1. Szamorodni　　2. Fehér bor
3. Pezsgő　　4. Késői szüretelésű bor

---

12 ブダペストから西南西へ170km、2000年以上のブドウ栽培の歴史のあるワイン産地を1つ選べ。

1. Sopron　　2. Nagy-Somló
3. Zala　　4. Badacsony

---

13 Balaton地区に位置するワイン産地Csopakで造られる白ワインの主要ブドウ品種を1つ選べ。

1. Olasz Rizling　　2. Szürkebarát
3. Bianca　　4. Kékfrankos

---

14 ハンガリーの国民食ともいわれる料理「牛肉と玉葱、パプリカの煮込み」の名称を1つ選べ。

1. Palócleves　　2. Gulyásleves　　3. Hortobágyi palacsinta

---

8 正解 3. Hárslevelü（ハールシュレヴェリュー）
解説 Furmintのほか、Hárslevelü、Sárga Muskotály（シャールガ・ムシュコターイ）なども主要品種として認められている。

9 正解 4. 450g/ℓ
解説 Eszencia（エッセンシア）の残糖度は450g/ℓ以上、Tokaj Aszú（トカイ・アスー）の残糖度は120g/ℓ以上。

10 正解 1. Szamorodni（サモロドニ）
解説 Tokaji Szamorodni（トカイ・サモロドニ）はトカイの伝統的なワイン。Szamorodniは「自然のままに」を意味するスラブ語。Szamorodniには辛口と甘口の2つのスタイルがあり、最大9g/ℓの残留糖が含まれるものが辛口のSzáraz（サーラズ）、また少なくとも45g/ℓの残留糖が必要となるのが甘口のÉdes（エーデシュ）。

11 正解 4. Kései szüretelésű bor（ケーシェーイ・スレテレーシュ・ボル）
解説 2. Fehér bor（フェヘール・ボル）は白ワインを意味する。
3. Pezsgő（ペジュグー）はトカイで造られるスパークリングワインのこと

12 正解 4. Badacsony（バダチョニ）
解説 Balaton地域のBadacsonyは穏やかな大陸性気候の産地で、Halászlé（ハラースレー）と呼ぶスープ料理がある。Halászléは鯉やナマズなどの淡水魚やスズキを使い、トマト、パプリカなどとともに煮込んだもの。

13 正解 1. Olasz Rizling（オラス・リズリング）
解説 Csopak（チョパク）の特徴的な白ワイン用ブドウはOlasz Rizlingで、オラス＝イタリアという名前の意味を持つ。

14 正解 2. Gulyásleves（グヤーシュレヴェシュ）
解説 1. Palócleves（パローツレヴェシュ）⇒ Felső-Magyarország（フェルショー・マジャルオクサーグ）の羊肉、豚肉、牛肉などを使う具沢山スープ
3. Hortobágyi palacsinta（ホルトバージ・パラチンタ）⇒ Duna-Tisza Kőze（ドゥナ・ティサ・クゼ）の仔牛肉のクレープ包み

㉓

フランス

1 フランスに初めてブドウ栽培がもたらされた時期を1つ選べ。

1. BC4世紀　　　2. BC5世紀　　　3. BC6世紀　　　4. BC7世紀

2 フランスのワイン法、A.O.C.（原産地統制呼称）が制定された年を1つ選べ。

1. 1976年　　　2. 1935年　　　3. 1855年　　　4. 1789年

3 多くの農家が、メゾンと呼ばれるおよそ400の大手生産者にブドウを供給する形が一般化しているワイン産地を1つ選べ。

1. Provence　　　2. Vallée du Rhône
3. Champagne　　　4. Val de Loire

4 シャンパーニュ地方のブドウ栽培面積として近いものを1つ選べ。

1. 約34,000ha　　　2. 約44,000ha
3. 約54,000ha　　　4. 約64,000ha

5 Champagneの醸造で認められていないブドウ品種を1つ選べ。

1. Pinot Blanc　　　2. Petit Meslier
3. Pinot Gris　　　4. Petit Manseng

6 Champagne Premier Cruと表示する場合の最低格付け比率を1つ選べ。

1. 85%　　　2. 90%　　　3. 95%　　　4. 100%

1 　**正解**　3．BC6世紀
　解説　今から2600年前のBC6世紀頃、フォカイア人が現在のマルセイユに植民市を築いた時にブドウがもたらされた。

2 　**正解**　2．1935年
　解説　第一次世界大戦や世界恐慌の影響による粗悪なワインの流通及び産地偽装などを規制するため、1935年にI.N.A.O.（国立産地及び品質機関）の前身が設立され、A.O.C.（原産地統制呼称）が制定された。
1．1976年 ⇒ パリ・テイスティング
3．1855年 ⇒ パリ万博、メドック格付け
4．1789年 ⇒ フランス革命

3 　**正解**　3．Champagne
　解説　パリから140kmほど東に位置、A.O.C.認定ブドウ畑の面積は約34,000haで、約15,000軒の栽培農家が耕作している。5県からなり、その7割をMarne（マルヌ）県、次いで2割をAube（オーブ）県が占める。

4 　**正解**　1．約34,000ha
　解説　3つの地域、5つの県、そして「Cru（クリュ）」とも呼ばれる319の村が存在している。

5 　**正解**　4．Petit Manseng（プティ・マンサン）
　解説　Chardonnay、Pinot Noir（ピノ・ノワール）、Meunier（ムニエ）、Pinot Blanc（ピノ・ブラン）、Petit Meslier（プティ・メリエ）、Pinot Gris（ピノ・グリ）= Fromenteau（フロマントー）、Arbanne（アルバンヌ）が認められていた。なお、2022年の政令により気候変動の課題に対応するため、ベト病やウドンコ病に耐性を持つハイブリッド種のVoltis（ヴォルティス）が認められ、合計8種となった。

6 　**正解**　2．90%
　解説　格付け100%の村は17ありこれらをGrand Cruといい、90～99%の42村をPremier Cruという。

7 A.O.C. Coteaux Champenoisの生産可能色を1つ選べ。

1. 白、ロゼ、赤 　　2. 発泡のロゼ、白
3. ロゼ 　　4. 白、赤

8 A.O.C. Rosé des Riceysの使用ブドウ品種を1つ選べ。

1. Chardonnay 　　2. Meunier 　　3. Pinot Noir 　　4. Nebbiolo

9 Champagne地方においてChardonnayを主体に栽培している地区を1つ選べ。

1. Vallée de la Marne 　　2. Côte des Blancs
3. Montagne de Reims

10 下記のChampagne地方のGrand Cruの地図で①のコミューンを1つ選べ。

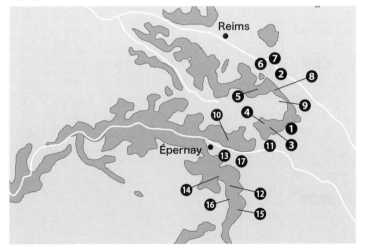

1. Oger 　　2. Ambonnay
3. Tours-sur-Marne 　　4. Oiry

11 Champagne地方のGrand Cruで、Montagne de Reims地区に属するコミューンを1つ選べ。

1. Avize 　　2. Aÿ 　　3. Verzy 　　4. Cramant

7 【正解】 1．白、ロゼ、赤
【解説】「Coteaux（コトー）」は「小さい丘」を意味する言葉で、「Coteaux Champenois（コトー・シャンプノワ）」は「シャンパーニュの小さな丘」と訳される。

8 【正解】 3．Pinot Noir（ピノ・ノワール）
【解説】 A.O.C. Rosé des Riceys（ロゼ・デ・リセイ）は、南部オーブ県のレ・リセイ村で造られるPinot Noir100％のロゼのスティルワイン。

9 【正解】 2．Côte des Blancs（コート・デ・ブラン）
【解説】 Côte des Blancsは「白い丘」の意味で、ほぼChardonnayだけを栽培。

10 【正解】 2．Ambonnay（アンボネー／①）
【解説】 Montagne de Reims地区のAmbonnay。南向きの畑で、力強く、ボディのしっかりとしたPinot Noirが生み出される。
1．Oger（オジェ）⇒ ⑯（Côte des Blancs）
3．Tours-sur-Marne（トゥール・シュル・マルヌ）⇒ ⑪（Vallée de la Marne）
4．Oiry（オワリー）⇒ ⑰（Côte des Blancs）

11 【正解】 3．Verzy（ヴェルジー／⑨）
【解説】 Avize（アヴィーズ／⑫）とCramant（クラマン／⑭）はCôte des Blancs（コート・デ・ブラン）、Aÿ（アイ／⑩）はVallée de la Marne（ヴァレ・ド・ラ・マルヌ）。

12 問10の地図でAvizeの位置を1つ選べ。

1. ③   2. ⑧   3. ⑩   4. ⑫

---

13 ヴィンテージ・シャンパーニュに定められた法律上のTirage後の最低熟成期間を1つ選べ。

1. 9ヵ月   2. 15ヵ月   3. 30ヵ月   4. 36ヵ月

---

14 シャンパーニュのNon Millésiméに定められた法律上のTirage後の最低熟成期間を1つ選べ。

1. 9ヵ月   2. 15ヵ月   3. 30ヵ月   4. 36ヵ月

---

15 シャンパーニュの残糖度の値が3g/ℓ以下の甘辛度の表示として認められていないものを1つ選べ。

1. Brut Nature   2. Dosage Zéro
3. Pas Dosé   4. Extra Brut

---

16 スーパーマーケットやレストランなどのプライベートラベルが貼られたシャンパーニュの略号を1つ選べ。

1. N.M.   2. C.M.   3. R.M.   4. M.A.

---

17 Champagneの醸造過程において、ブドウ4,000kgに対する最大搾汁果汁量を1つ選べ。

1. 2,000ℓ   2. 2,050ℓ   3. 2,400ℓ   4. 2,550ℓ

---

18 シャンパーニュの製造工程で「Remuage」と呼ばれる工程の意味に該当するものを1つ選べ。

1. 動瓶   2. 瓶内熟成   3. 甘味調整   4. 瓶詰

---

12 正解 4. ⑫ (Avize ／アヴィーズ)
解説 Côte des Blancs 地区の中心に位置する。
1. ③ ⇒ Bouzy (ブージー／ Montagne de Reims 地区)
2. ⑧ ⇒ Verzenay (ヴェルズネー／ Montagne de Reims 地区)
3. ⑩ ⇒ Aÿ (アイ／ Vallée de la Marne 地区)

13 正解 4. 36ヵ月
解説 ヴィンテージ・シャンパーニュ「Millésimé (ミレジメ)」は、優良年や特徴的な単一収穫年のもので、Tirage (ティラージュ／瓶詰) 後、最低36ヵ月の熟成を経て出荷。

14 正解 2. 15ヵ月
解説 Non Millésimé (ノン・ミレジメ) は Tirage 後、最低15ヵ月以上の熟成義務がある。

15 正解 4. Extra Brut (エクストラ・ブリュット)
解説 残糖3g/ℓ以下の、または全く糖分添加をしていないものには、Brut Nature (ブリュット・ナチュール)、Dosage Zéro (ドサージュ・ゼロ)、Pas Dosé (パ・ドゼ) の表示も認められている。

16 正解 4. M.A. (Marque d'Acheteur：マルク・ダシュトゥール)
解説 1. N.M. (Négociant-Manipulant：ネゴシアン・マニピュラン) ⇒ 原料ブドウを他者から購入し、シャンパーニュを醸造する生産者
2. C.M. (Coopérative de Manipulation：コーペラティブ・ド・マニピュラシオン) ⇒ 加盟する栽培農家が持ち込んだブドウを原料として、醸造から販売までを行う生産者協同組合
3. R.M. (Récoltant-Manipulant：レコルタン・マニピュラン) ⇒自社畑で収穫されたブドウのみを用い、自らシャンパーニュの製造も行う栽培農家

17 正解 4. 2,550ℓ
解説 最初の搾汁2,050ℓを Cuvée(キュベ)、次の搾汁500ℓを Taille(タイユ) として、合計2,550ℓの搾汁が認められている。

18 正解 1. 動瓶 (仏：Remuage ／ルミュアージュ、英：Riddling ／リドリング)
解説 Remuage (動瓶) は滓を瓶口に集めるために5～6週間にわたり瓶を毎日1/8～1/4回転ずつ回しながら徐々に倒立していく工程。
2. 瓶内熟成 ⇒ Maturation sur lies (マチュラシオン・シュール・リー)
3. 甘味調整 ⇒ Dosage (ドサージュ)

19 次のシャンパーニュの製造工程の説明に該当するものを1つ選べ。

「瓶口を −27℃の塩化カルシウム水溶液につけて、たまった滓を凍らせ、栓を外して滓を飛び出させる」

1. Dégorgement　　2. Dosage　　3. Remuage　　4. Tirage

---

20 Alsace地方のブドウ畑が広がる丘陵の山脈を1つ選べ。

1. ヴォージュ山脈　　2. ピレネー山脈
3. アルプス山脈　　4. オーヴェルニュ山脈

---

21 A.O.C. Alsace の「Vendanges Tardives」「Selections de Grains Nobles」の表記条件の中で、熟成期日は収穫翌年のいつまでか、1つ選べ。

1. 4月1日　　2. 5月1日　　3. 6月1日　　4. 7月1日

---

22 A.O.C. Alsaceの甘口ワインで、Gewürztraminer と Pinot Gris の「Vendanges Tardives」の1ℓあたりの糖の最低含有量を1つ選べ。

1. 244g　　2. 270g　　3. 276g　　4. 306g

---

23 A.O.C. Alsaceの甘口ワインで、Riesling と Muscat の「Sélections de Grains Nobles」の1ℓあたりの糖の最低含有量を1つ選べ。

1. 244g　　2. 270g　　3. 276g　　4. 306g

---

24 2022年の政令で、Hengst（ヘングスト）と Kirchberg de Barr（キルヒベルク・ド・バール）の2つのA.O.C.に新たに認められたブドウ品種を1つ選べ。

1. Riesling　　2. Pinot Gris
3. Gewürztraminer　　4. Pinot Noir

19 正解 1. Dégorgement（仏：デゴルジュマン、英：Disgorgement／ディスゴージメント）

解説 Dégorgementは滓抜き。瓶口に集めた滓を凍らせて取り除くこと。

20 正解 1. ヴォージュ山脈

解説 Alsace（アルザス）地方のブドウ畑は、ヴォージュ山脈によって大西洋の気圧変動から守られているため、フランスで最も降水量の少ないブドウ畑の1つとなっている。ブドウ畑は日射量が多く、温暖で乾燥した大陸性気候に分類される。

21 正解 3. 6月1日

解説 A.O.C. Alsaceは、一定の条件を満たした甘口ワインに「Vendanges Tardives（ヴァンダンジュ・タルディーヴ）」「Sélections de Grains Nobles（セレクシオン・ド・グラン・ノーブル）」と表記可能。少なくとも収穫翌年の6月1日まで熟成させなければならない。

22 正解 2. 270g

解説 Gewürztraminer（ゲヴュルツトラミネール）とPinot Grisの「Vendanges Tardives」の糖の最低含有量は270g/ℓ。GewürztraminerとPinot Grisの「Sélections de Grains Nobles」の糖の最低含有量は306g/ℓ。

23 正解 3. 276g

解説 Riesling（リースリング）とMuscat（ミュスカ）の「Sélections de Grains Nobles」の糖の最低含有量は276g/ℓ。RieslingとMuscatの「Vendanges Tardives」の糖の最低含有量は244g/ℓ。

24 正解 4. Pinot Noir

解説 Pinot NoirはAlsaceで唯一認定されている黒ブドウ品種だが、これまでは格下に見られてきた。ついに白ワイン主体のAlsaceに、赤ワインのGrand Cruが誕生した。

25 A.O.C. Alsace Grand Cruにおいて、Sylvaner単体で醸造できるものを1つ選べ。

1. Altenberg de Bergheim　　2. Zotzenberg　　3. Kaefferkopf

---

26 A.O.C. Alsace Grand Cru Kaefferkopfの、アッサンブラージュする場合の主要ブドウ品種を1つ選べ。

1. Gewürztraminer　　2. Pinot Gris
3. Riesling　　4. Muscat

---

27 発泡性ワインCrémantの中で、国内で最も消費されているものを1つ選べ。

1. Crémant de Bourgogne　　2. Crémant de Bordeaux
3. Crémant de Loire　　4. Crémant d'Alsace

---

28 モーゼル渓谷南部、ナンシーの西で生産されるA.O.C.を1つ選べ。

難

1. Côtes de Meuse　　2. Moselle
3. Côtes de Toul　　4. Crémant d'Alsace

---

29 1395年、Bourgogne地方にGamayを植えることを禁じた人物を1人選べ。

1. ニコラ・ロラン　　2. フィリップ豪胆公
3. ルイ14世　　4. フィリップ善良公

---

30 1443年、ニコラ・ロランと妻のギゴーヌ・ド・サランが、困窮者のために建設した施療院オテル・デューの別名を1つ選べ。

1. オスピス・ド・ボーヌ　　2. ポレ・ド・ムルソー
3. パレ・デ・デュック　　4. ヤン・ファン・エイク

25 正解　2. Zotzenberg（ゾッツェンベルグ）

解説　Alsace Grand Cru Zotzenbergは、Gewürztraminer、Pinot Gris、Riesling、Sylvanerのいずれかを単一で醸造する。

26 正解　1. Gewürztraminer（ゲヴュルツトラミネール）

解説　Alsace Grand Cru Kaefferkopf（ケフェルコップフ）は、Riesling、Gewürztraminer、Pinot Gris のいずれかを単一で醸造。アッサンブラージュする場合、Gewürztraminerを60〜80％使用。また、Alsace地方に51あるGrand Cruのうち、2007年最新のリュー・ディがKaefferkopfである。

27 正解　4. Crémant d'Alsace（クレマン・ダルザス）

解説　Crémant d'Alsaceは、フランス国内で消費されるCrémantの第1位。収穫は手摘みのみ、Champagne方式、瓶内熟成9ヵ月以上。

28 正解　3. Côtes de Toul（コート・ド・トゥール）

解説　Côtes de Toulはトゥールの西ナンシーから20kmのところにあり、モーゼル渓谷の丘の中腹約20kmにわたってブドウ畑が広がっている。

29 正解　2. フィリップ豪胆公

解説　フランス王家を凌ぐ財力と政治力を持つ歴代のブルゴーニュ公は、外交的手段としてワインを活用し、品質向上にも積極的に取り組んだ。その好例がフィリップ豪胆公が1395年に発した勅令で、Gamayを「非常に悪く、非常に不誠実な」ブドウと呼んだのは有名で、領内のすべてのGamayのブドウを1ヵ月以内に伐採するよう命じ、Pinot Noirを奨励した。

30 正解　1. オスピス・ド・ボーヌ

解説　オスピス・ド・ボーヌで醸造されたワインは毎年11月第3日曜日に競売会にかけられる。現在この競売会は世界でもっとも有名なワインのオークションになり、競売会による利益は病院の設備やオテル・デューの維持に使われている。

31 下記のChablis地区の地図で⑥に該当するGrand Cruを1つ選べ。

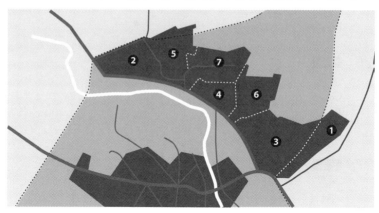

1. Blanchot　　2. Valmur　　3. Bougros　　4. Les Clos

- - - - - -

32 Chablis Grand Cruで「La Moutonne」がまたがる畑の組合せを選べ。

[難]
1. VaudésirとBlanchot　　2. ValmurとBlanchot
3. VaudésirとPreuses　　4. ValmurとPreuses

- - - - - -

33 Bourgogne地方Grand Auxerrois 地区で、主要ブドウ品種をPinot Noirとする A.O.C.を1つ選べ。

1. Bourgogne Tonnerre　　2. Vézelay
3. Saint-Bris　　4. Irancy

- - - - - -

34 Bourgogne地方Grand Auxerrois地区のA.O.C. Saint-Brisの使用可能品種を1つ選べ。

1. Chenin　　2. Chardonnay
3. Sauvignon Gris　　4. Pinot Noir

- - - - - -

35 Bourgogne地方Côte de Nuits地区のレジョナルのA.O.C.において、赤、白、ロゼワインの生産が認められているものを1つ選べ。

1. Marsannay　　2. Bourgogne Côte d'Or
3. Côte de Nuits Villages　　4. Bourgogne Hautes-Côtes de Nuits

31 正解 2. Valmur (ヴァルミュール／⑥)
解説 1. Blanchot (ブランショ) ⇒ ①
3. Bougros (ブーグロ) ⇒ ②
4. Les Clos (レ・クロ) ⇒ ③

32 正解 3. Vaudésir (ヴォーデジール) と Preuses (プルーズ)
解説 La Moutonne (ラ・ムートンヌ) は Vaudésir (95%：問31の地図の⑦) と Preuses (5%：同⑤) にまたがる2.35haの区画。ドメーヌ・ロン・デ・パキのみに、ラベルに「Chablis Grand Cru Moutonne」と記載することが認められている。

33 正解 4. Irancy (イランシー)
解説 A.O.C. Irancyは主要ブドウ品種がPinot Noirである赤ワインのみのA.O.C.。

34 正解 3. Sauvignon Gris (ソーヴィニヨン・グリ)
解説 A.O.C Saint-Bris (サン・ブリ) の使用可能品種は Sauvignon Blanc と Sauvignon Gris。

35 正解 4. Bourgogne Hautes-Côtes de Nuits (ブルゴーニュ・オート・コート・ド・ニュイ)
解説 1. Marsannay (マルサネ) ⇒ コミュナルの赤、白、ロゼワイン
2. Bourgogne Côte d'Or (ブルゴーニュ・コート・ドール) ⇒ 赤、白ワイン
3. Côte de Nuits Villages (コート・ド・ニュイ・ヴィラージュ) ⇒ コミュナルの赤、白ワイン

36 Bourgogne 地方 Côte de Nuits 地区のコミュナルのアペラシオンで、赤、白、ロゼワインすべて生産可能な A.O.C. を 1 つ選べ。

1. Fixin   2. Morey-Saint-Denis
3. Vougeot   4. Marsannay

---

37 次の Bourgogne 地方の Grand Cru で、最も南に位置するものを 1 つ選べ。

[難]

1. Clos de Vougeot   2. Musigny
3. Chambertin   4. La Grande Rue

---

38 Bourgogne 地方 Côte de Nuits 地区の Grand Cru の中で、赤、白ワインともに生産が認められているものを 1 つ選べ。

1. Chambolle-Musigny   2. Santenay
3. Musigny   4. Clos des Lambrays

---

39 下記の Bourgogne 地方 Gevrey-Chambertin 村の地図で①に該当する Grand Cru を 1 つ選べ。

[難]

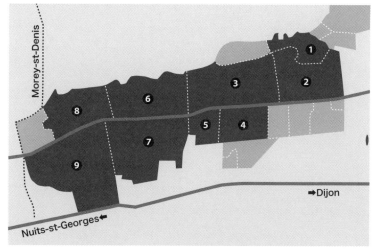

1. Ruchottes-Chambertin   2. Chambertin
3. Mazis-Chambertin   4. Latricières-Chambertin

---

36 正解 4. Marsannay（マルサネ）

解説 A.O.C. Marsannay は、Bourgogne では唯一、赤、白、ロゼの3種類のワインを生み出す。コミュナルのみで Premier Cru、Grand Cru はない。

37 正解 4. La Grande Rue（ラ・グランド・リュ）

解説 北から、Chambertin（シャンベルタン）⇒ Musigny（ミュジニー）⇒ Clos de Vougeot（クロ・ド・ヴージョ）⇒ La Grande Rue の順番。

38 正解 3. Musigny（ミュジニー）

解説 A.O.C. Musigny では Chardonnay もごくわずかながら栽培されており、Côte de Nuits の赤・白の Grand Cru。

1. Chambolle-Musigny（シャンボール・ミュジニー）⇒ コミュナルの赤ワイン

2. Santenay（サントネイ）⇒ Côte de Beaune（コート・ド・ボーヌ）地区のコミュナルの赤、白ワイン

4. Clos des Lambrays（クロ・デ・ランブレー）⇒ Morey-Saint-Denis（モレ・サン・ドニ）の Grand Cru の赤ワイン

39 正解 1. Ruchottes-Chambertin（リュショット・シャンベルタン／①）

解説 2. Chambertin ⇒ ⑥

3. Mazis-Chambertin（マジ・シャンベルタン）⇒ ②

4. Latricières-Chambertin（ラトリシエール・シャンベルタン）⇒ ⑧

40 Bourgogne地方Gevrey-Chambertin村で、Charmes-Chambertinを名乗ることができるGrand Cruを1つ選べ。

1. Chapelle-Chambertin   2. Mazis-Chambertin
3. Chambertin Clos-de-Bèze   4. Mazoyères-Chambertin

---

41 Bourgogne地方Gevrey-Chambertin村でChambertin Clos-de-BèzeとGriotte-Chambertinの両方と接しているGrand Cruを1つ選べ。

1. Ruchottes-Chambertin   2. Mazis-Chambertin
3. Latricières-Chambertin   4. Chapelle-Chambertin

---

42 Bourgogne地方のA.O.C. Morey-Saint-DenisのGrand Cruの数を1つ選べ。

1. 4   2. 5   3. 6   4. 7

---

43 Bourgogne地方Morey-Saint-DenisとChambolle-MusignyにまたがるGrand Cruを1つ選べ。

1. Corton   2. Bâtard-Montrachet
3. Bonnes-Mares   4. Montrachet

---

44 Bourgogne地方Chambolle-MusignyのPremier Cruを2つ選べ。

1. Les Grands Epenots   2. Aux Malconsorts
3. Clos Saint-Jacques   4. Les Amoureuses
5. Les Vaucrains   6. Les Charmes

40 正解 4. Mazoyères-Chambertin（マゾワイエール・シャンベルタン／問39の地図の⑨）

解説 Mazoyères-Chambertinは、問39の地図における⑦及び⑨のCharmes-Chambertin（シャルム・シャンベルタン）を名乗ることができる。逆に、Charmes-ChambertinはMazoyères-Chambertinを名乗ることはできない。

41 正解 4. Chapelle-Chambertin（シャペル・シャンベルタン／問39の地図の④）

解説 問39の地図においては、Chambertin Clos-de-Bèze（シャンベルタン・クロ・ド・ベーズ）は③、Griotte-Chambertin（グリオット・シャンベルタン）は⑤。

42 正解 2. 5

解説 A.O.C. Morey-Saint-DenisのGrand CruはClos des Lambrays（クロ・デ・ランブレー）、Clos Saint-Denis（クロ・サン・ドニ）、Clos de la Roche（クロ・ド・ラ・ロッシュ）、Clos de Tart（クロ・ド・タール）、Bonnes-Mares（ボンヌ・マール）の一部の5つ。

43 正解 3. Bonnes-Mares（ボンヌ・マール）

解説 Bonnes-Maresは大部分がChambolle-Musigny（シャンボール・ミュジニィ）に属し、約10分の1に当たる畑がMorey-Saint-Denisの南端にある。

44 正解 4. Les Amoureuses（レ・ザムルーズ）と
6. Les Charmes（レ・シャルム）

解説 1. Les Grands Epenots（レ・グラン・ゼプノ）⇒ Pommard（ポマール）

2. Aux Malconsorts（オー・マルコンソール）⇒ Vosne-Romanée（ヴォーヌ・ロマネ）

3. Clos Saint-Jacques（クロ・サン・ジャック）⇒ Gevrey-Chambertin（ジュヴレ・シャンベルタン）

5. Les Vaucrains（レ・ヴォークラン）⇒ Nuits-Saint-Georges（ニュイ・サン・ジョルジュ）

45 Bourgogne 地方 Vosne-Romanée 村の中で最も南に位置する Grand Cru を1つ選べ。

1. La Romanée　　2. Romanée-Saint-Vivant
3. La Tâche　　4. Richebourg

46 Bourgogne 地方 Côte de Beaune 地区のレジョナルの A.O.C. において、赤、白ワインの生産が認められているものを1つ選べ。

1. Bourgogne Côte-Chalonnaise
2. Bourgogne Hautes-Côtes de Beaune
3. Bourgogne Côte d'Or
4. Bourgogne Côtes du Couchois

47 Bourgogne 地方 Côte de Beaune 地区で、Grand Cru が無い A.O.C. を1つ選べ。

1. Pernand-Vergelesses　　2. Ladoix
3. Savigny-lès-Beaune　　4. Aloxe-Corton

48 Bourgogne 地方 Côte de Beaune 地区で、Grand Cru、Premier Cru が無い A.O.C. を1つ選べ。

[難]

1. Savigny-lès-Beaune　　2. Saint-Aubin
3. Santenay　　4. Saint-Romain

49 Bourgogne 地方 Côte de Beaune 地区で、赤ワインだけの生産が認められている A.O.C. を1つ選べ。

1. Blagny　　2. Chorey-lès-Beaune
3. Monthélie　　4. Saint-Aubin

45 正解 3. La Tâche（ラ・ターシュ）
解説 Vosne-Romanée村には6つのGrand Cruがあり、その中心にあるのはRomanée-Conti（ロマネ・コンティ）。La Tâcheは最も南にある。

46 正解 3. Bourgogne Côte d'Or（ブルゴーニュ・コート・ドール）
解説 1. Bourgogne Côte-Chalonnaise（ブルゴーニュ・コート・シャロネーズ）⇒ 赤、白、ロゼワイン
2. Bourgogne Hautes-Côtes de Beaune（ブルゴーニュ・オート・コート・ド・ボーヌ）⇒ 赤、白、ロゼワイン
4. Bourgogne Côtes du Couchois（〜コート・デュ・クショワ）⇒ 赤ワイン

47 正解 3. Savigny-lès-Beaune（サヴィニー・レ・ボーヌ）
解説 Pernand-Vergelesses、Ladoix、Aloxe-CortonにはCorton、Corton-CharlemagneのGrand Cruがある。

48 正解 4. Saint-Romain（サン・ロマン）
解説 Saint-Romainは標高が高く冷涼な気候のため、赤ワインより白ワインが優勢（65%が白ワイン）。Grand Cru、Premier Cruは無い。

49 正解 1. Blagny（ブラニイ）
解説 Chorey-lès-Beaune（ショレイ・レ・ボーヌ）、Monthélie（モンテリ）、Saint-Aubin（サン・トーバン）は、いずれも赤、白ワイン

50 Bourgogne 地方 Puligny-Montrachet と Chassagne-Montrachet を表す下記の地図で②に該当する Grand Cru を1つ選べ。

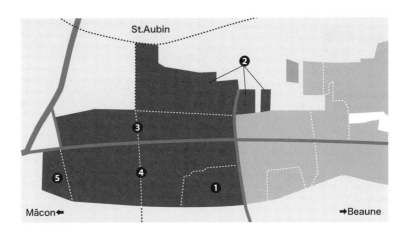

1. Montrachet　　2. Criots-Bâtard-Montrachet
3. Bienvenues-Bâtard-Montrachet　　4. Chevalier-Montrachet

---

51 上記の地図で Montrachet の位置を1つ選べ。

1. ①　　2. ③　　3. ④　　4. ⑤

---

52 Bourgogne 地方で Aligoté100％の A.O.C. ワインを1つ選べ。

1. Bouzeron　　2. Montagny　　3. Rully　　4. Mercurey

---

53 Bourgogne 地方 Mercurey はどこの生産地区に属する A.O.C. か、1つ選べ。

1. Mâconnais　　2. Beaujolais
3. Côte de Beaune　　4. Côte Chalonnaise

---

50 正解 4. Chevalier-Montrachet（シュヴァリエ・モンラッシェ／②）

解説 Puligny-Montrachet（ピュリニィ・モンラッシェ）とChassagne-Montrachet（シャサーニュ・モンラッシェ）の5つのGrand Cruの中で、Chevalier-Montrachetは最も標高が高いところにある。

51 正解 2. ③（Montrachet／モンラッシェ）

解説 1. ① ⇒ Bienvenues-Bâtard-Montrachet（ビアンヴニュ・バタール・モンラッシェ）

3. ④ ⇒ Bâtard-Montrachet（バタール・モンラッシェ）

4. ⑤ ⇒ Criots-Bâtard-Montrachet（クリオ・バタール・モンラッシェ）

52 正解 1. Bouzeron（ブーズロン）

解説 A.O.C. Bouzeronはブルゴーニュの村の中で唯一、Aligotéから造られるCôte Chalonnaise（コート・シャロネーズ）地区のA.O.C.ワイン。かつてはA.O.C. Bourgogne Aligoté de Bouzeron（ブルゴーニュ・アリゴテ・ド・ブーズロン）というレジョナルのA.O.C.ワインだった。

53 正解 4. Côte Chalonnaise（コート・シャロネーズ）

解説 Côte Chalonnaise地区は北から、Bouzeron、Rully（リュリー）、Mercurey（メルキュレ）、Givry（ジヴリ）、Montagny（モンタニィ）。Mercureyは赤、白ワインともに生産が可能。

54 Bourgogne地方Côte Chalonnaise地区で白ワインのみ生産が認められ
ているA.O.C.を1つ選べ。

1. Rully   2. Givry   3. Montagny   4. Pouilly-Fuissé

---

55 Bourgogne地方Beaujolais地区のCru du Beaujolaisにおいて、最も
北に位置するA.O.C.を1つ選べ。

1. Brouilly   2. Morgon
3. Saint-Amour   4. Moulin-à-Vent

---

56 Bourgogne地方においてChâteau de Vosne-Romanéeが所有する
[難] Monopoleを1つ選べ。

1. La Romanée   2. La Tâche
3. La Grande Rue   4. Clos de Issarts

---

57 Bourgogne地方＆Beaujolais地区で、赤・白ワインの生産が認めら
[難] れているA.O.C.を1つ選べ。

1. Volnay   2. Brouilly
3. Saint-Véran   4. Cote de Beaune

---

58 Bourgogne地方＆Beaujolais地区で、赤ワインのみ生産が認められ
[難] ているA.O.C.を1つ選べ。

1. Rully   2. Viré-Clessé
3. Morgon   4. Saint-Romain

---

59 Jura地方の説明として正しいものを1つ選べ。

1. フランス東部、ブルゴーニュの西側に位置するワイン産地
2. ワイン醸造学に大きな功績を遺したルイ・パストゥールの出身地
3. ClavelinとはJura地方特有の500mℓの瓶である
4. Crémant du Juraの瓶内熟成期間は最低15ヵ月である

---

54 正解 3. Montagny（モンタニー）

解説 A.O.C. Montagny は、Chardonnay 100％の白ワイン。Rully と Givry は赤、白ワイン、Pouilly-Fuissé（プイイ・フュイッセ）は Mâconnais（マコネ）地区の白ワイン。

55 正解 3. Saint-Amour（サン・タムール）

解説 1. Brouilly（ブルイィ）⇒ 最南・最大

2. Morgon（モルゴン）⇒ 花崗岩土壌

4. Moulin-à-Vent（ムーラン・ア・ヴァン）⇒ 標高が低い

56 正解 1. La Romanée（ラ・ロマネ）

解説 Monopole は単独所有畑のこと。

2. La Tâche（ラ・ターシュ）⇒ Domaine de la Romanée Conti（ドメーヌ・ド・ラ・ロマネ・コンティ）

3. La Grande Rue（ラ・グランド・リュ）⇒ Domaine François Lamarche（ドメーヌ・フランソワ・ラマルシュ）

4. Clos des Issarts（クロ・デ・ジサール）⇒ Domaine Faiveley（ドメーヌ・フェヴレ）

57 正解 4. Cote de Beaune（コート・ド・ボーヌ）

解説 Beaune 地区の赤・白ワイン

1. Volnay（ヴォルネイ）⇒ Beaune 地区の赤ワイン

2. Brouilly（ブルイィ）⇒ Beaujolais 地区の赤ワイン

3. Saint-Véran（サン・ヴェラン）⇒ Mâconnais 地区の白ワイン

58 正解 3. Morgon（モルゴン）

解説 Beaujolais 地区の赤ワイン。

1. Rully（リュリー）⇒ Côte Chalonnaise 地区の赤・白ワイン

2. Viré-Clessé（ヴィレ・クレッセ）⇒ Mâconnais 地区の白ワイン

4. Saint-Roman（サン・ロマン）⇒ Beaune 地区の赤・白ワイン

59 正解 2. ワイン醸造学に大きな功績を遺したルイ・パストゥールの出身地

解説 1. 西側 ⇒ 東側

3. ⇒ Clavelin（クラヴラン）とは Jura（ジュラ）地方特有の 620mℓ の瓶

4. ⇒ Crémant du Jura（クレマン・デュ・ジュラ）の瓶内熟成期間は最低 9 ヵ月、Tirage から出荷までは最低 12 ヵ月以上

60 Jura地方で、白ワイン、Vin Jaune、Vin de Pailleの生産が認められ
ているA.O.C.を1つ選べ。

1. Château-Chalon　　2. L'Etoile
3. Arbois　　4. Côtes du Jura

61 Jura地方のMacvin du Jura、V.D.L.の生産可能色を1つ選べ。

1. 白のみ　　2. 赤のみ　　3. 赤、白　　4. 白、赤、ロゼ

62 Vin Jauneが熟成する際に生じる、アーモンドなどのフレーバーの
芳香成分を1つ選べ。

1. ソトロン　　2. ルプリン　　3. ツヨン　　4. リグニン

63 Jura地方のVin Jauneの熟成で、産膜酵母下での最低熟成期間を1
つ選べ。

1. 36ヵ月　　2. 48ヵ月　　3. 60ヵ月　　4. 72ヵ月

64 Vin de Pailleに認められていないブドウ品種を1つ選べ。

1. Poulsard　　2. Savagnin
3. Altesse　　4. Trousseau

65 Jura地方のVin de Pailleの造り方において、ブドウを藁の上で、ま
たはスノコの上で、または吊り下げて乾燥させる際の最低期間を1
つ選べ。

1. 6週間　　2. 12週間　　3. 18週間　　4. 24週間

66 Savoie地方のA.O.C.ワイン、Vin de Savoie Crépyの主要ブドウ品
種を1つ選べ。

1. Aligoté　　2. Jacquère
3. Altesse　　4. Chasselas

60 【正解】 2. L'Etoile（レトワール）

【解説】 1. Château-Chalon（シャトー・シャロン）⇒ Vin Jaune（ヴァン・ジョーヌ）

3. Arbois（アルボワ）⇒ 赤、白、ロゼワイン、Vin Jaune、Vin de Paille（ヴァン・ド・パイユ）

4. Côtes du Jura ⇒ 赤、白、ロゼワイン、Vin Jaune、Vin de Paille

61 【正解】 4. 赤、ロゼ、白

【解説】 A.O.C. Macvin du Jura（マクヴァン・デュ・ジュラ）はV.D.L.の白、赤、ロゼワイン

62 【正解】 1. ソトロン

【解説】 ソトロンと呼ばれる芳香成分により、アーモンドやヘーゼルナッツ、キャラメル、シナモン、蜂蜜、それにカレーなど複雑なフレーバーが生じる。

63 【正解】 3. 60ヵ月

【解説】 Vin Jauneは、収穫翌年から6年目の12月15日までのうち、産膜酵母下で60ヵ月以上熟成。その間、Ouillage（ウイヤージュ／補酒）は禁止。

64 【正解】 3. Altesse（アルテス）

【解説】 Vin de Paille に認められているのは、Savagnin（サヴァニャン）、Chardonnay、Trousseau（トゥルソー）、Poulsard（プールサール）の4品種。

65 【正解】 1. 6週間

【解説】 乾燥させることの目的は自然な糖度のブドウを得ることで、クリスマスから2月末までの間に最低6週間乾燥させる。

66 【正解】 4. Chasselas（シャスラ）

【解説】 A.O.C. Vin de Savoie Crépy（クレピー）は、Chasselasを作付時も醸造時においても使用する。

67 フランスのA.O.C.ワインの産地で、生産量が第2位の地方を1つ選べ。

1. Provence 2. Vallée du Rhône
3. Sud-Ouest 4. Val de Loire

---

68 Vallée du Rhône地方の「仔羊または仔牛の肩肉の白ワイン煮込み」料理を1つ選べ。

1. Brandade de Morue 2. Cassoulet
3. Daube Avignonnaise 4. Ratatouille

---

69 下記のVallée du Rhône地方、北部Rhône地区の地図で⑧に該当するA.O.C.を1つ選べ。

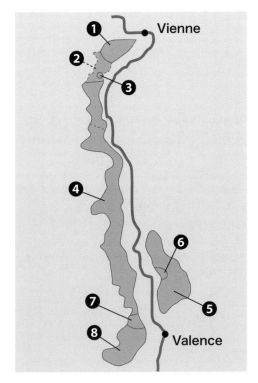

1. Crozes-Hermitage 2. Saint-Joseph
3. Château-Grillet 4. Saint-Péray

67 　【正解】　2．Vallée du Rhône（ヴァレ・デュ・ローヌ）

　【解説】　Vallée du Rhône 地方はフランスの A.O.C. ワインの産地として第2位の規模で、A.O.C. ワインに限っては生産量が約271万 h ℓ で Bordeaux（ボルドー）に次ぐ。

68 　【正解】　3．Daube Avignonnaise（ドーブ・アヴィニョネーズ）

　【解説】　アヴィニョン名物の煮込み料理。

1．Brandade de Morue（ブランダード・ド・モリュ）Languedoc-Roussillon 地方の鱈とジャガイモのピュレ

2．Cassoulet（カスレ）Languedoc-Roussillon 地方の白インゲン豆と肉の煮込み

4．Ratatouille（ラタトゥイユ）Provence 地方の野菜のトマト煮

69 　【正解】　4．Saint-Péray（サン・ペレイ／⑧）

　【解説】　A.O.C. Saint-Péray には、Roussanne（ルーサンヌ）、Marsanne（マルサンヌ）をどちらか単一、またはブレンドして造られる白ワインのほか、瓶内二次発酵による発泡性の白ワインがある。

1．Crozes-Hermitage（クローズ・エルミタージュ）⇒ ⑤

2．Saint-Joseph（サン・ジョセフ）⇒ ④

3．Château-Grillet（シャトー・グリエ）⇒ ③

70 問69の地図で②にあたる A.O.C. をカタカナで書け。

71 問69の地図で⑦にあたる A.O.C. をカタカナで書け。

72 Vallée du Rhône 地方の最北端に位置する A.O.C. を1つ選べ。

1. Hermitage　　2. Saint-Péray　　3. Côte-Rôtie　　4. Condrieu

73 Vallée du Rhône 地方において、赤ワイン、白ワイン、Vin de Paille の白ワインの生産が可能な A.O.C. を1つ選べ。

1. Crozes-Hermitage　　　2. Châteauneuf-du-Pape
3. Hermitage　　　4. Beaumes de Venise

74 Vallée du Rhône 地方の説明として正しいものを1つ選べ。

[難]

1. 1309年、法皇ヨハネス22世がアヴィニョンに座所を定める
2. A.O.C. ワインの生産量はフランス第3位である
3. ローヌ渓谷を北から南に吹き抜ける強風は Mistral と呼ばれている
4. 2010年の Cairanne、2016年の Rasteau など、Côtes du Rhône Villages から独立する A.O.C. が増えている

75 Vallée du Rhône 地方の A.O.C. の説明で正しいものを1つ選べ。

[難]

1. A.O.C. Châteauneuf-du-Pape は、赤、ロゼ、白ワインを造ることが認められている
2. A.O.C. Saint-Péray の主要ブドウ品種は Viognier である
3. A.O.C. Gigondas は、赤、ロゼ・白ワインを造ることが認められている
4. A.O.C. Côte-Rôtie は Syrah100％の赤ワインである

70 **正解** コンドリュー

解説 栽培面積は約200haで、狭いテラスに植えられたViognier（ヴィオニエ）のみからワインが醸造される。

71 **正解** コルナス

解説 Cornas（コルナス）で唯一認可されたブドウ品種はSyrah（シラー）のみであり、このテロワールでその力強さを最大限に表現している。

72 **正解** 3. Côte-Rôtie（コート・ロティ／問69の地図の①）

解説 A.O.C. Côte-Rôtieは、「焼け焦げた丘」の名にふさわしく、日当たりはすこぶる良い。主要品種はSyrahで、白ブドウのViognier（ヴィオニエ）の使用が混植混醸に限り20％まで認められている。

73 **正解** 3. Hermitage（エルミタージュ／問69の地図の⑥）

解説 A.O.C. Hermitageは、Syrahを主体とした赤ワイン、Roussanne、Marsanneを単一またはブレンドで用いた白ワインのほか、Vin de Paille としての甘口白ワインも造られている。

74 **正解** 3. ローヌ渓谷を北から南に吹き抜ける強風はMistral（ミストラル）と呼ばれている

解説 1. ヨハネス22世 ⇒ クレメンス5世
2. 第3位 ⇒ 第2位
4. 2010年のCairanne（ケランヌ）、2016年のRasteau（ラストー）⇒ 2010年のRasteau、2016年のCairanne

75 **正解** 3. A.O.C. Gigondas（ジゴンダス）は、赤、ロゼ・白ワインを造ることが認められている

解説 2023年3月31日の政令により、クレレット・ブランシュを主体（70％以上）とする白ワインもA.O.C. Gigondasとして認定された。
1. A.O.C. Châteauneuf-du-Papeは 赤、白ワイン
2. A.O.C. Saint-Péray は Roussanne と Marsanne を使用する白ワインと発泡性の白ワイン
4. A.O.C. Côte-Rôtie は Syrah（80％以上）主体の赤ワインである

76 Vallée du Rhône地方において、赤ワインだけを造ることが認められているA.O.C.を1つ選べ。

1. Cornas　　2. Cairanne
3. Costières de Nîmes　　4. Châtillon-en-Diois

---

77 Vallée du Rhône地方、南部Rhône地区の気候を1つ選べ。

1. 大陸性気候　　2. 地中海性気候
3. 火山性気候　　4. 海洋性気候

---

78 Vallée du Rhône地方のA.O.C. Vinsobresの主要ブドウ品種を1つ選べ。

1. Grenache　　2. Cinsault
3. Mourvèdre　　4. Carignan

---

79 Châteauneuf-du-Papeに認められているブドウ品種の数を色まで分けると何種か、1つ選べ。

1. 8　　2. 13　　3. 18　　4. 23

---

80 Vallée du Rhône地方、南部Rhône地区でRhône川右岸にあるA.O.C.を1つ選べ。

1. Beaumes de Venise　　2. Gigondas
3. Tavel　　4. Vinsobres

---

81 RatatouilleとBouillabaisseはフランスの何地方の料理か、1つ選べ。

1. Vallée du Rhône　　2. Alsace
3. Provence　　4. Jura-Savoie

---

76 正解 1. Cornas（コルナス）

解説 A.O.C. Cornasは Syrah100％の赤ワインだけが造られる。A.O.C. Cairanneは赤、白ワイン、A.O.C. Costières de Nîmes（コスティエール・ド・ニーム）と A.O.C. Châtillon-en-Diois（シャティヨン・アン・ディオア）は赤、ロゼ、白ワイン。

77 正解 2. 地中海性気候

解説 南部Rhône地区は地中海性気候の影響が強く、夏と冬は乾燥し、春と秋に雨が多い。

78 正解 1. Grenache（グルナッシュ）

解説 A.O.C. Vinsobresでは、Grenacheを主体（50％以上）にした赤ワインが造られる。

79 正解 3. 18（種）

解説 13品種（色まで分けると18種）が認められている。ちなみに、黒ブドウの Carignan、白ブドウの Marsanne と Viognierの使用は認められていない。

80 正解 3. Tavel（タヴェル）

解説 A.O.C. Tavelは Grenache主体のロゼワインのみの A.O.C.。Rhône川右岸。

81 正解 3. Provence（プロヴァンス）

解説 Ratatouille（ラタトゥイユ）は夏野菜のトマト煮、Bouillabaisse（ブイヤベース）は魚介類の寄せ鍋で、いずれも Provence地方の有名料理。

82 下記のProvence地方の地図で、Paletteに該当する位置を1つ選べ。

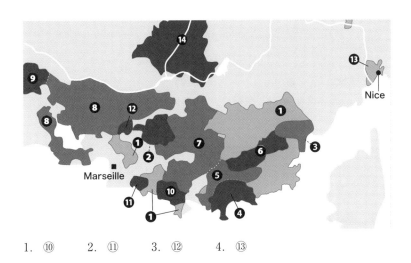

1. ⑩　　2. ⑪　　3. ⑫　　4. ⑬

---

83 問82のProvence地方の地図で、最西端の⑨に位置するA.O.Cを1つ選べ。

1. Les Baux de Provence　　2. Bellet
3. Côtes de Provence La Londe　　4. Pierrevert

---

84 問82の地図で⑩にあたるA.O.C.をカタカナで書け。

---

85 問82の地図で⑪にあたるA.O.C.をカタカナで書け。

---

86 A.O.C. Bandolの赤とロゼワインの主要ブドウ品種を1つ選べ。

1. Mourvèdre　　2. Grenache　　3. Cinsault　　4. Carignan

---

82 正解 3. ⑫ (Palette ／パレット)
解説 A.O.C. Palette は、栽培面積はわずか51ha、生産者も4軒しかない小さな A.O.C.。
1. ⑩ ⇒ Bandol (バンドール)
2. ⑪ ⇒ Cassis (カシス)
4. ⑬ ⇒ Bellet (ベレ)

83 正解 1. Les Baux de Provence (レ・ボー・ド・プロヴァンス／⑨)
解説 A.O.C. Les Baux de Provence は Provence 地方最西端の A.O.C. で、生産可能色は白、赤、ロゼワイン。
2. Bellet ⇒ ⑬／ニースの裏山にある。Provence 地方最東端
3. Côtes de Provence La Londe (コート・ド・プロヴァンス・ラ・ロンド) ⇒ ④／モール山塊の南西、地中海に面している
4. Pierrevert (ピエールヴェール) ⇒ ⑭／Provence 地方のブドウ栽培地としては最北

84 正解 バンドール
解説 Bandol は Provence 地方でも地中海沿岸に位置し、赤、ロゼ・白ワインが造られている。

85 正解 カシス
解説 Cassis (カシス) はマルセイユの東に位置し、白、赤、ロゼワインが造られている。

86 正解 1. Mourvèdre (ムールヴェードル)
解説 Bandol は Provence 地方でも地中海沿岸に位置している A.O.C.。特に赤ワインは木樽で18ヵ月以上熟成させる。白ワインは Clairette (クレレット) の比率が50〜95%となる。

87 A.O.C. Patrimonioの赤ワインの主要ブドウ品種を1つ選べ。

1. Barbarossa　　2. Nielluccio
3. Sciacarello　　4. Grenache Noir

---

88 ナポレオンの生誕地でもあるCorseのA.O.C.を1つ選べ。

1. Patrimonio　　2. Vin de Corse
3. Ajaccio　　4. Muscat du Cap Corse

---

89 A.O.C. Corseの白ワインの主要ブドウ品種を1つ選べ。

1. Vermentino　　2. Ugni Blanc
3. Clairette　　4. Grenache Blanc

---

90 城塞都市、Carcassonneのあるワイン産地を1つ選べ。

1. Languedoc　　2. Vallée du Rhône
3. Provence　　4. Sud-Ouest

---

91 CassouletとBrandade de Morueは何地方の料理か、1つ選べ。

1. Bourgogne　　2. Languedoc-Roussillon
3. Jura-Savoie　　4. Lorraine

---

92 Languedoc-Roussillon地方に吹く、乾いた冷たい風の名称を1つ選べ。

1. Tramontane　　2. Zonda
3. Mistral　　4. Cape Doctor

---

93 Hérault（エロー）県のA.O.C. Saint-Chinianの生産可能色を1つ選べ。

1. 白　　2. 赤　　3. 白、赤　　4. 白、赤、ロゼ

87 正解 2. Nielluccio（ニエルッチョ）
解説 A.O.C. Patrimonio（パトリモニオ）は、赤ワインは90％以上、ロゼワインは75％以上のNielluccioを使用。白ワインはVermentinoを100％使用。

88 正解 3. Ajaccio（アジャクシオ）
解説 A.O.C. Ajaccioは、赤とロゼワインはSciacarello（シャカレッロ／40％以上）が主要ブドウ品種。白ワインはVermentino（ヴェルメンティーノ）を80％以上使用する。

89 正解 1. Vermentino（ヴェルメンティーノ）
解説 A.O.C. Corse（コルス）は、Corse島を包括する地方名A.O.C.。白ワインはVermentinoを75％以上使用する。Ugni Blancは補助品種。

90 正解 1. Languedoc（ラングドック）
解説 Carcassonne（カルカッソンヌ）はLanguedoc地方のオード県に位置し、1997年「歴史的城塞都市カルカッソンヌ」としてユネスコの世界遺産に登録された。

91 正解 2. Languedoc-Roussillon（ラングドック・ルーション）
解説 Cassoulet（カスレ）は白インゲン豆と肉の煮込み、Brandade de Morue（ブランダード・ド・モリュ）は鱈とジャガイモのピュレ。

92 正解 1. Tramontane（トラモンタン）
解説 TramontaneはMistralに似ているが異なるルートをたどる。Tramontaneはピレネー山脈と中央山塊の間を通過する時に加速する。Mistralはアルプスと中央山塊の間のローヌ渓谷で加速し、時速100〜120km以上になる時もある。

93 正解 4. 白、赤、ロゼ
解説 1982年にV.D.Q.S.からA.O.C.に昇格し、2004年にA.O.C. Saint-Chinian Berlou（サン・シニアン・ベルルー）とA.O.C. Saint-Chinian Roquebrun（サン・シニアン・ロックブラン）が赤ワインのみの2つの地理的名称として認められた。

94 Languedoc-Roussillon地方で赤ワインのみ生産が認められている
A.O.C.を1つ選べ。

1. Minervois 2. Crémant de Limoux
3. Fitou 4. Corbières

95 A.O.C. Limoux Méthode Ancestraleのブドウ品種を1つ選べ。

1. Merlot 2. Chenin Blanc
3. Chardonnay 4. Mauzac

96 Maury V.D.N.において、白ブドウから造られるのは「Blanc」と何か、
[難] 1つ選べ。

1. Ambré 2. Tuilé 3. Rimage 4. Grenat

97 A.O.C. Banyulsと同じ地域で生産されるA.O.C.を1つ選べ。

1. Faugères 2. Minervois
3. Corbières 4. Collioure

98 Garonne地区のA.O.C. Frontonの主要ブドウ品種を1つ選べ。

1. Tannat 2. Négrette 3. Mauzac 4. Cot

99 ロット川流域地区のA.O.C. Cahorsの主要ブドウ品種Côtの最低使用
[難] 比率を1つ選べ。

1. 50% 2. 60% 3. 70% 4. 80%

100 赤・ロゼワインの主要品種がFer ServadouであるA.O.C.を1つ選べ。
[難]
1. Marcillac 2. Madiran
3. Monbazillac 4. Montravel

94 正解 3．Fitou（フィトゥー）

解説 A.O.C. Fitou は Languedoc で最南端の産地。Carignan、Grenache が主要品種。

1．Minervois（ミネルヴォワ）⇒ 赤、白、ロゼワイン

2．Crémant de Limoux（クレマン・ド・リムー）⇒ 白、ロゼワイン（いずれも発泡性）

4．Corbières（コルビエール）⇒ 赤、白、ロゼワイン

95 正解 4．Mauzac（モーザック）

解説 A.O.C. Limoux Méthode Ancestrale（リムー・メトード・アンセストラル）は、Mauzac 100％の弱発泡性ワイン。一方、瓶内二次発酵で造られる Crémant de Limoux の主要ブドウ品種は Chardonnay。

96 正解 1．Ambré（アンブレ）

解説 A.O.C. Maury V.D.N. には、主に白ブドウのみから造られる Ambré（アンブレ）と Blanc（ブラン）、黒ブドウから造られる Grenat（グルナ）と Tuilé（テュイレ）がある。

97 正解 4．Collioure（コリウール）

解説 A.O.C. Collioure は、Roussillon 地方の A.O.C. Banyuls（バニュルス）の認定地域で造られる、酒精強化されない白、赤、ロゼワイン。Faugères（フォジェール）、Minervois、Corbières はいずれも Languedoc 地方の A.O.C. ワイン。

98 正解 2．Négrette（ネグレット）

解説 Garonne（ガロンヌ）地区の Fronton（フロントン）は、Négrette を 50 〜 70％ の割合で使用することが義務付けられている。Négrette は、「マブロ」というギリシャ語で「黒」を意味する品種に由来している。

99 正解 3．70％

解説 A.O.C. Cahors は、主要ブドウ品種の Côt（コット）＝ Malbec（マルベック）が少なくとも 70％ を占める必要があるが、補助品種として Tannat（タナ）と Merlot の 2 つの品種も認定されている。

100 正解 1．Marcillac（マルシャック）

解説 A.O.C. Marcillac は主要品種である Fer Servadou（フェール・セルヴァドゥ）の単独、もしくはブレンドの場合でも Fer Servadou を 90％ 以上含むことが義務付けられている。

101 難 Sud-Ouest 地方において、Vendanges Tardives の生産が認められている A.O.C. を1つ選べ。

1. Buzet　　2. Bergerac　　3. Madiran　　4. Gaillac

---

102 Sud-Ouest 地方で甘口の白ワインが生産される A.O.C. を1つ選べ

1. Pacherenc du Vic-Bilh　　2. Gaillac Premières Côtes
3. Montravel　　4. Bergerac

---

103 Sud-Ouest 地方で赤ワインのみの生産が認められている A.O.C. を1つ選べ。

1. Madiran　　2. Bergerac　　3. Fronton　　4. Saint-Mont

---

104 難 Sud-Ouest 地方で甘口の白ワインが生産される A.O.C. を1つ選べ。

1. Bergerac　　2. Fronton　　3. Jurançon　　4. Marcillac

---

105 Sud-Ouest 地方ガスコーニュ＆バスク地区で、スペインに最も近い A.O.C. を1つ選べ。

1. Cahors　　2. Corrèze　　3. Irouléguy　　4. Gaillac

---

106 難 4世紀 Bordeaux 市の執政も務めたアウソニウスが Saint-Émilion に所有していたとされるブドウ畑を1つ選べ。

1. Château Pavie　　2. Château Angélus
3. Château Ausone　　4. Château Cheval Blanc

---

107 Bordeaux 地方「Saint-Émilion 管轄区」の名前でユネスコ世界遺産に登録された年を1つ選べ。

1. 1998年　　2. 1999年　　3. 2003年　　4. 2007年

101 正解 4. Gaillac（ガイヤック）

解説 A.O.C. Gaillacでは、Vendanges Tardivesの甘口の白ワインの他、赤ワインやロゼワイン、辛口〜甘口までの白ワイン、Méthode Ancestrale製法による発泡性の白ワインなど幅広いタイプのワインが造られている。

102 正解 1. Pacherenc du Vic-Bilh（パシュラン・デュ・ヴィク・ビル）

解説 ラベルに「Pacherenc du Vic-Bilh」と書かれている場合、それは必然的に甘口ワインであり、ワインが残糖4g／ℓ以下の辛口の場合は、sec（辛口）の表記が可能。

103 正解 1. Madiran（マディラン）

解説 A.O.C. MadiranはTannat（タナ）を50%以上用いる赤ワイン。同じ地域で生産されるワインでも、赤ワインならMadiran、白ワインならPacherenc du Vic-Bilhを名乗れる。

2. Bergerac ⇒ 赤、ロゼ、白ワイン

3. Fronton ⇒ 赤、ロゼワイン

4. Saint-Mont（サン・モン）⇒ 赤、ロゼ、白ワイン

104 正解 3. Jurançon（ジュランソン）

解説 A.O.C. Jurançonは、主要ブドウ品種がPetit Manseng（プティ・マンサン）、Gros Manseng（グロ・マンサン）のガスコーニュ＆バスク地区の甘口白ワイン。Jurançon sec（ジュラソン・セック）としての辛口白ワインもある。

105 正解 3. Irouléguy（イルレギー）

解説 A.O.C. Irouléguyは、ガスコーニュ＆バスク地区の生産可能色が赤、ロゼ、白ワイン。Cahorsはロット川流域地区、Gaillac（ガイヤック）はタルン川流域地区、Corrèze（コレーズ）はリムーザン地区。

106 正解 3. Château Ausone（シャトー・オーゾンヌ）

解説 作家でありワイン生産者でもあったアウソニウスの所有地には、現在Château Ausoneが所有している土地も含まれていたとされており、Château Ausoneの名前は彼に由来している。

107 正解 2. 1999年

解説 1999年、「Saint-Émilion（サン・テミリオン）管轄区」がユネスコの世界遺産に登録。2007年、Bordeaux市街区域が「月の港ボルドー」として世界遺産に登録される。

108　下記のBordeaux地方の地図でMargauxの位置を1つ選べ。

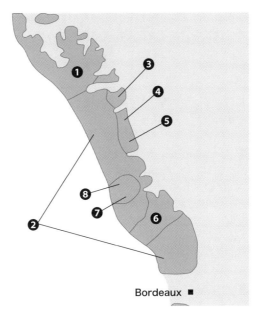

Bordeaux ■

1.　③　　　2.　④　　　3.　⑤　　　4.　⑥

109　上記の地図で①にあたるA.O.C.を1つ選べ。

1.　Moulis　　　2.　Médoc　　　3.　Listrac　　　4.　Haut-Médoc

---

110 必　1989年まで「Château Mouton Baronne Philippe」という名称だったシャトーを1つ選べ。

1.　Château Pontet-Canet　　　2.　Château Mouton-Rothschild
3.　Château d'Armailhac　　　4.　Château Haut-Brion

---

111 必　1855年のMédoc地区の格付けにおいて、1級と5級がなく、トータル11シャトーある村名を1つ選べ。

1.　Margaux　　　2.　Saint-Estèphe
3.　Pauillac　　　4.　Saint-Julien

---

108 正解 4. ⑥ (Margaux ／マルゴー)

解説 1. ③ ⇒ Saint-Estèphe (サン・テステフ)

2. ④ ⇒ Pauillac (ポイヤック)

3. ⑤ ⇒ Saint-Julien (サン・ジュリアン)

109 正解 2. Médoc (メドック／①)

解説 1. Moulis (ムーリス) ⇒ ⑦

3. Listrac (リストラック) ⇒ ⑧

4. Haut-Médoc (オー・メドック) ⇒ ②

110 正解 3. Château d'Armailhac (シャトー・ダルマイヤック)

解説 1989年にChâteau d'Armailhacに名称変更されたが、それ以前は1976年からChâteau Mouton Baronne Philippe (シャトー・ムートン・バロンヌ・フィリップ) の名だった。

111 正解 4. Saint-Julien (サン・ジュリアン)

解説 Saint-Julienは2級5シャトー、3級2シャトー、4級4シャトー。

112 必 1855年のMédoc地区の格付けにおいて、村名A.O.C.を名乗ることのできないものを1つ選べ。

1. Moulis   2. Ludon   3. Listrac   4. Saint-Estèphe

---

113 必 1855年のMédoc地区の格付けにおいて、Margaux 2級のシャトーを2つ選べ。

1. Château Ferrière   2. Château Lagrange
3. Château Rauzan-Gassies   4. Château Talbot
5. Château Lascombes   6. Château Pontet-Canet

---

114 必 1855年のMédoc地区の格付けにおいて、Margaux 3級のシャトーを2つ選べ。

1. Château Giscour   2. Château Lynch Bages
3. Château Calon Ségur   4. Château La Tour Carnet
5. Château Léoville Barton   6. Château Boyd Cantenac

---

115 必 1855年のMédoc地区の格付けにおいて、Saint-Julien 4級のシャトーを2つ選べ。

1. Château Montrose   2. Château Marquis de Terme
3. Château Cos-Labory   4. Château Saint-Pierre
5. Château Beychevelle   6. Château Haut-Batailley

---

116 必 1855年のMédoc地区の格付けにおいて、Margaux 4級のシャトーを2つ選べ。

1. Château Pédesclaux   2. Château Prieure-Lichine
3. Château d' Issan   4. Château Cos d' Estournel
5. Château Pouget   6. Château Langoa Barton

112 【正解】 2. Ludon（リュドン）
【解説】 コミューンがLudonのものとしてChâteau La Lagune（シャトー・ラ・ラギュンヌ／3級）があるが、表記はA.O.C. Haut-Médocとなる。

113 【正解】 3. Château Rauzan-Gassies（シャトー・ローザン・ガシー）と
5. Château Lascombes（シャトー・ラスコンブ）
【解説】 1. Château Ferrière（シャトー・フェリエール）⇒ Margaux 3級
2. Château Lagrange（シャトー・ラグランジュ）⇒ Saint-Julien 3級
4. Château Talbot（シャトー・タルボ）⇒ Saint-Julien 4級
6. Château Pontet-Canet（シャトー・ポンテ・カネ）⇒ Pauillac 5級

114 【正解】 1. Château Giscour（シャトー・ジスクール）と
6. Château Boyd Cantenac（シャトー・ボイド・カントナック）
【解説】 2. Château Lynch Bages（シャトー・ランシュ・バージュ）⇒ Pauillac 5級
3. Château Calon Ségur（シャトー・カロン・セギュール）⇒ Saint-Estèphe 3級
4. Château La Tour Carnet（シャトー・ラ・トゥール・カルネ）⇒ Haut-Médoc 4級
5. Château Léoville Barton（シャトー・レオヴィル・バルトン）⇒ Saint-Julien 2級

115 【正解】 4. Château Saint-Pierre（シャトー・サン・ピエール）と
5. Château Beychevelle（シャトー・ベイシュヴェル）
【解説】 1. Château Montrose（シャトー・モンローズ）⇒ Saint-Estèphe 2級
2. Château Marquis de Terme（シャトー・マルキ・ド・テルム）⇒ Margaux 4級
3. Château Cos-Labory（シャトー・コス・ラボリ）⇒ Saint-Estèphe 5級
6. Château Haut-Batailley（シャトー・オー・バタイエ）⇒ Pauillac 5級

116 【正解】 2. Château Prieure-Lichine（シャトー・プリューレ・リシーヌ）と
5. Château Pouget（シャトー・プージェ）
【解説】 1. Château Pédesclaux（シャトー・ペデスクロー）⇒ Pauillac 5級
3. Château d' Issan（シャトー・ディッサン）⇒ Margaux 3級
4. Château Cos d' Estournel（シャトー・コス・デストゥーネル）⇒ Saint-Estèphe 2級
6. Château Langoa Barton（シャトー・ランゴア・バルトン）⇒ Saint-Julien 3級

117 1987年、Graves地区から独立したA.O.C.を1つ選べ。

1. Listrac   2. Graves Supérieures
3. Pessac-Léognan   4. Moulis

---

118 Graves地区において白ワインのみの生産が認められているA.O.C.を1つ選べ。

1. Graves   2. Pessac-Léognan   3. Graves Supérieures

---

119 Graves地区で赤ワインのみが格付けされているシャトーを2つ選べ。

必

1. Château Bouscaut   2. Château de Fieuzal
3. Château Laville Haut-Brion   4. Château La Tour-Haut-Brion
5. Château Couhins   6. Château Carbonnieux

---

120 Graves地区で赤・白ワインが格付けされているシャトーを2つ選べ。

必

1. Château Olivier   2. Château Haut-Bailly
3. Domaine de Chevalier   4. Château Couhins-Lurton
5. Château Pape Clement   6. Château Smith Haut Lafitte

---

121 Graves地区の格付けでCommuneがPessacのシャトーを2つ選べ。

必 難

1. Château Olivier   2. Château Smith Haut Lafitte
3. Château Pape Clément   4. Château Carbonnieux
5. Château La Mission Haut-Brion   6. Château Haut-Brion

---

117 正解 3. Pessac-Léognan（ペサック・レオニャン）

解説 Graves（グラーヴ）地区で格付けされている生産者はすべて A.O.C. Pessac-Léognanに位置する。

118 正解 3. Graves Supérieures（グラーヴ・シュペリュール）

解説 Graves Supérieuresは白の甘口ワイン。GravesとPessac-Léognanは赤、白ワイン。

119 正解 2. Château de Fieuzal（シャトー・ド・フューザル）と

4. Château La Tour-Haut-Brionn（シャトー・ラ・トゥール・オーブリオン）

解説 1. Château Bouscaut（シャトー・ブスコー）⇒ 赤、白ワイン

3. Château Laville Haut-Brion（シャトー・ラヴィユ・オー・ブリオン）⇒ 白ワイン

5. Château Couhins（シャトー・クーアン）⇒ 白ワイン

6. Château Carbonnieux（シャトー・カルボニュー）⇒ 赤、白ワイン

120 正解 1. Château Olivier（シャトー・オリヴィエ）と

3. Domaine de Chevalier（ドメーヌ・ド・シュヴァリエ）

解説 2. Château Haut-Bailly（シャトー・オー・バイイ）⇒ 赤ワイン

4. Château Couhins-Lurton（シャトー・クーアン・リュルトン）⇒ 白ワイン

5. Château Pape Clement（シャトー・パプ・クレマン）⇒ 赤ワイン

6. Château Smith Haut Lafitte（シャトー・スミス・オー・ラフィット）⇒ 赤ワイン

121 正解 3. Château Pape Clémentと

6. Château Haut-Brion（シャトー・オーブリオン）

解説 1. Château Olivier ⇒ Léognan（レオニャン）

2. Château Smith Haut Lafitte ⇒ Martillac（マルティヤック）

4. Château Carbonnieux ⇒ Léognan

5. Château La Mission Haut-Brion（シャトー・ラ・ミッション・オーブリオン）⇒ Talence（タランス）

122

下記のSaint-Émilion・Pomerol・Fronsacの地図で①にあたるA.O.C.を
カタカナで書け。

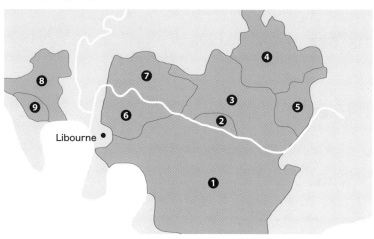

123

問122の地図で⑥にあたるA.O.C.をカタカナで書け。

124

問122の地図で④に該当するA.O.C.を1つ選べ。

1. Saint-Georges Saint-Émilion　　　2. Montagne Saint-Émilion
3. Lussac Saint- Émilion　　　4. Puisseguin Saint-Émilion

125

上記のSaint-Émilion・Pomerol・Fronsac地区の地図でFronsacの
位置を1つ選べ。

1. ⑥　　2. ⑦　　3. ⑧　　4. ⑨

122 正解 サン・テミリオン

解説 特にSaint-Émilion Grand Cru（サン・テミリオン・グラン・クリュ）はMerlotの豊かさが表れた素晴らしいワインで、通常はCabernet Sauvignonがブレンドされている。

123 正解 ポムロール

解説 聖ヨハネ騎士団がリブルヌ地域で初めて築いたテロワールで、今でも酸化鉄を含んだ砂利質の土壌が根強く残っている。

124 正解 3．Lussac Saint-Émilion（リュサック・サン・テミリオン／④）

解説 1．Saint-Georges Saint-Émilion（サン・ジョルジュ・サン・テミリオン）⇒ ②
2．Montagne Saint-Émilion（モンターニュ・サン・テミリオン）⇒ ③
4．Puisseguin Saint-Émilion（ピュイスガン・サン・テミリオン）⇒ ⑤

125 正解 3．⑧（Fronsac／フロンサック）

解説 1．⑥ ⇒ Pomerol（ポムロール）
2．⑦ ⇒ Lalande-de-Pomerol（ラランド・ド・ポムロール）
4．⑨ ⇒ Canon Fronsac（カノン・フロンサック）

126 2022年のSaint-Émilionの格付けで、新たにPremiers Grands Crus Classés「A」に入ったシャトーを1つ選べ。

1. Château Ausone
2. Château Angélus
3. Château Figeac
4. Château Bélair-Monange

127 必 難 2022年のSaint-Émilionの格付けにおいて、Premiers Grands Crus Classésに入っているシャトーを2つ選べ。

1. Château la Commanderie
2. Château Berliquet
3. Château Faugères
4. Château Canon
5. Château Troplong-Mondot
6. Château Mangot

128 Bordeaux地方で赤、白ワインともに生産が認められているA.O.C.を1つ選べ。

1. Blaye Côtes de Bordeaux
2. Castillon Côtes de Bordeaux
3. Cadillac Côtes de Bordeaux
4. Côtes de Blaye

129 Bordeaux地方で最も東に位置するA.O.C.を1つ選べ。

1. Sainte-Foy Côtes de Bordeaux
2. Graves de Vayres
3. Bordeaux Haut-Benauge
4. Entre-Deux-Mers

130 Bordeaux地方のSauternesとBarsacの間に流れる小川の名を1つ選べ。

1. ライン川
2. スラン川
3. セーヌ川
4. シロン川

131 Bordeaux地方の中で、残糖量の規定グラム量が最も多いA.O.C.を1つ選べ。

1. Loupiac
2. Cadillac
3. Sainte-Croix du Mont
4. Cérons

126 【正解】 3. Château Figeac（シャトー・フィジャック）

【解説】 Premiers Grands Crus Classes（プルミエ・グラン・クリュ・クラッセ）「A」にはChâteau Figeacが加わり、既存のChâteau Pavie（シャトー・パヴィ）と共に2シャトーとなる。Château Ausone（シャトー・オーゾンヌ）、Château Cheval Blanc（シャトー・シュヴァル・ブラン）、Château Angélus（シャトー・アンジェリュス）は離脱。

127 【正解】 4. Château Canon（シャトー・カノン）と
5. Château Troplong-Mondot（シャトー・トロロン・モンド）

【解説】 1. Château la Commanderie（シャトー・ラ・コマンドリー）
2. Château Berliquet（シャトー・ベルリケ）
3. Château Faugères（シャトー・フォジェール）
6. Château Mangot（シャトー・マンゴ）
はすべてGrands Crus Classés。

128 【正解】 1. Blaye Côtes de Bordeaux（ブライ・コート・ド・ボルドー）

【解説】 A.O.C. Castillon Côtes de Bordeaux（カスティヨン・コート・ド・ボルドー）とA.O.C. Cadillac Côtes de Bordeaux（カディヤック・コート・ド・ボルドー）は赤ワインのみ。A.O.C. Côtes de Blaye（コート・ド・ブライ）は白ワインのみ。

129 【正解】 1. Sainte-Foy Côtes de Bordeaux（サント・フォワ・コート・ド・ボルドー）

【解説】 A.O.C. Sainte-Foy Côtes de BordeauxはBordeaux地方の最東に位置し、赤、辛口〜甘口の白ワインを造る。Entre-Deux-Mers（アントル・ドゥ・メール）はGaronne川とDordogne（ドルドーニュ）川に挟まれている。

130 【正解】 4. シロン川

【解説】 シロン川と大きなガロンヌ川が合流し、水温の違いから霧が発生。ボトリティス・シネレア菌がブドウに付くことにより、貴腐ブドウができる。

131 【正解】 2. Cadillac（カディヤック）

【解説】 Cadillacは51g/ℓ以上、Loupiac（ルーピアック）、Sainte-Croix du Mont（サント・クロワ・デュ・モン）、Cérons（セロンス）はいずれも45g/ℓ以上。

132 下記のSauternes & Barsac地区の地図で③にあたるA.O.C.を1つ選べ。

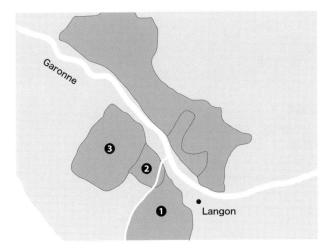

1. Cérons　　2. Barsac　　3. Sauternes

---

133 Sauternes & Barsac地区の格付けシャトーにおいて、Château d' Yquemの格付け名称に該当するものを1つ選べ。

1. Premier Cru　　2. Class Supérieur
3. Premier Cru Supérieur　　4. Cru Supérieur

---

134 Sauternes & Barsac地区のPremiers Crusの格付けシャトーで、Sauternes、Barsacの両A.O.C.を名乗れるものを1つ選べ。

1. Château Rieussec　　2. Château Coutet
3. Château Guiraud　　4. Château Suduiraut

---

135 1855年のSauternes & Barsac地区の格付けにおいて、Premiers Crusのシャトーを2つ選べ。

1. Château La Tour Blanche　　2. Château Filhot
3. Château Nairac　　4. Château Suau
5. Château Climens　　6. Château Romer du Hayot

---

132 [正解] 1. Cérons（セロンス）
[解説] 2. Barsac（バルザック）⇒ ②
3. Sauternes（ソーテルヌ）⇒ ①

133 [正解] 3. Premier Cru Supérieur（プルミエ・クリュ・シュペリュール）
[解説] 1855年、Medoc（メドック）地区の赤ワインの格付けとともに、Sauternes & Barsac地区の甘口ワインについても格付けが制定された。その中でChâteau d'Yquem（シャトー・ディケム）の格付けは最高位のPremier Cru Supérieur。

134 [正解] 2. Château Coutet（シャトー・クーテ）
[解説] Château CoutetはCommuneがBarsacだが、Barsac村のシャトーで造られた貴腐ワインは、A.O.C.としてはSauternes、Barsacの両A.O.C.を名乗ることができる。

135 [正解] 1. Château La Tour Blanche（シャトー・ラ・トゥール・ブランシュ）と5. Château Climens（シャトー・クリマン）
[解説] 2. Château Filhot（シャトー・フィロ）
3. Château Nairac（シャトー・ナイラック）
4. Château Suau（シャトー・スオ）
6. Château Romer du Hayot（シャトー・ロメール・デュ・アヨ）
はすべてDeuxièmes Crus（ドゥジエム・クリュ）。

136

必 難

1855年のSauternes & Barsac地区の格付けにおいて、Premiers Crusのシャトーを2つ選べ。

1. Château Romer　　2. Château Lafaurie Peyraguey
3. Château Sigalas Rabaud　　4. Château de Malle
5. Château Caillou　　6. Château Broustet

137

難

16世紀のVal de Loireにおいて、国王フランソワ1世に呼び寄せられた人物を1人選べ。

1. ギーズ公アンリ　　2. フランソワ・ラブレー
3. レオナルド・ダ・ヴィンチ　　4. ディアーヌ・ド・ポワティエ

138

Tarte Tatinはフランスのどこの地方料理か、1つ選べ。

1. Jura-Savoie　　2. Val de Loire
3. Languedoc　　4. Alsace

139

Val de Loire地方のワイン用ブドウ品種で「Chenin」の別名を1つ選べ。

1. Pineau de la Loire　　2. Breton
3. Arbois　　4. Melon de Bourgogne

140

Val de Loire地方Pays Nantais地区の気候を1つ選べ。

1. 大陸性気候　　2. 地中海性気候
3. 高山性気候　　4. 海洋性気候

141

Pays Nantais地区のA.O.C. Muscadet Sèvre et Maineで、7つの地理的表示として付記できないものを1つ選べ。

1. Le Pallet　　2. Brem　　3. Clisson　　4. Gorges

136 正解 2. Château Lafaurie Peyraguey（シャトー・ラフォリー・ペラゲ）
と3. Château Sigalas Rabaud（シャトー・シガラ・ラボー）
解説 1. Château Romer（シャトー・ロメール）
4. Château de Malle（シャトー・ド・マル）
5. Château Caillou（シャトー・カイユ）
6. Château Broustet（シャトー・ブルステ）
はすべて Deuxièmes Crus

137 正解 3. レオナルド・ダ・ヴィンチ
解説 アンボワーズはレオナルド・ダ・ヴィンチが最晩年を過ごした町とし
て知られており、アンボワーズ城から400メートルほど離れた場所には、レ
オナルド・ダ・ヴィンチ最後の家クロ・リュセ城が今も当時のままの姿で残
されている。

138 正解 2. Val de Loire（ロワール渓谷）
解説 Tarte Tatin（タルト・タタン）はリンゴのタルトで、Vouvray
Moelleux（ヴーヴレ・モワルー）などの甘口ワインを合わせるとよい。

139 正解 1. Pineau de la Loire（ピノー・ド・ラ・ロワール＝Chenin／シュ
ナン）
解説 2. Breton（ブルトン）= Cabernet Franc（カベルネ・フラン）
4. Melon de Bourgogne（ムロン・ド・ブルゴーニュ）= Muscadet

140 正解 4. 海洋性気候
解説 Pays Nantais（ペイ・ナンテ）地区は海洋性気候で、Loire川の河口に
近い Nantes（ナント）市を中心とする地区。

141 正解 2. Brem（ブレム）
解説 Clisson（クリソン）、Gorges（ゴルジュ）、Le Pallet（ル・パレ）など
の7つの地理的表示を、Muscadet Sèvre et Maine（ミュスカデ・セーヴル・エ・
メーヌ）に付記することが認められている。

142 Pays Nantais 地区の A.O.C. Gros Plant du Pays Nantais の主要ブドウ品種を1つ選べ。

1. Pineau de la Loire　　2. Melon de Bourgogne
3. Folle Blanche　　4. Sauvignon

143 Pays Nantais 地区の A.O.C. Fiefs Vendéens で、5つのエリアを代表する村名を地理的表示として付記できないものを1つ選べ。

1. Pissotte　　2. Clisson　　3. Mareuil　　4. Chantonnay

144 Anjou & Saumur 地区、特に東部の Saumur 地区における石灰岩の一種の炭酸塩堆積物を何というか、1つ選べ。

1. エノトリア・テルス　　2. メセタ
3. キンメリジャン　　4. トゥファ

145 〔難〕 Anjou & Saumur 地区で、残糖10g/ℓ 以上のやや甘口ワインの A.O.C. を1つ選べ。

1. Cabernet d'Anjou　　2. Rose d'Anjou
3. Rose de Loire　　4. Anjou Coteaux de la Loire

146 〔難〕 Val de Loire 地方において、Loire 川の右岸にある A.O.C. を1つ選べ。

1. Valençay　　2. Bonnezeaux
3. Fiefs Vendéens　　4. Saint Nicolas de Bourgueil

147 Touraine 地区の A.O.C. Vouvray の主要ブドウ品種を1つ選べ。

1. Melon de Bourgogne　　2. Sauvignon Blanc
3. Pineau de la loire　　4. Menu Pineau

142 正解 3. Folle Blanche（フォール・ブランシュ）
解説 A.O.C. Gros Plant du Pays Nantais（グロ・プラン・デュ・ペイ・ナンテ）はFolle Blanche（「Gros Plant（グロ・プラン）」と呼ばれる）を用いて、いきいきとしたワインを生み出す。

143 正解 2. Clisson（クリソン）
解説 Chantonnay（シャントネイ）、Brem（ブレム）、Mareuil（マルイユ）、Pissotte（ピソット）、Vix（ヴィックス）の5つの村名を地理的表示として付記することができる。

144 正解 4. トゥファ
解説 Saumur（ソミュール）地区の土壌は、おおむねパリ盆地由来の石灰岩の一種の炭酸塩堆積物トゥファ。場所により粘土石灰岩質の表土も見られる。

145 正解 1. Cabernet d'Anjou（カベルネ・ダンジュー）
解説 A.O.C. Cabernet d'Anjou は Cabernet Flanc、Cabernet Sauvignon を用いた残糖10g/ℓ以上のやや甘口ワインに認められる A.O.C.。

146 正解 4. Saint Nicolas de Bourgueil（サン・ニコラ・ド・ブルグイユ）
解説 Saint Nicolas de Bourgueil は Loire 川の右岸にあり、Cabernet Franc 単一、またはそれを主体とした赤・ロゼワインに認められた A.O.C.。

147 正解 3. Pineau de la loire（ピノー・ド・ラ・ロワール）＝ Chenin（シュナン）
解説 A.O.C. Vouvray（ヴーヴレ）は Pineau de la Loire で造られる辛口〜甘口の白ワイン。Loire 川の右岸に Vouvray、左岸に Montlouis-sur-Loire（モンルイ・シュール・ロワール）が位置する。

148 Centre Nivernais 地区に存在する A.O.C. を 1 つ選べ。

1. Pouilly-Fuissé　　2. Pouilly-Fumé
3. Pouilly-Loché　　4. Pouilly-Vinzelles

149 Centre Nivernais 地区の A.O.C. Pouilly-Fumé におけるキンメリジャンの粘土石灰岩土壌を何というか、1 つ選べ。

1. カイヨット　　2. シレックス
3. テール・ブランシュ　　4. シリカ

150 Centre Nivernais 地区の A.O.C. Sancerre の赤ワインの主要ブドウ品種を 1 つ選べ。

1. Gamay　　2. Cabernet Franc　　3. Grolleau　　4. Pinot Noir

151 Centre Nivernais 地区 Loire 川の右岸にある A.O.C. を 1 つ選べ。

1. Reuilly　　2. Quincy
3. Coteaux du Giennois　　4. Menetou-Salon

152 Centre Nivernais 地区において、Chasselas100％で造られる A.O.C. を 1 つ選べ。

1. Pouilly-sur-Loire　　2. Menetou-Salon
3. Reuilly　　4. Quincy

153 Vin de Primeur で赤ワインのみ生産可能な A.O.C. を 1 つ選べ。

1. Gaillac　　2. Touraine
3. Côte du Roussillon　　4. Anjou Gamay

148 正解 2. Pouilly-Fumé（プイイ・フュメ）
解説 Pouilly-Loché（プイイ・ロッシェ）、Pouilly-Vinzelles（プイイ・ヴァンゼル）、Pouilly-Fuisséはいずれも Mâconnais地区の A.O.C.。

149 正解 3. テール・ブランシュ
解説 A.O.C. Pouilly-Fuméのブドウ畑の大部分は、粘土石灰岩土壌のテール・ブランシュ（地元では「ホワイトランド」と呼ばれている）で覆われている。東側に隣接する石灰岩の堆積物のカイヨット、そしてカイヨットよりも大きい石灰岩の小石のバロワ石灰岩、さらにサンタンドランおよびトレーシーの丘の粘土のシレックスを合わせ、概ね4種のテロワールが存在する。

150 正解 4. Pinot Noir
解説 A.O.C. Sancerre（サンセール）は Sauvignon Blanc100％から造られる白ワインの生産が多いが、Pinot Noir100％の赤、ロゼワインも造られている。

151 正解 3. Coteaux du Giennois（コトー・デュ・ジェノワ）
解説 A.O.C. Coteaux du Giennoisは、Sauvignon Blanc100％で造られる白ワインと、Gamay と Pinot Noirのブレンドからなる赤、ロゼワインがある。

152 正解 1. Pouilly-sur-Loire（プイイ・シュール・ロワール）
解説 A.O.C. Pouilly-sur-Loireは Chasselas100％の白ワインのみ。
2. A.O.C. Menetou-Salon（ムヌトゥー・サロン）⇒ Pinot Noir100％の赤、ロゼワイン、Sauvignon Blanc100％の白ワイン
3. A.O.C. Reuilly（ルイイ）⇒ Pinot Noir100％の赤ワイン、Pinot Noir、Pinot Grisからのロゼワイン、Sauvignon Blanc100％の白ワイン
4. A.O.C. Quincy（カンシー）⇒ Sauvignon Blanc主体の白ワインのみ

153 正解 4. Anjou Gamay（アンジュー・ガメイ）
解説 1. Gaillac（ガイヤック）：白、赤ワイン
2. Touraine（トゥーレーヌ）：赤、ロゼワイン
3. Côte du Roussillon（コート・デュ・ルーション）：赤、白、ロゼワイン

154 V.D.N. Muscat de Beaumes de Veniseの生産可能色を1つ選べ。

1. 白　　2. 赤　　3. 白、赤　　4. 白、赤、ロゼ

---

155 難　V.D.N. Banyuls Grand CruのGrenache Noirの使用割合を1つ選べ。

1. 75%　　2. 85%　　3. 95%　　4. 100%

---

156 難　Banyuls Grand Cru Hors d'âgeの最低熟成期間を1つ選べ。

1. 5年　　2. 6年　　3. 7年　　4. 8年

---

157 難　Cognac地方で造られるPineau des Charentesの生産可能色を1つ選べ。

1. 白　　2. 赤、ロゼ　　3. 白、ロゼ　　4. 白、赤・ロゼ

154 正解 4.　白、赤、ロゼ

解説　A.O.C. Muscat de Beaumes de Venise（ミュスカ・ド・ボーム・ド・ヴニーズ）は、Rhône地方のV.D.N.。赤ワインは黒ブドウのみから、ロゼワインは黒ブドウと白ブドウを合わせてMacération（マセラシオン）する。

155 正解 1.　75%

解説　Banyuls Grand Cru（バニュルス・グラン・クリュ）は、Roussillon地方のV.D.N.。Grenache Noirを75%以上使用。木樽で30ヵ月以上熟成の義務。

156 正解 1.　5年

解説　Banyuls Grand Cru Hors d'âge（バニュルス・グラン・クリュ・オール・ダージュ）は最低でも収穫から5年後の9月1日まで熟成しなければならない。

157 正解 4.　白、赤・ロゼ

解説　Cognac（コニャック）地方で造られるPineau des Charentes（ピノー・デ・シャラント）は、生産色は白・赤・ロゼタイプのV.D.L.。

ブルガリア

1 ブルガリアの東部に位置しているのは何か、1つ選べ。

1. ルーマニア　　2. ギリシャ　　3. 黒海　　4. セルビア

---

2 Danube Plain P.G.I. と接する国を1つ選べ。

1. ギリシャ　　2. ルーマニア
3. トルコ　　4. マケドニア

---

3 1940年代、国営化を目的として組織された国営公団の名称を1つ選べ。

1. COMECON　　2. Vinimpex
3. VINPROM　　4. Starosel

---

4 カリフォルニア大学デイヴィス校のメイナード・アメリン教授の技術指導により、導入されたブドウ品種を1つ選べ。

1. Merlot　　2. Chardonnay
3. Syrah　　4. Cabernet Sauvignon

---

5 ブルガリアの Cabernet Sauvignon が、英国で一大ブームになった時期を1つ選べ。

難

1. 1960年代　　2. 1970年代
3. 1980年代　　4. 1990年代

---

6 ブルガリアのポピュラーな蒸溜酒を1つ選べ。

1. ラキア　　2. レチーナ　　3. ヴェルデア　　4. ディヴィン

1 　[正解]　3．黒海
　[解説]　ブルガリアは北緯41〜44度、ヨーロッパの南東部バルカン半島に位置し、北部はルーマニア、南部はギリシャ、トルコ、西部はセルビア、北マケドニア、東部は黒海に接している。

2 　[正解]　2．ルーマニア
　[解説]　Danube Plain（ドナウ平原）P.G.I.は、ドナウ川の南岸に広がるドナウ平原の中央から西にかけての地域であるため、ルーマニアと接している。

3 　[正解]　3．VINPROM（ヴィンプロム）
　[解説]　第2次世界大戦後、経済各分野の国営化が行われた。1940年代、国営公団VINPROMが設立され、栽培から醸造、輸出に至るまで管理するようになった。

4 　[正解]　2．Chardonnay
　[解説]　メイナード・アメリン教授の技術指導によりChardonnayが導入され、マロラクティック発酵やオーク樽を利用した生産が開始された。

5 　[正解]　3．1980年代
　[解説]　1980年代の西側への輸出の成功は、安価な品種のワイン、特にCabernet Sauvignonによって築かれた。その後旧ソ連のゴルバチョフ政権がアルコール規制政策を打ち出し、ワイン産業は大打撃を受ける。

6 　[正解]　1．ラキア
　[解説]　ラキア（RAKIYA）は発酵させた果物から造られる蒸溜酒。ブドウや梨などの果物が用いられ、アルコール度数は40％以上。
　2．レチーナ（Retsina）⇒ ギリシャ伝統の松脂入り白ワイン
　3．ヴェルデア（Verdea）⇒ ギリシャ、イオニア海ザキントス島の、酸が強く、シェリーのような酸化したフレーバーを持つ伝統的なワイン
　4．ディヴィン（Divin）⇒ モルドバ全域で許されているブランデー

7 果皮の色が紫のニュアンスのあるピンクがかった赤色で、他の白ブドウ品種とブレンドすることが多いブドウ品種を1つ選べ。

1. Gamza 2. Misket Cherven
3. Dimyat 4. Rubin

---

8 [難] ブルガリア全土、特に黒海地域だけでなくシュメン周辺でも栽培され、蒸留酒ラキアの材料としても使用される白ブドウ品種を1つ選べ。

1. Pamid 2. Dimyat 3. Mavrud 4. Tamyanka

---

9 [難] プロヴディフ周辺で栽培される、熟成向きでフルボディのワインとなる黒ブドウ品種を1つ選べ。

1. Gamza 2. Melnik 3. Pamid 4. Mavrud

---

10 [難] 地中海性気候の影響を受けて、高品質なワインを造る非常に質の高い黒ブドウ品種を1つ選べ。

1. Mavrud 2. Gamza 3. Melnik 4. Pamid

---

11 Rubinの交配の組合せを1つ選べ。

1. Syrah × Cabernet Sauvignon 2. Syrah × Nebbiolo
3. Malbec × Cabernet Sauvignon 4. Malbec × Nebbiolo

---

12 酸度が低いため早飲みタイプとなり、大量消費用のシンプルで軽い赤ワインが造られるブドウ品種を1つ選べ。

1. Pamid 2. Mavrud 3. Melnik 4. Gamza

---

7 正解 2．Misket Cherven（ミスケット・チェルヴェン）
解説 Misket ChervenはRed Misketともいう。「バラの谷（ローズ・ヴァレー）」で栽培されている。

8 正解 2．Dimyat（ディミャット）
解説 1．Pamid（パミッド）⇒ 黒ブドウ。大量消費用のシンプルで軽い赤のテーブルワインが造られる
3．Mavrud（マヴルッド）⇒ 黒ブドウ。名前はギリシャ語で"黒"を意味する「マブロ」に由来している。ブドウの果皮が青みがかった黒色であるためと考えられている
4．Tamyanka（タミャンカ）⇒ 高品質のワインを生産する希少なブドウ品種

9 正解 4．Mavrud（マヴルッド）
解説 Thracian Valley（トラキア・ヴァレー）のアセノフグラッドを中心とした地域で栽培される。Mavrudは十分なタンニンがあり、オーク樽で熟成するとワインは濃厚で強い風味を持つ熟成向きのワインとなる。

10 正解 3．Melnik（メルニック）
解説 正式呼称は「シロカ・メルニシュカ・ロザ」。非常に古い典型的なブルガリアの固有品種。Melnikは熟成によりなめし皮とタバコのニュアンスが感じられ、長塾型のワインとなる。

11 正解 2．Syrah（シラー）× Nebbiolo（ネッビオーロ）
解説 Rubin（ルビン）は1940年代に造られた赤ワイン用品種で、ブルガリア全国各地で栽培されている。Cabernet Sauvignon、あるいはMerlotとのブレンドによりさらに長期熟成型のワインになる。

12 正解 1．Pamid
解説 Pamidは酸度が低いため、早飲みタイプとなり熟成には適していない。生食も可能なブドウである。

13 東欧の他の国々では、「カダルカ」とも呼ばれる黒ブドウを1つ選べ。

1. Dimyat　　2. Gamza
3. Mavrud　　4. Misket Cherven

14 ブルガリアで栽培面積が最大のブドウ品種を1つ選べ。

1. Cabernet Sauvignon　　2. Misket Cherven
3. Merlot　　4. Chardonnay

15 次の中から地理的表示保護ワインP.G.I.産地を1つ選べ。

1. Black Sea　　2. Struma Valley　　3. Thracian Valley

16 Danube Plainの気候を1つ選べ。

1. 地中海性気候　　2. 山地気候
3. 大陸性気候　　4. 海洋性気候

17 温かく乾燥した穏やかな秋が長く続き、ブドウの糖度がゆっくりと上がるため、白ブドウ品種に定評がある産地を1つ選べ。

1. Thracian　　2. Danube Plain
3. Black Sea　　4. Struma Valley

18 地元の固有品種Mavrudが有名な産地を1つ選べ。

1. Thracian Valley　　2. Struma Valley
3. Danube Plain　　4. Black Sea

19 Struma Valleyで最も典型的な固有品種を1つ選べ。

1. Melnik　　2. Gamza
3. Mavrud　　4. Rubin

13 〔正解〕 2. Gamza（ガムザ）
〔解説〕 主に北西部で主に栽培され、晩生品種であるため9月末または10月初めに成熟する。
1. Dimyat ⇒ 白ブドウ
3. Mavrud ⇒ 黒ブドウ
4. Misket Cherven ⇒ 白ブドウ

14 〔正解〕 3. Merlot
〔解説〕 Merlotは白ブドウ品種も含めて全体で1位となっている。

15 〔正解〕 3. Thracian Valley（トラキア・ヴァレー）
〔解説〕 P.D.O.は52の生産地、P.G.I.はDanube Plain（ドナウ平原）とThracian Valleyの2つが登録されている。

16 〔正解〕 3. 大陸性気候
〔解説〕 Danube Plain（ドナウ平原）のワイン産地の気候は温暖な大陸性気候で、夏は暑く晴天の日が多くなり、秋は乾燥して、冬は非常に寒くなるのが特徴。

17 〔正解〕 3. Black Sea（黒海沿岸）
〔解説〕 黒海沿岸は国内外の観光客にとって非常に人気のある観光地となっている。

18 〔正解〕 1. Thracian Valley（トラキア・ヴァレー）
〔解説〕 ブルガリアの南半分を占めるP.G.I.。国内のほとんどの黒ブドウ品種がこの地域に集中しているため、赤ワイン用品種の生産地として定評がある。Mavrudは主にブルガリアの南部プロヴディフなどの地域に分布している。

19 〔正解〕 1. Melnik（メルニック）
〔解説〕 Struma Valley（ストルマ・ヴァレー）の黒ブドウ品種の中で主に栽培されているのはMelnikで、別名としてシロカ・メルニシュ・ロザとも呼ばれる。

25

ポルトガル

1
[難]

下記のポルトガルの地図において、⑤の地域名称をカタカナで書け。

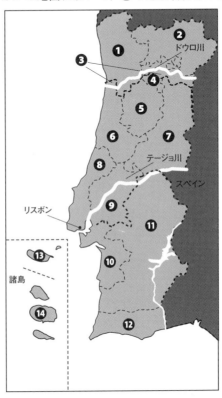

2

問1のポルトガルの地図において、⑪の地域名称をカタカナで書け。

3
[難]

ポルトガルにおける世界最大のコルクメーカーの名称を1つ選べ。

1. リヴァー・サン・ナーサリー社　　2. アモリン社
3. コンステレーション社　　4. モンタナ社

1 正解 テラス・ド・ダン

解説 主要なD.O.C.として、Dão（ダン）とLafões（ラフォインス）がある。

2 正解 アレンテジャーノ

解説 主要なD.O.C.として、Alentejo（アレンテージョ）がある。

3 正解 2．アモリン（Amorim）社

解説 森林はポルトガルの主要な天然資源であり、なかでもコルクは主要な生産品目で、ポルトガルは世界のコルクの半分を生産している。アモリン社は世界最大のコルク製造会社で、グループ企業として全大陸100ヵ国以上で事業を展開している。

4 ポルトガルの1人あたりの米の消費量は欧州で何位か、1つ選べ。

1. 1位　　　2. 2位　　　3. 3位　　　4. 4位

---

5 ポルトガルは何半島に位置するか、1つ選べ。

1. バルカン半島　　　2. クリミア半島
3. イベリア半島　　　4. ソマリア半島

---

6 1143年、ポルトガル王国が誕生するにあたって結ばれた条約を1つ選べ。
〔難〕

1. ヴェルサイユ条約　　　2. シェンゲン条約
3. メシュエン条約　　　4. サモラ条約

---

7 1498年、ポルトガルとインドを結ぶインド航路を発見した人物を1人選べ

1. アントニオ・サラザール　　　2. ヴァスコ・ダ・ガマ
3. コロンブス　　　4. エンリケ航海王子

---

8 1703年、ポルトガルがメシュエン条約を締結した国を1つ選べ。

1. ギリシャ　　　2. スペイン　　　3. ドイツ　　　4. イギリス

---

9 2020年、Portoに造られた文化施設を1人選べ。
〔難〕

1. World of Wine　　　2. La Cité du Vin
3. Wine's World　　　4. Brexit

---

10 ポルトガルの固有品種の数を1つ選べ。

1. 150種以上　　　2. 200種以上
3. 250種以上　　　4. 300種以上

---

4 正解 1. 1位

解説 ポルトガルの1人当たりの米の消費量は欧州1位。主要産業は機械、衣類、履物、コルクなどの製造業。大西洋の海の幸に恵まれたポルトガルでは、料理の素材に魚介類が多く使われ、日本人と同じくイワシやタコを好んで食べる食文化がある。

5 正解 3. イベリア半島

解説 ヨーロッパのイベリア半島南西部に位置するポルトガルは、東と北の国境をスペインと接し、西と南は大西洋に面した海岸線が広がる欧州最西端の国。

6 正解 4. サモラ条約

解説 1143年、ポルトガルの初代国王アフォンソ・エンリケスとレオン＝カスティーリャのアルフォンス7世が合意したサモラ条約により、ポルトガルが独立王国として承認される。

7 正解 2. ヴァスコ・ダ・ガマ

解説 1498年、ヴァスコ・ダ・ガマはインドへの海上ルートを発見し、このインド航路の開拓によって、ポルトガル海上帝国の基礎が築かれる。

8 正解 4. イギリス

解説 1703年、イギリスとポルトガルの間で締結されたメシュエン条約は、イギリスで特にフランスからのワインを犠牲にして、ポルトガルワインの輸入を奨励した。

9 正解 1. World of Wine（ワールド・オブ・ワイン）

解説 2020年にオープンしたWorld of Wine（通称WOW）は、ポルトガルのワイン産地ドウロの中心に位置し、ワインやチョコレート、コルクのミュージアム、ワインスクール、レストランなどから構成され、ポルトガルの歴史・カルチャーを体験できる複合施設。

10 正解 3. 250種以上

解説 ポルトガルでは自生するブドウ品種が250種以上と非常に多く、個性的で多様なワインが造られている。またそのほとんどはポルトガルにしか存在しない。

11 難 ポルトガルの白ブドウの中で、特にオークとの相性が良い品種を1つ選べ。

1. Arinto　　2. Loureiro　　3. Encruzado　　4. Alvarinho

---

12 ポルトガルで栽培面積が最大の黒ブドウ品種を1つ選べ。

1. Touriga Nacional　　2. Touriga Franca
3. Trincadeira　　4. Tinta Roriz

---

13 Portoが世界でいち早く原産地呼称制度を導入した年を1つ選べ。

1. 1756年　　2. 1856年　　3. 1934年　　4. 1986年

---

14 ポルトガルのVinho Regional (V.R.) の数を1つ選べ。

1. 10　　2. 14　　3. 22　　4. 31

---

15 ポルトガル大陸の最北端に位置し、緑豊かな産地を1つ選べ。

1. Minho　　2. Transmontano
3. Duriense　　4. Lisboa

---

16 主にMonção e Melgaçoで栽培されていて、瓶内熟成に大きな可能性を秘めている白ブドウ品種を1つ選べ。

1. Alvarinho　　2. Arinto　　3. Azal　　4. Loureiro

---

17 Vinho Verdeのブドウの仕立てにおいて、伝統的に木に蔓を絡ませる方法を何というか1つ選べ。

1. Ramadas　　2. Arjoes　　3. Enforcado

---

18 「山の後ろ」という地名が示すように、Porto周辺の沿岸地域と内陸部などを隔てている産地名を1つ選べ。

1. Transmontano　　2. Tejo　　3. Minho　　4. Duriense

11 　正解　 3. Encruzado（エンクルザード）
　解説　 Encruzadoは主にDão（ダン）地方で栽培されており、高い品質と樽熟成能力があり、ブルゴーニュの白ワインに似た味わいと言われている。

12 　正解　 4. Tinta Roriz（ティンタ・ロリス）
　解説　 Tinta RorizはスペインのTempranillo（テンプラニーリョ）と同じ品種で、Alentejo（アレンテージョ）ではAragonez（アラゴネス）とも呼ばれる。

13 　正解　 1. 1756年
　解説　 1756年、マルケス・デ・ポンバルはPorto（ポルト）のブドウ畑の地理的境界を制定し、ワイン生産の基準を確立することで原産地呼称制度の概念の先駆者となった。

14 　正解　 2. 14
　解説　 V.R.(Vinho Regional／ヴィーニョ・レジョナル／地理的表示保護)は、14に分けられている地方。一方、D.O.C.（原産地呼称保護）は、31の産地が認められている。

15 　正解　 1. Minho（ミーニョ）
　解説　 MinhoはD.O.C. Vinho Verde（ヴィーニョ・ヴェルデ）と同じ地域を網羅するポルトガルのワイン産地。Monção & Melgaço（モンサォン・イ・メルガッソ）などの9つのサブ・リージョンがある。

16 　正解　 1. Alvarinho（アルバリーニョ）
　解説　 AlvarinhoはVinho Verdeの北部に位置するミーニョ川沿いで多く栽培されており、北部のMonção e Melgaçoはその栽培の中心的存在である。他のVinho Verdeの地域に比べ、アルコール度数の高いリッチなワインが造られる。

17 　正解　 3. Enforcado（エンフォルカード）
　解説　 木に蔓を絡ませるEnforcado、6〜8mの高さまでワイヤーを張り木を絡ませるArjoes（アルジョス）、花崗岩でできた支柱に木を絡ませるRamads（ラマダス）という仕立て方がある。

18 　正解　 1. Transmontano（トランスモンターノ）
　解説　 Transmontanoは北端と東端がスペインとの国境に接している産地。地域名のTrás-os-Montes（トラス・オス・モンテス）は「山の後ろ」を意味する。

19 D.O.C. Douroが属する地方を1つ選べ。

1. Duriense　　2. Terras de Cister
3. Minho　　4. Transmontano

---

20 下記のドウロの地図において、Cima Corgoの位置を1つ選べ。

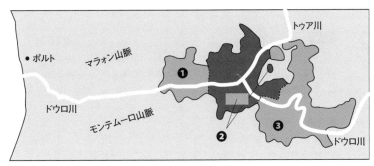

1. ①　　2. ②　　3. ③

---

21 Portoの畑を土壌・気候条件・品種などによって、6段階に区分けした畑の格付けの名称を1つ選べ。

1. Galestro　　2. Torresmos　　3. Cadastro　　4. Bolas

---

22 Port Wineを造る過程で、発酵を止める際に添加するグレープ・スピリッツのアルコール度数を1つ選べ。

1. 96度　　2. 86度　　3. 77度　　4. 65度

---

23 次のPort Wineの記述に該当するものを1つ選べ。

「ルビータイプで、Vintage Portに次ぐ良質のPort Wine」

1. Crusted Port　　2. Tawny with an Indication of Age
3. Colheita　　4. Late Bottled Vintage Port

---

19 正解 1. Duriense (ドゥリエンセ)

解説 D.O.C. Douro (ドウロ) のブドウ栽培地域は D.O.C. Porto と同じ。ドウロは Baixo Corgo、Cima Corgo、Douro Superior の3つの地域に分けられる。

20 正解 2. ②

解説 Cima Corgo (シマ・コルゴ) は Douro (ドウロ) の中心地として知られており、高品質のワインが多く造られている。
①が Baixo Corgo (バイショ・コルゴ)
③が Douro Superior (ドウロ・スーペリオール)

21 正解 3. Cadastro (カダストロ)

解説 Porto の畑は Cadastro と呼ばれる畑の格付けがなされている。地域と結びついた土壌、気候条件、品種、栽培条件などいくつかのカテゴリーでポイントによる評価がされ、A～F の6段階の格付けが与えられる。

22 正解 3. 77度

解説 Port Wine の製法は、ブドウが完全に醗酵してしまう前に、アルコール度数77度のグレープ・スピリッツを添加し、強制的に酵母の働きを止める。その結果ブドウの甘味が残り、アルコール度数の高いワインが生まれる。

23 正解 4. Late Bottled Vintage Port (レイト・ボトルド・ヴィンテージ・ポルト／ L.B.V.)

解説 L.B.V. の瓶詰め時期は、収穫から4年目の7月から6年目の年末まで。
1. Crusted Port は、濾過せずに瓶詰めする若くて珍しいスタイルのポルトワインで、時間の経過とともに瓶の中に沈殿物 (クラスト) が形成される。販売までに少なくとも3年間熟成させる必要がある。
2. Tawny with an Indication of Age (熟成年数表記トウニー・ポルト) ⇒ 10年、20年、30年、40年 (年数は平均) ものがある。樽熟年数の表示とともに瓶詰めの日付も記載する

24 次のPort Wineの記述に該当するものを1つ選べ。

「少なくとも7年間熟成される単一ヴィンテージの黄褐色のPort Wine」

1. Late Bottled Vintage Port　　2. Colheita
3. Tawny with an Indication of Age　　4. Vintage Port

---

25 Light Dry White Portの最低アルコール度数を1つ選べ。

1. 16.5度　　2. 17.5度　　3. 18.5度　　4. 19.5度

---

26 ポルトガルの菓子でカステラの元祖とされるものを1つ選べ。

1. Bolas　　2. Torresmos　　3. Basulaque　　4. Pão-de-ló

---

27 1989年、スパークリングワインの産地としてポルトガルで初めて認定されたD.O.C.を1つ選べ。

1. Bairrada　　2. Dão
3. Beira Interior　　4. Távora-Varosa

---

28 Viseuを中心とし、生産量の8割が赤ワインであるD.O.C.を1つ選べ。

難

1. Bairrada　　2. Távora-Varosa　　3. Dão　　4. Lafões

---

29 中部地方、D.O.C. Bairradaで主に栽培されているブドウ品種を1つ選べ。

1. Baga　　2. Encruzado　　3. Touriga Nacional　　4. Bical

---

30 ポルトガルで最も多くのD.O.C.を有している産地を1つ選べ。

1. Tejo　　2. Terras de Cister
3. Terras do Dão　　4. Lisboa

24 　正解　 2．Colheita（コリェイタ）

　解説　 Colheitaは収穫から3年目の7月から年末の間に、I.V.D.P.（ドウロ＆ポルトワイン・インスティテュート）に申請し承認を得る必要がある。瓶詰めは収穫の7年後から行い、収穫年と瓶詰めの年を表示する。

4．Vintage Port（ヴィンテージ・ポルト）⇒ その年に収穫された特に優れたブドウから造られる

25 　正解　 1．16.5度

　解説　 Port Wineのアルコール度数は19〜22度であるが、例外としてLight Dry White Portのみ最低16.5度まで認められている。

26 　正解　 4．Pão-de-ló（パォン・デ・ロー）

　解説　 Pão-de-lóはポルトガルの伝統的なお菓子の一つ。

27 　正解　 4．Távora-Varosa（タヴォラ・ヴァローザ）

　解説　 Távora-Varosaの冷涼な気候はスパークリングワイン造りに適していて、1989年、ポルトガルで初めてスパークリングワインの産地として認定された地域である。

28 　正解　 3．Dão（ダン）

　解説　 Dãoは、Viseu（ヴィセウ）を中心とし、20,000haのブドウ畑を有し、赤ワインが8割を占める。Touriga Naciona（トゥリガ・ナショナル）から造られる赤ワインは、非常に評価が高いものとなっており、色が濃くタンニンが充実し重厚な風味となる。

29 　正解　 1．Baga（バガ）

　解説　 小粒で酸味の強いBagaは、Pinot NoirやNebbioloと比較されることもあり、鮮やかなロゼやフルボディでタンニンの多い赤ワインを生み出す。

30 　正解　 4．Lisboa（リスボン）

　解説　 世界遺産を数多く有する世界的観光地であるLisboa。一大ワイン産地でもあり、9つのD.O.C.で構成される。

31　Lisboaの有名なエッグタルトを1つ選べ。

1. Pastéis de Belém　　2. Brisas do Lis
3. Nozes de Cascais　　4. Pastéis de Feijão

32　ブドウを果皮とともに醸造して造るマスカットの酒精強化ワインを産出するD.O.C.を1つ選べ。

1. Palmela　　2. Setúbal　　3. Alentejo　　4. Colares

33　D.O.C. Alentejoにおいて、2000年以上前から粘土のアンフォラによる醸造が行われ、その規定を満たしたワインが名乗れる名称を1つ選べ。

〔難〕

1. Lavadas　　2. Vinho de Talha
3. Medieval de Ourem　　4. Barca Velha

34　D.O.C. Lagos、Lagoaなどが属する産地を1つ選べ。

〔難〕

1. Alentejano　　2. Tejo
3. Algarve　　4. Península de Setúbal

35　次のMadeiraの記述に該当する白ブドウ品種を1つ選べ。

「比較的冷涼な気候の地域で栽培され、酸味が強く辛口タイプのワインが造られる」

1. Verdelho　　2. Boal　　3. Malvasia　　4. Sercial

36　次のMadeiraの記述に該当する黒ブドウ品種を1つ選べ。

「辛口から甘口まで幅広い味わいがあり、Madeiraで最も多く造られる」

1. Terrantez　　2. Boal
3. Tinta Negra　　4. Malvasia

---

31 正解 1．Pastéis de Belém（パスティス・デ・ベレン）
解説 1834年にポルトガルのすべての修道院が閉鎖され、聖職者と労働者が追放された。生き残るために修道院は、甘いペストリー「Pastéis de Belém」を販売したのが商品の由来。

32 正解 2．Setúbal（セトゥーバル）
解説 D.O.C. Setúbalは酒精強化ワインの産地で、主にMoscatel de Setúbal（モスカテル・デ・セトゥーバル）が主原料。ブレンドの際Moscatelを85％以上使用する場合、「Moscatel de Setúbal」の表示ができる。

33 正解 2．Vinho de Talha（ヴィーニョ・デ・ターリャ）
解説 アンフォラのワイン造りの本質は、2000年以上もの間ほとんど変わっていない。一般的には事前に粉砕されたブドウを粘土の瓶に入れ自然に発酵させる。

34 正解 3．Algarve（アルガルヴェ）
解説 Algarveには、Lagos（ラゴス）、Lagoa（ラゴア）、Portimão（ポルティマン）、Tavira（タヴィラ）の4つのD.O.C. が属する。かつてキリスト教徒はAlgarve征服後、イスラム教徒が残した経済組織などを利用した。

35 正解 4．Sercial（セルシアル）
解説 1．Verdelho（ヴェルデーリョ）⇒ 涼しい北部地域で栽培され、中辛口タイプとなる
2．Boal（ボアル）⇒ 暖かい南部地域で栽培され、中甘口タイプとなる
3．Malvasia（マルヴァジア）⇒ 海岸沿いの暑い地域で栽培され、甘口タイプとなる

36 正解 3．Tinta Negra（ティンタ・ネグラ）
解説 Tinta Negraはドライ、オフドライ、セミスイート、スイートのワインを生産しており、総生産量の80 ～ 85％を占めている。Terrantez（テランテス）は、希少なブドウ品種とみなされているため、「神が造ったワインのため、Terrantezのブドウは食べることも与えることもしない！」という有名な格言がある。

37 Madeira ワインを造る過程で、発酵を止める際に添加するグレープ・スピリッツのアルコール度数を1つ選べ。

1. 65度　　　2. 77度　　　3. 86度　　　4. 96度

38 太陽熱を使う Madeira の天然の加熱熟成法を1つ選べ。

1. Estufa　　2. Garrafeira　　3. Canteiro　　4. Frasqueira

39 Madeira で品種名を表示する場合、当該品種の使用が最低何%必要か、1つ選べ。

1. 75%　　　2. 85%　　　3. 95%　　　4. 100%

40 Madeira の Frasqueira の最低樽熟成年数を1つ選べ。

1. 12年　　　2. 15年　　　3. 20年　　　4. 30年

41 Lisboa から西へはるか1,500kmの大西洋上に浮かぶ9つの島々からなる地域を1つ選べ。

1. Açores　　2. Alentejano
3. Península de Setúbal　　4. Algarve

42 Açores 地方 Pico 島において、強い潮風からブドウ樹を守るための、溶岩石を積んで造る小さな石垣の名称を1つ選べ。

1. Levadas　　2. Currais　　3. Poios　　4. Lajido

43 Açores 地方 Pico 島で生産される中辛口の酒精強化ワインを1つ選べ。

1. Lajido　　2. Currais　　3. Lapas　　4. Torresmos

37 【正解】 4．96度

〔解説〕 添加するグレープ・スピリッツはアルコール度数96度と、Portの77度よりもさらに強い。できあがりのワインのアルコール度数は17〜22度と決められている。

38 【正解】 3．Canteiro（カンテイロ）

〔解説〕 Canteiroは、太陽熱を利用した天然の加熱熟成法。一方、Estufa（エストゥファ）は、タンク内で人口的にワインを加熱する方法。

39 【正解】 2．85%

〔解説〕 品種名表示の場合は表示品種を85%以上使用している必要がある。

40 【正解】 3．20年

〔解説〕 Frasqueira（フラスケイラ）は、表示品種を100％使用する、単一品種、単一収穫年のヴィンテージワイン。

41 【正解】 1．Açores（アソーレス）

〔解説〕 Açores諸島は9つの群島からなり、そのうち3つの島で生産されるワインはD.O.C. 認定されている。

42 【正解】 2．Currais（クライス）

〔解説〕 Levadas（レヴァダス）は灌漑用水路、Poios（ポイオス）は石垣で形成されたテラス式の畑。

43 【正解】 1．Lajido（ラジド）

〔解説〕 Lajidoはかつてヨーロッパとアメリカの多くの国に輸出され、ロシア皇室のテーブルにも届けられたと言われる。

26

南アフリカ

1 下記の南アフリカの地図で⑬が示す地域を1つ選べ。

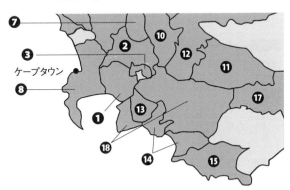

1. Walker Bay 　　 2. Elgin
3. Cape Angulhas 　　 4. Stellenbosch

---

2 上記の地図でPaarlの位置を1つ選べ。

1. ② 　　 2. ⑩ 　　 3. ⑪ 　　 4. ⑫

---

3 2018年、高樹齢の畑を保護する目的で、樹齢35年以上の認定ブドウ畑から造られるワインに、世界初となる植樹年を記したシールの運用を開始した活動の名称を1つ選べ。

1. IPW 　　 2. OVP 　　 3. BWI 　　 4. SIP

---

4 21世紀初期、10年以上にわたって古木のブドウ樹の調査を進めてきた人物を1人選べ。

1. Jan van Riebeeck 　　 2. Abraham Perold
3. Rosa Kruger 　　 4. Simon van del Stel

1 　正解　2. Elgin（エルギン／⑬）
　　解説　1. Walker Bay（ウォーカー・ベイ）⇒ ⑭
　　3. Cape Angulhas（ケープ・アガラス）⇒ ⑮
　　4. Stellenbosch（ステレンボッシュ）⇒ ①

2 　正解　1. ②（Paarl／パール）
　　解説　2. ⑩ ⇒ Breedekloof（ブレードクルーフ）
　　3. ⑪ ⇒ Robertson（ロバートソン）
　　4. ⑫ ⇒ Worcester（ウスター）

3 　正解　2. OVP（オールド・ヴァイン・プロジェクト）
　　解説　OVP は決して静的なものではなく、樹齢 35 年以上のブドウの木が
2018 年以降どのように拡大したかの統計情報を常に更新している。

4 　正解　3. Rosa Kruger（ロサ・クルーガー）
　　解説　古いブドウ畑のリストをもとに農家に古木のブドウ樹を維持するよう
奨励し、実行可能な生産レベルに近づけるよう促した。その取り組みが後に
OVP として組織化される。

5

Cape Town最初の総督で、「Capeのブドウから初めてワインが造られた」と記録に残した人物を1人選べ。

1. Abraham Perold　　2. Samuel Marsden
3. Jan van Riebeeck　　4. Arthur Phillip

6

難

南アフリカでフィロキセラが発生した年を1つ選べ。

1. 1870年　　2. 1886年　　3. 1902年　　4. 1918年

7

南アフリカのブドウ品種、Pinotageと関係の深い人物を1人選べ。

1. Arthur Phillip　　2. James Busby
3. Jan van Riebeeck　　4. Abraham Perold

8

南アフリカのワイン産地の緯度を1つ選べ。

1. 南緯24〜31度　　2. 南緯24〜34度
3. 南緯27〜31度　　4. 南緯27〜34度

9

西ケープ州に影響を与える、大西洋を北上する海流を1つ選べ。

1. フンボルト海流　　2. メキシコ湾流
3. ベンゲラ海流　　4. カナリア海流

10

西ケープ州に春から夏にかけて吹くCape Doctorについて正しいものを1つ選べ。

1. 南東から吹く強い湿った風
2. 南東から吹く強い乾燥した風
3. 北西から吹く強い湿った風
4. 北西から吹く強い乾燥した風

11

2022年、栽培面積が最大の黒ブドウ品種を1つ選べ。

1. Cabernet Sauvignon　　2. Shiraz／Syrah
3. Merlot　　4. Pinotage

---

5 正解 3. Jan van Riebeeck（ヤン・ファン・リーベック）
解説 オランダ東インド会社の役人でCape植民地の初代総督であったJan van Riebeeckの日記に「1659年2月2日」との記述があるおかげで、ワイン産業が始まった正確な日付を知ることができる。

6 正解 2. 1886年
解説 1886年、南アフリカでもフィロキセラが発生。終焉後も生産過剰による苦難の時代を迎える。

7 正解 4. Abraham Perold（アブラハム・ペロード）
解説 1925年、ステレンボッシュ大学のAbraham Perold 博士が、Pinot Noir（ピノ・ノワール）とCinsault（サンソー）の交配品種、Pinotage（ピノタージュ）を誕生させた。今では南アフリカを代表する品種になっている。

8 正解 4. 南緯27〜34度
解説 穏やかな地中海性気候で、ブドウの生育期は乾燥した温暖な日が続き、冬は冷涼だが霜の害はほとんどない。

9 正解 3. ベンゲラ（Benguela）海流
解説 1. フンボルト海流 ⇒ チリ、南氷洋から北に向かって流れる寒流
2. メキシコ湾流 ⇒ 大西洋沿岸を流れる暖流
4. カナリア海流 ⇒ 北大西洋のスペイン西方沖からカナリア諸島近海を流れる寒流

10 正解 2. 南東から吹く強い乾燥した風
解説 Cape Doctorは春から夏にかけて、南東から吹く強い乾燥した風で、防虫剤や防カビ剤の使用を最小限にする。

11 正解 1. Cabernet Sauvignon（カベルネ・ソーヴィニヨン）
解説 1位Cabernet Sauvignon、2位Shiraz ／ Syrah（シラーズ／シラー）、3位Pinotage、4位Merlot（メルロ）。

12 Chenin Blancの別名を1つ選べ。

1. Hanepoot　　2. Auxerrois　　3. Palomino　　4. Steen

---

13 フルーティーさと幅広い味わいを持ち、スパークリングワインだけでなく、甘口から辛口までの多様なスタイルのワインを生産するブドウ品種を1つ選べ。

1. Viognier　　　　2. Chenin Blanc
3. Pinotage　　　　4. Colombard

---

14 南アフリカ独自のブドウ品種として知られるPinotageは、Pinot Noirと何を交配したものか、1つ選べ。

1. Shiraz ／ Syrah　　　2. Cinsault ／ Cinsaut
3. Ruby Cabernet　　　4. Cabernet Franc

---

15 南アフリカのブレンドのスタイルとして赤ワインで最も多いものを1つ選べ。

1. Cape Blend　　2. Rhone Blend　　3. Bordeaux Blend

---

16 「Rhone Blend」に使用されるブドウ品種を1つ選べ。

1. Pinotage　　2. Chenin Blanc　　3. Mourvèdre　　4. Merlot

---

17 Pinotageを30 〜 70％使用するブレンド・スタイルを1つ選べ。

1. Cape Blend　　2. Rhone Blend　　3. Bordeaux Blend

---

18 1971年、南アフリカ初の瓶内二次発酵スタイルのMéthode Cap Classiqueを生産したワイン・エステートを1つ選べ。
難

1. Simonsig　　　　2. Klein Constance
3. Hartenberg　　　4. Bobotie

12 　正解　　4．Steen（スティーン）

　解説　Chenin Blanc（シュナン・ブラン）は、南アフリカではかつてSteenと呼ばれていた。Chenin Blancの栽培面積は、フランス・ロワール渓谷地方の2倍。世界一を誇る。

13 　正解　　2．Chenin Blanc

　解説　Chenin Blancは中甘口ブレンドワインの主原料やブランデー用としても広く栽培されている。

14 　正解　　2．Cinsault／Cinsaut（サンソー）

　解説　1925年、Pinotage（Pinot Noir × Cinsault）はAbraham Perold博士によって開発され、それ以降南アフリカ独自の品種として世界的に受け入れられた。

15 　正解　　3．Bordeaux Blend（ボルドーブレンド）

　解説　赤ワインではCabernet SauvignonやMerlotを主体としたBordeaux Blendが最も多い。

16 　正解　　3．Mourvèdre（ムールヴェードル）

　解説　Rhone Blendは、SyrahをメインにGrenache（グルナッシュ）やMourvèdre（ムールヴェードル）を使い、近年人気を増している。

17 　正解　　1．Cape Blend（ケープブレンド）

　解説　Cape Blendの赤ワインはPinotageを30 ～ 70 ％使用する。一方、Cape Blendの白ワインはChenin Blancを主体にしている。

18 　正解　　1．Simonsig（シモンシッヒ）

　解説　Cap Classique（キャップ・クラシック）とは、瓶内二次発酵という伝統的な製法で造られたスパークリングワインを示す用語。Simonsigは今でも南アフリカのワインツーリズムの中心地として多くの観光客を魅了している。

19　南アフリカにおける原産地呼称の略称を1つ選べ。

1.　D.O.C.　　　2.　C.O.　　　3.　D.O.　　　4.　W.O.

20　南アフリカにおけるワイン法の制定年を1つ選べ。

1.　1918年　　　2.　1973年　　　3.　1994年　　　4.　1998年

21　南アフリカの原産地呼称において、生産地区単位で最も小さい「小地区」を表すものを1つ選べ。

1.　Zone　　　2.　Region　　　3.　District　　　4.　Ward

22　西ケープ州における生産の中心となる地域を1つ選べ。

1.　Breede River Valley　　　2.　Cape South Coast
3.　Coastal Region　　　4.　Olifants River

23　ブドウ栽培と醸造学の学位が受けられる大学を有する地区を1つ選べ。

1.　Stellenbosch　　　2.　Paarl
3.　Swartland　　　4.　Cape Town

24　Stellenbosch地区の説明として正しいものを1つ選べ。

[難]

1.　1991年に南アフリカで初のワインルートを設立
2.　谷底は砂、頁岩、有機質を多く含む茶土（Oakleaf：オークリーフ）、保水能力に優れた赤土（Tukulu：トゥクル）が沖積している
3.　ワイン生産者も急増しており、ワイナリーの数は400以上
4.　バンフック、ボテラレイなど6つの小地区が登録されている

25　Coastal Regionに属する地区を1つ選べ。

[必]

1.　Walker Bay　　　2.　Overberg　　　3.　Robertson　　　4.　Paarl

---

19 **正解** 4. W.O.

解説 W.O.（Wine of Origin ／ワイン・オブ・オリジン）は原産地呼称制度の名称。ワイン産地を法的に保証するほか、品種やヴィンテージについても規定し、保護するもの。

20 **正解** 2. 1973年

解説 ラベル表示規定は品種、ヴィンテージ、産地とも85％以上使用しなくてはならない。「W.O.産地表示」の場合は同産地内のブドウを100％使用。

21 **正解** 4. Ward（ワード）

解説 2. Region（リージョン）⇒ 地域。ワイン生産地域は5地域
3. District（ディストリクト）⇒ 地区。地域制定がなく地区だけのものもある

22 **正解** 3. Coastal Region（コースタル・リージョン／沿岸地域）

解説 Coastal Regionは、南アフリカのワイン産業の中心地。コンスタンシアの甘口デザートワインも1986年に復活。

23 **正解** 1. Stellenbosch（ステレンボッシュ）

解説 Stellenbosch大学はブドウ栽培と醸造学の学位が受けられる南アフリカ唯一の大学で、卒業生はブドウ栽培専門家や醸造家として国内外で活躍。

24 **正解** 2. 谷底は砂、頁岩、有機質を多く含む茶土（Oakleaf:オークリーフ）、保水能力に優れた赤土（Tukulu：トゥクル）が沖積している

解説 1. 1991年 ⇒ 1971年
3. 400以上 ⇒ 200以上
4. 6つ ⇒ 8つ

25 **正解** 4. Paarl（パール）

解説 1. Walker Bay（ウォーカー・ベイ）⇒ Cape South Coast（ケープ・サウス・コースト）
2. Overberg（オーヴァーバーグ）⇒ Cape South Coast
3. Robertson（ロバートソン）⇒ Breede River Valley（ブレード・リヴァー・ヴァレー）

26 Cape Townから車で1時間の距離にあり、高品質なSauvignon Blancの先駆者的存在ともいわれる地区を1つ選べ。

1. Darling　　2. Tulbagh　　3. Elgin　　4. Cape Town

---

27 伝統的に力強いフルボディの赤ワインと高品質の酒精強化ワインの産地であり、「黒い土地」を意味する地区を1つ選べ。

1. Tulbagh　　2. Stellenbosch
3. Franschhoek　　4. Swartland

---

28 Swartlandのテロワールを反映した高品質なワインをめざす生産者がつくった組織を1つ選べ。

1. IPW　　2. BWI　　3. KWV　　4. SIP

---

29 Coastal Regionに属する地区を1つ選べ。

必

1. Cape Agulhas　　2. Tulbagh　　3. Worcester　　4. Elgin

---

30 18世紀から19世紀にかけて、ナポレオンをはじめとするヨーロッパの貴族たちに愛されたデザートワインを1つ選べ。

1. Overberg　　2. Vin de Constance
3. Boberg　　4. Cap Classique

---

31 Breede River Valley地区で生産の多い白品種の組合せを1つ選べ。

難

1. Chenin BlancとViognier　　2. Sauvignon BlancとViognier
3. Chenin BlancとColombard　　4. Sauvignon BlancとColombard

---

32 Robertsonが属する地域を1つ選べ。

必

1. Olifants River　　2. Breede River Valley
3. Cape South Coast　　4. Klein Karoo

---

26 正解 1．Darling（ダーリン）
解説 大西洋に最も近い地区であることから寒冷な海風の影響を受けており、高品質な Sauvignon Blanc で知られている。

27 正解 4．Swartland（スワートランド）
解説 地域の名前「Swartland：黒い土地」の由来は、かつてレノステルボス という植物が繁殖し、特定の時期に風景を暗い色に変えたことによる。

28 正解 4．SIP（Swartland Independent Producers ／スワートランド・インデペンデント・プロデューサーズ）
解説 1．IPW ⇒ インテグレーテッド・プロダクト・オブ・ワイン／環境と調和したワイン生産
2．BWI ⇒ 生物多様性とワインのイニシアティブ
3．KWV ⇒ 南アフリカブドウ栽培者協同組合

29 正解 2．Tulbagh（トゥルバッハ）
解説 1．Cape Agulhas（ケープ・アガラス）⇒ Cape South Coast
3．Worcester（ウスター）⇒ Breede River Valley
4．Elgin（エルギン）⇒ Cape South Coast

30 正解 2．Vin de Constance（ヴァン・ド・コンスタンス）
解説 ミュスカ・ド・フロンティニャンより造られる Vin de Constance は、Constantia 小地区で生まれ、1986年に復活。

31 正解 3．Chenin Blanc（シュナン・ブラン）と Colombard（コロンバール）
解説 Breede River Valley は白品種が多く、Chenin Blanc と Colombard の主要産地。

32 正解 2．Breede River Valley（ブレード・リヴァー・ヴァレー）
解説 Robertson は栽培面積としては Colombard が多いが、Chardonnay（シャルドネ）に定評がある。近年は「キャップ・クラシック」の評価も高い。

33 Breede River Valley に属する地区を1つ選べ。

必

1. Elgin 2. Cape Agulhas
3. Tulbagh 4. Worcester

---

34 「Cape Townから東に約70km、車で1時間ほど。古くからリンゴ産地として知られ、ホッテントット・ホランド山系に囲まれるように位置する産地」を1つ選べ。

1. Cape Agulhas 2. Walker Bay
3. Elgin 4. Overberg

---

35 Walker Bayが属する地域を1つ選べ。

必

1. Olifants River 2. Breede River Valley
3. Cape South Coast 4. Klein Karoo

---

36 南アフリカ最南端の地区を1つ選べ。

1. Cape Agulhas 2. Swellendam
3. Swartland 4. Cape Town

---

37 Cape South Coastに属する地区を1つ選べ。

必 難

1. Wellington 2. Worcester
3. Overberg 4. Tulbagh

---

38 Calitzdorpが属する地域を1つ選べ。

必

1. Olifants River 2. Breede River Valley
3. Cape South Coast 4. Klein Karoo

---

39 Olifants Riverに属する地区を1つ選べ。

必 難

1. Franschhoek 2. Citrusdal Mountain
3. Elgin 4. Worcester

---

33 正解 4. Worcester (ウスター)
〔解説〕 1. Elgin ⇒ Cape South Coast
2. Cape Agulhas ⇒ Cape South Coast
3. Tulbagh (トゥルバッハ) ⇒ Coastal Region

34 正解 3. Elgin (エルギン)
〔解説〕 Elginの土壌は砂岩が中心で、ボッケフェルト頁岩 (Bokkeveld shale) 土壌が広く分布している。

35 正解 3. Cape South Coast (ケープ・サウス・コースト)
〔解説〕 Walker Bayは、ホエールウォッチングで名高い海辺の町を含む地区で、冷たい海風による冷涼な気候が特徴。Chenin Blanc、Pinotageに加え、ローヌ品種も多い。

36 正解 1. Cape Agulhas (ケープ・アガラス)
〔解説〕 Cape Agulhasはアフリカ最南端の地区で、Sauvignon Blancの適地。Sémillon (セミヨン)、Syrahの可能性も期待されている。

37 正解 3. Overberg (オーヴァーバーグ)
〔解説〕 1. Wellington (ウェリントン) ⇒ Coastal Region
2. Worcester ⇒ Breede River Valley
4. Tulbagh ⇒ Coastal Region

38 正解 4. Klein Karoo (クレイン・カルー)
〔解説〕 Calitzdorp (カーリッツドールプ) はポートスタイルの酒精強化ワインの産地。

39 正解 2. Citrusdal Mountain (シトラスダル・マウンテン)
〔解説〕 1. Franschhoek (フランシュフック) ⇒ Coastal Region
3. Elgin ⇒ Cape South Coast
4. Worcester ⇒ Breede River Valley

モルドバ

1 モルドバとルーマニアとの国境をなす川を1つ選べ。

1. サヴァ川　　　2. プルート川
3. ニストル川　　4. ティサ川

2 モルドバの気候を1つ選べ。

1. 海洋性気候　　　2. 地中海性気候
3. 大陸性気候　　　4. 山地気候

3 国土の土壌の約75%を占める、腐植を豊富に含んだ黒土の名称を1つ選べ。

1. Carne　　　2. Podzol
3. Chernozem　　4. Sarmale

4 ブドウ栽培面積における白ブドウ品種が占める割合を1つ選べ。

1. 約65%　　2. 約55%　　3. 約45%　　4. 約35%

5 モルドバの土着品種で、味わいは軽やかでスパークリングワインに使用されることも多い品種を1つ選べ。

1. Rară Neagră　　　2. Fetească Albă
3. Fetească Regală　　4. Fetească Neagră

6 モルドバの土着品種で、「高貴な乙女」の意味を持つ品種を1つ選べ。

1. Fetească Neagră　　　2. Rară Neagră
3. Fetească Regală　　　4. Fetească Albă

1 　[正解]　2．プルート川
　[解説]　モルドバは、1991年に独立した若い国家。国土西部のルーマニアとの国境にはプルート川が流れ、東部をニストル川が縦断している。

2 　[正解]　3．大陸性気候
　[解説]　穏やかな大陸性気候で、夏は長く乾燥し日中は40℃近くまで上がることもある。一方、冬は氷点下30℃以下になることもある。

3 　[正解]　3．Chernozem（チェルノゼム）
　[解説]　国土の75％を占めるChernozemは腐植を豊富に含んだ非常に肥沃な土壌であることから、高い農作物収量を生み出すことができる。

4 　[正解]　1．約65％
　[解説]　ブドウ栽培面積の約65％は白ワイン品種が占めていて、主に中央部のCodru（コドゥル）地域で栽培される。残りの約35％は赤ワイン品種で、Valul lui Traian（ヴァルル・ルイ・トラヤン）など南部地方での栽培が多い。

5 　[正解]　2．Fetească Albă（フェテアスカ・アルバ）
　[解説]　Fetească Albăは何世紀にもわたりモルドバの地で栽培されている「白い乙女」の名を持つ白ブドウ。この品種から造られるワインはフローラルな香りとフレッシュ感が特徴となる。

6 　[正解]　3．Fetească Regală（フェテアスカ・レガーラ）
　[解説]　1．Fetească Neagră（フェテアスカ・ネアグラ）⇒「黒い乙女」の意。2000年以上の歴史を持つ
　2．Rară Neagră（ララ・ネアグラ）⇒ダキア時代から栽培されていたとされるモルドバの伝統的な黒ブドウ品種。ルーマニアでは「Băbească Neagră（バベアスカ・ネアグラ）」と呼ばれる
　4．Fetească Albă ⇒ ルーマニア語で「白い乙女」の意味を持つ

7

〔難〕

セイベル13666とアレアティコの交配品種で、温度やさまざまな病気に対する耐性を得ることを目的として開発された品種を1つ選べ。

1. Busuioacă de Bohotin　　2. Grasă de Cotnari
3. Viorica　　4. Băbească neagră

8

2016年時点でD.O.P.として登録されている2つのワイナリーはRomăneşti とどこか、1つを選べ。

1. Crocmaz　　2. Purcari　　3. Orhei　　4. Ciumai

9

〔難〕

Codru（コドゥル）地域の説明として正しいものを1つ選べ。

1. 白ブドウが80％を占める
2. 保管されているワインボトルの数が、世界で最も多いと知られるMileştii Mici村がある
3. 雨量が年間400mm以下で、夏は温暖で長く続く
4. 巨大な地下セラーで有名なCiumai村がある

10

〔難〕

国内最古のワイナリーであるシャトー・プルカリが属する産地を1つ選べ。

1. Divin　　2. Valul lui Traian
3. Ştefan Vodă　　4. Codru

11

Valul lui Traian地域における赤ワインの生産比率を1つ選べ。

1. 50％　　2. 60％　　3. 70％　　4. 80％

12

モルドバ全域で生産が許される「蒸溜2回、オーク樽で最低3年間熟成されるブランデー」を何というか、1つ選べ。

1. Divin　　2. RAKIYA　　3. Verdea　　4. Retsina

7 　正解　 3. Viorica（ヴィオリカ）
　解説　 Viorica はセイベル13666とアレアティコの交配品種で、白ワイン品
種のカテゴリーに含まれる。イタリアの黒ブドウ品種アレアティコの父系の
性質を受け継ぎ、香りが良い。

8 　正解　 4. Ciumai（チュマイ）
　解説　 D.O.P.は、原産地のテロワールや歴史に厳格に結び付いた農作物及び
その産地や生産者が対象となっている。Românești（ロマネシュティ）と
Ciumai の2ワイナリーが登録されている。

9 　正解　 2. 保管されているワインボトルの数が、世界で最も多いと知られる
Mileștii Mici（ミレシュティ・ミチ）村がある
　解説　 1. 80% ⇒ 63%
3. 400mm以下 ⇒ 450~550mm
4. Ciumai村 ⇒ Cricova（クリコヴァ）村

10 　正解　 3. Ștefan Vodă（シュテファン・ヴォダ）
　解説　 Ștefan Vodă はモルドバの南東部に位置し、現在ブドウ栽培地域は約
10,000 haに拡大している。Purcari（プルカリ）などの村がある。

11 　正解　 2. 60%
　解説　 Valul lui Traian（ヴァルル・ルイ・トラヤン）地域は赤ワインが60%
で、Cabernet Sauvignon、Merlotなどが主な品種。

12 　正解　 1. Divin（ディヴィン）
　解説　 2. RAKIYA（ラキア）⇒ ブルガリアのポピュラーな蒸溜酒
3. Verdea（ヴェルデア）⇒ イオニア海・ザキントス島の、酸が強く、シェリー
のような酸化したフレーバーを持つギリシャの伝統的なワイン
4. Retsina（レチーナ）⇒ ギリシャ伝統の松脂入り白ワイン

㉘

ルーマニア

1 ルーマニアに接しない国を1つ選べ。

1. モルドバ　　2. ブルガリア
3. ハンガリー　　4. クロアチア

---

2 ヴィニフェラ系ブドウ品種のワイン生産量において、D.O.C.ワインが占める割合として正しいものを1つ選べ。

1. 17%　　2. 27%　　3. 37%　　4. 47%

---

3 ルーマニアのワイン造りはいつからか、1つ選べ。

1. 8000年前　　2. 6000年前
3. 5000年前　　4. 4000年前

---

4 ルーマニアの気候として正しいものを1つ選べ。

1. 高山性気候　　2. 温帯大陸性気候
3. 海洋性気候　　4. 地中海性気候

---

5 〔難〕 フェテアスカ・アルバとフランクシャの交配により造られるブドウ品種を1つ選べ。

1. Tămâioasă Românească　　2. Băbească Neagră
3. Fetească Albă　　4. Fetească Regală

---

6 〔難〕 貴腐ブドウとしての栽培にも向いており、そのワインは歴史的にトカイと並び称された品種を1つ選べ。

1. Grasă de Cotnari　　2. Busuioacă de Bohotin
3. Fetească Regală　　4. Tămâioasă Românească

1 　[正解]　4．クロアチア
　[解説]　ルーマニアはヨーロッパの南東に位置し、セルビア、ハンガリー、ウクライナ、モルドバ、ブルガリアに接し、東は黒海に面している。

2 　[正解]　2．27%
　[解説]　ワイン生産量の全体の構成はヴィニフェラ系が60%、ハイブリッド系が40%を占めている。さらにヴィニフェラ系のうち、D.O.C. ワインの構成比が27%を占めている。

3 　[正解]　4．4000年前
　[解説]　考古学的発見や歴史的文書により、ルーマニアにおけるワイン文化の始まりは約4000年前であるとされている。ローマ人はルーマニアまたはダキアには確立されたワイン文化があることを知りえていた。

4 　[正解]　2．温帯大陸性気候
　[解説]　ルーマニアは中央ヨーロッパ特有の温帯大陸性気候。ルーマニア北部は北緯47度線にまたがっており、フランス・アルザス南部やブルゴーニュ北部に相当する。一方南部は北緯43度線と44度線にまたがっており、モンペリエ周辺の地中海沿岸地域に相当する。

5 　[正解]　4．Fetească Regală（フェテアスカ・レガーラ）
　[解説]　「高貴な乙女」。ルーマニアで一番多く栽培されている
1．Tămâioasă Românească（タマヨアサ・ロマネアスカ）⇒ Muscat Blanc à Petits Grains と同一品種
2．Babească Neagră（バベアスカ・ネアグラ）⇒「黒い貴婦人」。モルドバでは Rară Neagră（ララ・ネアグラ）として知られている。
3．Fetească Albă（フェテアスカ・アルバ）⇒「白い乙女」。ルーマニアとモルドバ両国の土着品種として知られている古代品種

6 　[正解]　1．Grasă de Cotnari（グラサ・デ・コトナリ）
　[解説]　Cotnari（コトナリ）地区は収穫が遅く、ボトリシス・シネレア菌がブドウの果皮につきやすく、結果として糖度の高い貴腐ブドウが造られる。比較的その果粒も「大粒」である。

7

難

「バジル」という意味の単語を含む、ロゼワインを造る際に使用されるブドウ品種を1つ選べ。

1. Busuioacă de Bohotin   2. Tămâioasă Românească
3. Fetească Regală   4. Grasă de Cotnari

8

国際品種の中で栽培面積が最大のブドウ品種を1つ選べ。

1. Merlot   2. Sauvignon Blanc
3. Welschriesling   4. Aligote

9

ルーマニアのD.O.C.（原産地呼称保護）の数を1つ選べ。

1. 12   2. 18   3. 25   4. 34

10

収穫時期を示す分類の中で、「遅摘みブドウ」を意味するものを1つ選べ。

1. D.O.C.-CT   2. D.O.C.-CMD   3. D.O.C.-CIB

11

Podişul Transilvanieiを囲む山脈を1つ選べ。

1. バルカン山脈   2. カルパチア山脈
3. ピレネー山脈   4. ジュラ山脈

12

難

国の南東部に位置し、ブドウ栽培面積が最大の産地を1つ選べ。

1. Banat   2. Colinele Dobrogei
3. Dealurile Moldovei   4. Terasele Dunării

13

難

ドナウ川と黒海の間に位置するワイン産地を1つ選べ。

1. Colinele Dobrogei   2. Terasele Dunării
3. Banat   4. Dealurile Moldovei

---

7 正解 1. Busioacă de Bohotin（ブスイオアカ・デ・ボホティン）
解説 Busioacă de Bohotin（ボホティンのバジル）は、甘口、中甘口から辛口、スパークリングワインまで幅広い高品質のワインを造る。

8 正解 1. Merlot
解説 国際品種の中で、黒ブドウ及び全体で栽培面積が広いブドウ品種はMerlot。一方、白ブドウで栽培面積が一番広いのはWelschriesling（ヴェルシュリースリング）。

9 正解 4. 34
解説 原産地呼称保護の産地は34、地理的表示保護の産地（I.G.P.）は12。

10 正解 1. D.O.C.-CT（クレス・タルゼィウ）
解説 1. D.O.C.-CT＝遅摘みブドウ
2. D.O.C.-CMD（クレス・ラ・マトゥリタテ・デプリナ）＝完熟期に収穫されたブドウ
3. D.O.C.-CIB（クレス・ラ・ウンノビラレア・ボアベロル）＝貴腐ブドウ

11 正解 2. カルパチア山脈
解説 Podişul Transilvaniei（ポディシュル・トランシルヴァニエイ）は、カルパチア山脈で囲まれ、ルーマニア中部に位置している。トランシルヴァニエイはラテン語で「森の彼方の国」という意味をもつ。

12 正解 3. Dealurile Moldovei（デアルリレ・モルドヴェイ）
解説 Dealurile Moldoveiのコトナリ地区で造られるワインの品揃えはよく知られており、グラサ・デ・コトナリ、フェテアスカ・アルバ、タマヨアサ・ロマネアスカ、フランクシャの4種のブドウ品種で構成され、高級甘口ワインに匹敵する。

13 正解 1. Colinele Dobrogei（コリネレ・ドブロジェイ）
解説 Colinele Dobrogeiでは、国内でも日照時間が長く降水量が少ないことを背景に、成熟が早く糖度が高いブドウが造られる。

㉙

ルクセンブルク

1 ドイツとの国境に流れる川を1つ選べ。

1. ロワール川　　2. ライン川　　3. アール川　　4. モーゼル川

2 ルクセンブルクのワイン産地の標高を1つ選べ。

1. 150～250m　　　2. 250～350m
3. 350～450m　　　4. 450～550m

3 ルクセンブルクのワイン産地と緯度をほぼ同じくするフランスの地域を1つ選べ。

1. Bourgogne　　　2. Champagne
3. Bordeaux　　　4. Vallée du Rhône

4 ブドウ栽培面積において、白ブドウ品種の占める割合を1つ選べ。

難

1. 約60%　　2. 約70%　　3. 約80%　　4. 約90%

5 ルクセンブルクにおいて過去には4割のシェアを持ち、今でも栽培面積で21%のシェアがある品種を1つ選べ。

1. Pinot Blanc　　2. Pinot Gris　　3. Rivaner　　4. Auxerrois

6 ルクセンブルクのワイン法規定で正しいものを1つ選べ。

1. 専門家の監督を受けること
2. ルクセンブルク・アルザス地域で生産されたワインであること
3. 他国のワインとブレンドされていないこと
4. ルクセンブルクワイン法のみの品質基準を満たしていること

1 　**[正解]**　4．モーゼル川

　[解説]　ルクセンブルクはモーゼル川左岸沿いのシェンゲンからヴァッセルビリグまで、全長約42 kmにわたる地域でワインが造られている。

2 　**[正解]**　1．150 〜 250m

　[解説]　標高は150 〜 250mだが、場所によっては急斜面で岩だらけの箇所もある。

3 　**[正解]**　2．Champagne

　[解説]　ブドウ栽培地域の北限に位置しているため、フランスChampagne地方とほぼ同じ緯度。

4 　**[正解]**　4．約90％

　[解説]　リヴァネール、ピノグリなど、白ブドウ品種が約90％を占める。

5 　**[正解]**　3．Rivaner（リヴァネール）

　[解説]　シェアの高いものから、Rivaner（21％）、Pinot Gris、Auxerrois（オーセロワ）、Riesling、Pinot Blancの順。同国は歴史的に白ワインの生産が盛んだが、Pinot Noirの生産量と品質が向上している。その作付面積は2020年には10％まで拡大した。

6 　**[正解]**　3．他国のワインとブレンドされていないこと

　[解説]　1．専門家 ⇒ 政府

　2．ルクセンブルク・アルザス地域 ⇒ ルクセンブルク・モーゼル地域

　4．ワイン法のみ ⇒ ワイン法とEU規則

7 ルクセンブルクのワイン法の品質等級において、等級ポイントが最も高いものを1つ選べ。

1. アペラシオン・コントローレ　　2. プルミエ・クリュ
3. ヴァン・クラッセ　　　　4. グラン・プルミエ・クリュ

---

8 ルクセンブルクのワインの格付けにおいて「最上の畑のワイン」を表すものを1つ選べ。

1. Coteaux de　　2. Lieu-dit　　3. Côtes de

---

9 Crémant de Luxembourg（クレマン・ド・ルクセンブルク）の品質基準を定めた年を1つ選べ。

1. 1886年　　2. 1925年　　3. 1955年　　4. 1991年

---

10 ルクセンブルクに関する説明で正しいものを1つ選べ。

難

1. 2016年ヴィンテージから瓶内熟成18ヵ月以上のものに「ミレジメ」呼称を使用できる
2. 2015年に新A.O.P.法を導入。生産地と収穫高による格付けに移行
3. 北部はKeuperと呼ばれる砂や粘土、炭化物、マールなどで構成される泥土岩
4. 南部は全般的に急斜面が多く、Muschelkalkという貝殻石灰岩土壌が多い

---

11 ルクセンブルクに関する説明で正しいものを1つ選べ。

難

1. モーゼル川左岸沿いのシェンゲンからヴァッセルビリグまで、全長約42kmにわたる地域でワインが造られている
2. 冬の寒さは厳しく、夏は気温が高くなる
3. 栽培品種はAuxerroisが一番多く、シェアは全体の21%
4. ドイツの質とフランスの量を兼ね備えた美食の国

---

7 【正解】　4．グラン・プルミエ・クリュ（Grand Premier Cru）
　【解説】　ポイントが高いものから順に、「グラン・プルミエ・クリュ」「プルミエ・クリュ」「ヴァン・クラッセ」「アペラシオン・コントローレ」。

8 【正解】　2．Lieu-dit（リューディ）
　【解説】　Lieu-ditはルクセンブルク・モーゼルの最高のブドウ畑の、厳密に区切られたテロワールから造られたワイン
1．Coteaux de（コトー・ド）⇒ 典型的な特徴を持つ高品質のワイン、つまりこの地域の古典的なワイン
3．Côtes de（コート・ド）⇒ 日常的に飲むためのバランスのとれたエントリーレベルのワイン

9 【正解】　4．1991年
　【解説】　Crémant de Luxembourgは非常に厳しい品質基準に則って造られる。特に瓶内二次発酵については最低9ヵ月、Millésimé（ミレジメ／ヴィンテージタイプ）については最低24ヵ月の瓶内熟成が必要となる。

10 【正解】　2．2015年に新A.O.P.法を導入。生産地と収穫高による格付けに移行
　【解説】　1．18ヵ月 ⇒ 24ヵ月
3．北部 ⇒ 南部はKeuper（コイパー土壌）と呼ばれる砂や粘土、炭化物、マールなどで構成される泥土岩
4．南部 ⇒ 北部は全般的に急斜面が多く、Muschelkalk（ムッシェルカルク）という貝殻石灰岩土壌が多い

11 【正解】　1．モーゼル川左岸沿いのシェンゲンからヴァッセルビリグまで、全長約42kmにわたる地域でワインが造られている
　【解説】　2．⇒ 冬の寒さは厳しくなく、夏は極端に気温が高くなることはない
3．Auxerrois ⇒ Rivaner
4．ドイツの質とフランスの量 ⇒ フランスの質とドイツの量

30

テイスティング

1 テイスティングをする目的において重要な事柄を1つ選べ。

1. ワインは分析せずに直観に頼る
2. テイスティングで感じたことだけ大切にする
3. ワインの欠点を探すのではなく、その個性及び特性を知る
4. 自分の嗅覚、味覚の能力だけで対応する

---

2 テイスティングにおいて重要な事柄を1つ選べ。

1. ワインの過去、現在、未来を知ることはあまり重要ではない
2. 先入観を持ちながら柔軟に対応する
3. グラスの中のワインと率直に対することから始まる
4 ワインの個人的な好みを大切にする

---

3 テイスティングをする際、口に含む量として適切なものを1つ選べ。

1. 5～10mℓ　2. 10～15mℓ　3. 15～20mℓ　4. 20～25mℓ

---

4 下記の文章の（　　　）に入る言葉を1つ選べ。

「テイスティングの方法、『外観』は、清澄度、輝き、（　　　）、濃淡、泡立ち、粘性などを見るもの」

1. アルコール　2. 色調　3. アタック　4. 余韻

---

5 テイスティングにおいて、「色調」から推測できるものを1つ選べ。

難

1. ワインの熟成度合い　2. ブドウの成熟度合い
3. ワインの濃縮感　4. ワインの健全度

---

1 **正解** 3．ワインの欠点を探すのではなく、その個性及び特性を知る
　解説 1．⇒ ワインを分析し、記憶する
　2．⇒ テイスティングで感じたことによって、ワインのヴァリエーションを
　識る
　4．⇒ 自分の嗅覚、味覚の能力を知り、経験を積むことによって、その能力
　を向上させる

2 **正解** 3．グラスの中のワインと率直に対することから始まる
　解説 1．⇒ ワインの過去、現在、未来を知ることは、いわばワインのプロ
　ファイリングである
　2．⇒ 先入観や固定概念を持たずに主観で行う
　4．⇒ 個人的な好みを前面に出さずに、ポジティブな気持ちを持って臨む

3 **正解** 1．5 〜 10㎖
　解説 1回に口に含むワインの量は5 〜 10㎖、ワインを口中で転がすように
　舌全体に行き渡らせる。滞留時間は5 〜 10秒。

4 **正解** 2．色調
　解説 外観は、清澄度、明るさ（輝き）、色の濃さ（濃淡）、色合い（色調）な
　どを観察する。

5 **正解** 1．ワインの熟成度合い
　解説 グラスのふち付近では，ワインの熟成度などを反映した特徴的な色調
　を呈する。

6 テイスティングの方法、「輝き」の記述で適切なものを1つ選べ。

1. 輝きは苦味と関係する　　2. 輝きは渋味と関係する
3. 輝きは糖分と関係する　　4. 輝きは酸度と関係する

---

7 ワインの透明度を確認するものを1つ選べ。

1. 粘性　　2. 濃淡　　3. 色調　　4. 清澄度

---

8 粘性と関係するのはアルコール度数の他、何があるか1つ選べ。

1. 酸味　　2. グリセリン量　　3. 渋み　　4. 苦み

---

9 ワインの香りにおいて、「花」「スパイス」の香りが表れるアロマを1つ選べ。

1. 第1アロマ　　2. 第2アロマ　　3. 第3アロマ

---

10 発酵段階で生まれる香りで、「バナナ」の香りが表れる製法を1つ選べ。

1. マロラクティック発酵　　2. シュール・リー
3. マセラシオン・カルボニック　　4. 低温発酵

---

11 ワインの香りにおいて「Bouquet」に表れる香りを1つ選べ。

1. ヴァニラ　　2. キャンディ　　3. バナナ　　4. ミネラル

---

12 ワインテイスティングに関する記述として最も適切なものを1つ選べ。

1. 「ヴァニラ」「ロースト」などの木樽熟成による香りは第3アロマである
2. 白い花の香りをブーケという
3. 第2アロマは熟成に関連する香りである
4. 第3アロマは原料ブドウ由来の香りである

6 正解 4．輝きは酸度と関係する

解説 輝きは酸度に関係し、pH値が低い（＝酸度が高い）と輝きが強くなり、酸味が豊富であることと若い状態であることを示している。

7 正解 4．清澄度

解説 ワインの清澄度（透明度）を確認する際、若い白ワインは通常非常に薄い黄色か緑がかった黄色をしているが、濃い黄色あるいは茶色ならば酸化したしるしである。熟成が進むと色の明るさが減り次第に茶色になる。

8 正解 2．グリセリン量

解説 粘性はグラスの壁面をつたう「滴」の状態を見る。アルコール度数とグリセリン量に関係する。特にグリセリンは、高い粘度を有するため、その粘稠性を生かして、食品の水分保持や食感を与えるために使用されることがある。

9 正解 1．第1アロマ

解説 第1アロマは原料ブドウに由来する香り。果実、花、植物、スパイスなどの香りが中心。

10 正解 3．マセラシオン・カルボニック

解説 マセラシオン・カルボニック製法のワインは、独特のバナナを思わせる香りが特徴的。マロラクティック発酵した白ワインの場合は「杏仁豆腐」や「クリーム」など、低温発酵をした白ワインの場合は「キャンディ」や「吟醸香」の香りが生まれる。

11 正解 1．ヴァニラ

解説 第3アロマとも呼ばれるBouquet（ブーケ）は、熟成によって生まれる香りなのでとても複雑。ヴァニラの他に木樽熟成による香りは、ロースト、チョコレート、コーヒーなどがある。

12 正解 1．「ヴァニラ」「ロースト」などの木樽熟成による香りは第3アロマである

解説 2．⇒ ブーケは第3アロマ

3．⇒ 第2アロマは発酵段階で生まれる香り。熟成に関連するのは第3アロマ

4．⇒ 原料ブドウ由来の香りは第1アロマ

13 ワインの「味わい」に関しての説明で正しいものを1つ選べ。

1. ワインを口に含んだ第一印象を表すのは「バランス」である
2. 「アルコール」によりワインのポテンシャルを判断できる
3. 酸味は味わいのフレッシュ感、バランス、骨格、余韻に大きな影響を与える
4. 「余韻」は味わいにヴォリューム感、刺激性を与える

---

14 ワインの「テクスチュア」を表現する言葉として適切なものを1つ選べ。

1. コンパクトな   2. 澱渕とした
3. シルキーな   4. 噛めるような

---

15 テイスティングで得られた結論から考える必要のないものを1つ選べ。

1. ワインのブランドにこだわる   2. ワインの最適な温度
3. 料理とのペアリング   4. ワインに最適なグラス

---

16 白ワインの味わいを表現するうえで重要な組合せを1つ選べ。

1. 塩味と甘味   2. 塩味と苦味
3. 酸味と甘味   4. 酸味と苦味

---

17 ワインの「タンニン分」を表現する言葉として適切なものを1つ選べ。

1. シャープな   2. 厚みのある
3. フレッシュな   4. ビロードのような

---

18 赤ワインの味を表現する際、酸味と甘味以外に重要な要素を1つ選べ。

1. 塩味   2. 苦味   3. 収斂性   4. アタック

---

19 アロマ化合物の中で、「スミレの香り」と表現される化合物を1つ選べ。

1. Furaneol   2. Geraniol   3. Linalool   4. β-Ionone

13 [正解] 3. 酸味は味わいのフレッシュ感、バランス、骨格、余韻に大きな影響を与える

[解説] 1.「バランス」⇒「アタック」

2.「アルコール」⇒「余韻の持続性」

4.「余韻」⇒「アルコール」

14 [正解] 4. 噛めるような

[解説] テクスチュアは触感及び食感。質感ともいえる。「流れるような」「メロウ」「ジューシー」「噛めるような」「厚みのある」などと表現される。

15 [正解] 1. ワインのブランドにこだわる

[解説] テイスティング後、考えなければならないことは、他にはエアレーションの必要性、TPOを考慮することなどがある。

16 [正解] 3. 酸味と甘味

[解説] 白ワインの味わいの表現は、酸味と甘味の強弱のバランスで変化する。

17 [正解] 4. ビロードのような

[解説] 「ビロードのような」は、熟成が進んでよりきめ細やかなワインに、「シルクのような」は、なめらかな舌触りのワインに用いられる表現。

18 [正解] 3. 収斂性（タンニン分）

[解説] 収斂性とは、口の中が乾いて少し引っ張られるような、歯茎や頬の内側の辺りが「キュッ」と引き締まるような感覚。

19 [正解] 4. β-Ionone（ベータイオノン）

[解説] β-Iononeはスミレの香りを呈する成分であるが、25～50％程度の人がこの香りを感知できないことが報告されている。

③ チーズ

1　ウオッシュタイプのチーズをつくる際に使用するカビ菌を1つ選べ。

1. ペニシリウム・ロックフォルティ　　2. リネンス
3. ペニシリウム・カンディダム

2　次の説明に該当するチーズのタイプを1つ選べ。

「特有の香りとオレンジ色の粘着性のある表皮をつくる」

1. ウオッシュタイプ　　2. シェーヴルタイプ
3. 加熱圧搾タイプ　　4. 白カビタイプ

3　次の説明に該当するチーズのタイプを1つ選べ。

「山羊のミルクを原料としてつくられ、小型のチーズが多いのが特徴であるチーズ」

1. ウオッシュタイプ　　2. シェーヴルタイプ
3. 加熱圧搾タイプ　　4. 白カビタイプ

4　次の説明に該当するチーズのタイプを1つ選べ。

「空気を好むためチーズ内部に小さな穴を所々に開けてつくり、その隙間にそって繁殖するカビ菌を生育させて熟成させる」

1. 加熱圧搾タイプ　　2. 白カビタイプ
3. ウオッシュタイプ　　4. 青カビタイプ

5　加熱圧搾タイプのチーズの中で、加熱する温度を55℃超まで上げるチーズを1つ選べ。

1. Beaufort　　2. Comté
3. Parmigiano Reggiano　　4. Morbier

---

1 **正解** 2. リネンス
　解説　ウオッシュタイプのチーズは、表面にリネンス菌を生育させ、薄い塩水や酒などで洗いながら熟成させるチーズ。

2 **正解** 1. ウオッシュタイプ
　解説　ウオッシュタイプのチーズは、外皮を塩水や酒で洗いながら熟成させたチーズ。リネンス菌がウオッシュタイプ特有のメタンチオールの香りとオレンジ色の粘着性のある表皮をつくる。

3 **正解** 2. シェーヴルタイプ
　解説　シェーヴルタイプのチーズは、組織がもろく、崩れやすいため、比較的小ぶりで様々な形で成形されることが多い。その中で、セル・シュール・シェールは、ポプラの木炭の粉をまぶした円錐台の形としてつくられる。

4 **正解** 4. 青カビタイプ
　解説　青カビタイプのチーズは風味が強烈で味も濃厚、かなり塩味が強く、ややもろい食感となるのが特徴。

5 **正解** 3. Parmigiano Reggiano（パルミジャーノ・レッジャーノ）
　解説　Parmigiano Reggianoの製造過程において、温度を調整しながら55〜56℃を維持すると、砕かれた凝固物が釜の底に溜るという工程が存在する。

6 山岳地帯で造られることが多いチーズのタイプを1つ選べ。

1. 加熱圧搾タイプ　　2. 青カビタイプ
3. パスタフィラータタイプ　　4. 非加熱圧搾タイプ

---

7 ストレーザ協定は何ヵ国で締結したか、1つ選べ。

1. 5　　2. 6　　3. 7　　4. 8

---

8 EUの品質保証マークにおいて、「特定の地理的領域で受け継がれたノウハウに従って生産・加工・製造されたもので、認証条件が最も厳しいカテゴリー」は次のうちどれか、1つ選べ。

1. P.D.O.　　2. P.G.I.　　3. T.S.G.

---

9 青カビタイプのチーズの保存法として最適な方法を1つ選べ。

難

1. 乾燥を防ぐため、アルミホイルなどを使用し、さらに全体をぴったりとラップで覆う
2. クッキングシートのようなものを使用し、包むときはぴったりつけないで、ふわっと余裕を残して包む
3. 光で脂肪が酸化しやすいのでアルミホイルで包む
4. 乾燥は禁物なので、チーズの切り口をしっかりとラップで包んで、さらにジッパー付のビニール袋に入れて密閉する

---

10 牧草地が多くフランス国内における生乳生産量の多くを占める地方を1つ選べ。

必

1. オーヴェルニュ地方　　2. シャラント・ポワトゥー地方
3. ティエラッシュ地方＆フランドル地方　　4. ノルマンディー地方

---

11 フランス、ノルマンディー地方のチーズを1つ選べ。

必

1. Pont-l'Évêque　　2. Brie de Meaux
3. Munster　　4. Langres

---

6 正解 1．加熱圧搾タイプ（ハードタイプ）

解説 長期保存が可能で、大きく重量のあるハードタイプチーズ。製造工程ではセミハードタイプよりも強くプレスをかけることで水分が極端に少なくなり、硬い組織をつくる。

7 正解 4．8

解説 1952年、主要チーズ生産国8ヵ国（フランス、イタリア、スイス、オーストリア、オランダ、デンマーク、スウェーデン、ノルウェー）が「ストレーザ協定」を締結した。

8 正解 1．P.D.O.

解説 P.D.O.（Protected Designation of Origin ／プロテクティッド・ディジグネーション・オブ・オリジン）は原産地呼称保護。

9 正解 3．光で脂肪が酸化しやすいのでアルミホイルで包む

解説 1．⇒ 非加熱圧搾タイプ＆加熱圧搾タイプの保存法

2．⇒ シェーヴルタイプの保存法

4．⇒ ソフトタイプ（白カビタイプ＆ウオッシュタイプ）の保存法

10 正解 4．ノルマンディー地方

解説 チーズ王国として名高いノルマンディー地方。英仏海峡に面するフランスの最北西部で牧草の生育に適しており、バターやチーズなどの加工が盛ん。

11 正解 1．Pont-l'Évêque（ポン・レヴェック）

解説 1．Pont-l'Évêque ⇒ ノルマンディー地方／ウオッシュ・牛

2．Brie de Meaux（ブリ・ド・モー）⇒ イル・ド・フランス地方／白カビ・牛

3．Munster（マンステール）⇒ アルザス地方／ウオッシュ・牛

4．Langres（ラングル）⇒ シャンパーニュ地方／ウオッシュ・牛

12 フランス、イル・ド・フランス地方のチーズを1つ選べ。

必

1. Livarot　　2. Crottin de Chavignol
3. Chaource　　4. Brie de Melun

---

13 フランス、ロワール渓谷地方のチーズを1つ選べ。

必

1. Neufchâtel　　2. Valençay
3. Camembert de Normandie　　4. Mâconnais

---

14 フランス、アルザス地方のチーズを1つ選べ。

必

1. Munster　　2. Selles-sur-Cher
3. Chabichou du Poitou　　4. Charolais

---

15 フランス、ブルゴーニュ地方のチーズを1つ選べ。

必

1. Epoisses　　2. Mont d'Or　　3. Abondance

---

16 フランス、サヴォア地方のチーズを1つ選べ。

必

1. Roquefort　　2. Saint-Nectaire
3. Beaufort　　4. Valençay

---

12 正解 4. Brie de Melun (ブリ・ド・ムラン)

解説 1. Livarot (レヴァロ) ⇒ ノルマンディー地方／ウオッシュ・牛
2. Crottin de Chavignol (クロタン・ド・シャヴィニョル) ⇒ ロワール渓谷地方／シェーヴル・山羊
3. Chaource (シャウルス) ⇒ シャンパーニュ地方／白カビ・牛
4. Brie de Melun ⇒ イル・ド・フランス地方／白カビ・牛

13 正解 2. Valençay (ヴァランセ)

解説 1. Neufchâtel (ヌーシャテル) ⇒ ノルマンディー地方／白カビ・牛
2. Valençay ⇒ ロワール渓谷地方／シェーヴル・山羊
3. Camembert de Normandie (カマンベール・ド・ノルマンディー) ⇒ ノルマンディー地方／白カビ・牛
4. Mâconnais (マコネ) ⇒ ブルゴーニュ地方／シェーヴル・山羊

14 正解 1. Munster (マンステール)

解説 1. Munster ⇒ アルザス地方／ウオッシュ・牛
2. Selles-sur-Cher (セル・シュル・シェール) ⇒ ロワール渓谷地方／シェーヴル・山羊
3. Chabichou du Poitou (シャビシュー・デュ・ポワトゥー) ⇒ シャラント・ポワトゥー地方／シェーヴル・山羊
4. Charolais (シャロレ) ⇒ ブルゴーニュ地方／シェーヴル・山羊

15 正解 1. Epoisses (エポワス)

解説 1. Epoisses ⇒ ブルゴーニュ地方／ウオッシュタイプ・牛
2. Mont d'Or (モン・ドール) ⇒ ジュラ地方／ウオッシュ・牛
3. Abondance (アボンダンス) ⇒ サヴォワ地方／半加熱圧搾・牛

16 正解 3. Beaufort (ボーフォール)

解説 1. Roquefort (ロックフォール) ⇒ オクシタニー地方／青カビ・羊
2. Saint-Nectaire (サン・ネクテール) ⇒ オーヴェルニュ地方／非加熱圧搾・牛
3. Beaufort ⇒ サヴォア地方／加熱圧搾・牛
4. Valençay ⇒ ロワール渓谷地方／シェーヴル・山羊

17 フランス、オーヴェルニュ地方のチーズを1つ選べ。

必

1. Chasource　　2. Cantal
3. Bleu des Causses　　4. Reblochon

---

18 フランス、シャンパーニュ地方のチーズを2つ選べ。

必 難

1. Valençay　　2. Morbier
3. Chaource　　4. Neufchâtel
5. Langres　　6. Picodon

---

19 フランス、ジュラ地方のチーズを2つ選べ。

必 難

1. Brie de Melun　　2. Comté
3. Pont-l'Évêque　　4. Rigotte de Condrieu
5. Neufchâtel　　6. Mont d'Or

---

20 フランス産チーズの中でシェーヴルタイプのチーズを1つ選べ。

必

1. Crottin de Chavignol　　2. Chaource
3. Epoisses　　4. Brie de Meaux

---

21 フランス産チーズの中で白カビタイプのチーズを1つ選べ。

必

1. Abondance　　2. Neufchâtel
3. Picodon　　4. Mont d'Or

---

17 正解 2. Cantal（カンタル）
解説 1. Chaource ⇒ シャンパーニュ地方／白カビ・牛
2. Cantal ⇒ オーヴェルニュ地方／非加熱圧搾・牛
3. Bleu des Causses（ブルー・デ・コース）⇒ オクシタニー地方／青カビ・牛
4. Reblochon（ルブロション）⇒ サヴォワ地方／非加熱圧搾・牛

18 正解 3. Chaource（シャウルス）と5. Langres（ラングル）
解説 1. Valençay ⇒ ロワール渓谷地方／シェーヴル・山羊
2. Morbier ⇒ ジュラ地方／非加熱圧搾・牛
3. Chaource ⇒ シャンパーニュ地方／白カビ・牛
4. Neufchâtel ⇒ ノルマンディー地方／白カビ・牛
5. Langres（ラングル）⇒ シャンパーニュ地方／ウォッシュ・牛
6. Picodon ⇒ ローヌ渓谷地方／シェーヴル・山羊

19 正解 2. Comté（コンテ）と6. Mont d'Or（モンドール）
解説 1. Brie de Melun ⇒ イル・ド・フランス地方／白カビ・牛
2. Comté ⇒ ジュラ地方／加熱圧搾・牛
3. Pont-l'Évêque ⇒ ノルマンディー地方／ウォッシュ・牛
4. Rigotte de Condrieu（リゴット・ド・コンドリュー）⇒ ローヌ渓谷地方／シェーヴル・山羊
5. Neufchâtel ⇒ ノルマンディー地方／白カビ・牛
6. Mont d'Or ⇒ ジュラ地方／ウオッシュ・牛

20 正解 1. Crottin de Chavignol（クロタン・ド・シャヴィニョル）
解説 1. Crottin de Chavignol ⇒ ロワール渓谷地方／シェーヴル・山羊
2. Chaource ⇒ シャンパーニュ地方／白カビ・牛
3. Epoisses ⇒ ブルゴーニュ地方／ウォッシュ・牛
4. Brie de Meaux ⇒ イル・ド・フランス地方／白カビ・牛

21 正解 2. Neufchâtel（ヌーシャテル）
解説 1. Abondance ⇒ サヴォワ地方／半加熱圧搾・牛
2. Neufchâtel ⇒ ノルマンディー地方／白カビ・牛
3. Picodon ⇒ ローヌ渓谷地方／シェーヴル・山羊
4. Mont d'Or ⇒ ジュラ地方／ウオッシュ・牛

22

必

フランス産チーズの中でウオッシュタイプのチーズを1つ選べ。

1. Charolais   2. Baraka
3. Selles-sur-Cher   4. Munster

23

イタリア、ロンバルディア州が主産地のチーズを1つ選べ。

1. Parmigiano Reggiano   2. Taleggio
3. Castelmagno   4. Asiago

24

難

イタリア北部ポー川一帯の地域にて造られるチーズを1つ選べ。

1. Gorgonzola   2. Piave
3. Grana Padano   4. Castelmagno

25

イタリア産チーズでパスタ・フィラータタイプのチーズを1つ選べ。

1. Ragusano   2. Gorgonzola   3. Bra   4. Raschera

26

難

スペイン、バスク&ナバーラ州のチーズを1つ選べ。

1. Queso Manchego   2. Cabrales
3. Torta del Casar   4. Idiazábal

27

Fetaが造られる国を1つ選べ。

1. ギリシャ   2. 英国   3. ドイツ   4. ベルギー

22 正解 4. Munster（マンステール）
[解説] 1. Charolais ⇒ ブルゴーニュ地方／シェーヴル・山羊
2. Baraka ⇒ ブルゴーニュ地方／白カビ・牛
3. Selles-sur-Cher ⇒ ロワール渓谷地方／シェーヴル・山羊
4. Munster ⇒ アルザス地方／ウオッシュ・牛

23 正解 2. Taleggio（タレッジョ）
[解説] 1. Parmigiano Reggiano ⇒ エミリア・ロマーニャ州／加熱圧搾・牛
2. Taleggio ⇒ ロンバルディア州／ソフト（ウオッシュ）・牛
3. Castelmagno（カステルマーニョ）⇒ ピエモンテ州／非加熱圧搾・牛
4. Asiago（アジアーゴ）⇒ ヴェネト州／半加熱圧搾・牛

24 正解 3. Grana Padano（グラナ・パダーノ／加熱圧搾・牛）
[解説] 1. Gorgonzola（ゴルゴンゾーラ）⇒ ロンバルディア州、ピエモンテ州／青カビ・牛
2. Piave（ピアーヴェ）⇒ ヴェネト州／加熱圧搾・牛
4. Castelmagnoは問23を参照

25 正解 1. Ragusano（ラグサーノ／シチリア州／パスタ・フィラータ・牛）
[解説] パスタ・フィラータは生地を保温発酵し、裁断して熱い湯で練って引きのばす製法。
2. Gorgonzolaは問24を参照
3. Bra（ブラ）⇒ ピエモンテ州／非加熱圧搾・牛
4. Raschera（ラスケーラ）⇒ ピエモンテ州／非加熱圧搾・牛

26 正解 4. Idiazábal（イディアサバル）
[解説] 1. Queso Manchego（ケソ・マンチェゴ）⇒ ラ・マンチャ州／非加熱圧搾・羊
2. Cabrales（カブラレス）⇒ 北部／ブルーチーズのカテゴリー・混乳
3. Torta del Casar（トルタ・デル・カサール）⇒ エストレマドゥーラ州／ソフト・羊
4. Idiazábal（イディアサバル）⇒ バスク＆ナバーラ州／非加熱圧搾・羊

27 正解 1. ギリシャ
[解説] ギリシャのマケドニア、トラキア、テッサリア、ギリシャ本土中部、ペロポネソス半島、レスボス島、ケファロニア島で製造されたチーズのみがFeta（フェタ）と呼ばれる。

28 以下のチーズの中で、青カビタイプのチーズを2つ選べ。

必 難

1. Bra　　　2. Cabrales
3. Pont-l'Évêque　　　4. Roquefort
5. Valençay　　　6. Beaufort

---

29 以下のチーズの中で、加熱圧搾タイプのチーズを2つ選べ。

必 難

1. Morbier　　　2. Cantal
3. Parmigiano Reggiano　　　4. Gruyère
5. Picodon　　　6. Gorgonzola

---

30 以下のチーズの中で、乳種が牛乳タイプのチーズを2つ選べ。

必 難

1. Asiago　　　2. Selles-sur-Cher
3. Munster　　　4. Idiazábal
5. Crottin de Chavignol　　　6. Mozzarella di Bufala Campana

---

31 以下のチーズの中で、乳種が羊乳タイプのチーズを2つ選べ。

必 難

1. Queso Manchego　　　2. Valençay
3. Piave　　　4. Abondance
5. Pecorino Romano　　　6. Emmentaler

---

28 正解　2．Cabralesと4．Roquefort
　解説　1．Bra ⇒ イタリア・ピエモンテ州／非加熱圧搾・牛
　2．Cabrales ⇒ スペイン北部／ブルーチーズのカテゴリー・混乳
　3．Pont-l'Évêque ⇒ フランス・ノルマンディー地方／ウオッシュ・牛
　4．Roquefort ⇒ フランス・オクシタニー地方／青カビ・羊
　5．Valençay ⇒ フランス・ロワール渓谷地方／シェーヴル・山羊
　6．Beaufort ⇒ フランス・サヴォア地方／加熱圧搾・牛

29 正解　3．Parmigiano Reggianoと4．Gruyère（グリュイエール）
　解説　1．Morbier ⇒ フランス・ジュラ地方／非加熱圧搾・牛
　2．Cantal ⇒ フランス・オーヴェルニュ地方／非加熱圧搾・牛
　3．Parmigiano Reggiano ⇒ イタリア・エミリア・ロマーニャ州／加熱圧搾・牛
　4．Gruyère ⇒ スイス西部地方／加熱圧搾・牛
　5．Picodon ⇒ フランス・ローヌ渓谷地方／シェーヴル・山羊
　6．Gorgonzola ⇒ イタリア・ロンバルディア州、ピエモンテ州／青カビ・牛

30 正解　1．Asiagoと3．Munster
　解説　1．Asiago ⇒ イタリア・ヴェネト州／半加熱圧搾・牛
　2．Selles-sur-Cher ⇒ フランス・ロワール渓谷地方／シェーヴル・山羊
　3．Munster ⇒ フランス・アルザス地方／ウオッシュ・牛
　4．Idiazábal ⇒ スペイン・バスク＆ナバーラ州／非加熱圧搾・羊
　5．Crottin de Chavignol ⇒ フランス・ロワール渓谷地方／シェーヴル・山羊
　6．Mozzarella di Bufala Campana ⇒ イタリア・カンパーニャ州／パスタ・
　フィラータ・水牛

31 正解　1．Queso Manchegoと5．Pecorino Romano（ペコリーノ・ロマーノ）
　解説　1．Queso Manchego ⇒ スペイン・ラ・マンチャ州／半加熱圧搾・羊
　2．Valençay ⇒ フランス・ロワール渓谷地方／シェーヴル・山羊
　3．Piave ⇒ イタリア・ヴェネト州／加熱圧搾・牛
　4．Abondance ⇒ フランス・サヴォワ地方／半加熱圧搾・牛
　5．Pecorino Romano ⇒ イタリア・ラツィオ州／加熱圧搾・羊
　6．Emmentaler（エメンターラー）⇒ スイス・中部・北東部／加熱圧搾・牛

㉜

料理とワインの相性（ペアリング）

1 ペアリングをするにあたって考慮すべき要素として、適切ではない
ものを1つ選べ。

1. 季節感　　　2. 風土を含めたストーリー
3. 価格重視の割安感　　　4. 料理の格

---

2 自らの著書の中でフランス料理を高級料理・郷土料理などに分類し
_難 た人物を1人選べ。

1. アラン・サンドランス　　　2. アントナン・カレーム
3. キュルノンスキー　　　4. アラン・デュカス

---

3 よいペアリングにおいて、最も重要な要素を1つ選べ。

1. 味付け　　　2. 付け合わせ
3. 加熱法　　　4. 主食材

---

4 食材の質感、風味が率直に出る優しい加熱法を1つ選べ。

1. 蒸す　　　　2. 煮る　　　　3. 燻す　　　　4. 煮る

---

5 ペアリングコースにおけるお客様にとってのメリットとして適切で
はないものを1つ選べ。

1. 飲みたい量を好きなだけオーダーできる
2. 店が選んだ最良のマリアージュを楽しめる
3. 一皿ごとに異なるワインを少しずつ味わえる
4. 予算に悩む必要が少ない

1 　**正解**　3．価格重視の割安感
　解説　ワインと食事をペアリングする際は、それぞれが持つ味の特性をお互いに引き出し合い、最適な組合せになるようにする。

2 　**正解**　3．キュルノンスキー
　解説　キュルノンスキーは、「美食の国フランス」（全28巻）の中で、美食とは高級な宮廷料理ではなく郷土料理の豊かさにこそ素晴らしさがあるということを提唱した。

3 　**正解**　4．主食材
　解説　ペアリングの原点として重要なのはソースより主食材。なぜならソースは主食材のためにあるから。

4 　**正解**　1．蒸す
　解説　食材の持ち味をしっかりと引き出す、食材をしっとり、ふっくらさせるなど、蒸し料理には多くのメリットがある。

5 　**正解**　1．飲みたい量を好きなだけオーダーできる
　解説　ペアリングコースのその他のメリットとしては、ワインの選択に悩む必要がなく考える手間もないことが挙げられる。

ワインの購入・保管・熟成・販売

1 「プリムール」についての説明で正しいものを1つ選べ。

1. ボルドーでの特殊取引。ブドウが収穫された翌々年の春に試飲会を実施しワインを試飲させる
2. 価格を決めたユニオン・デ・グラン・クリュが、順番にインポーターにプリムール価格と数量が提示する
3. 支払いはプリムールを購入した翌年の7月〜翌々年の2月までに完了する
4. 生産者は早く現金を手にするメリットがあり、インポーターはプリムール価格で購入できる

2 指定添加物とはどこの省庁の指定を受けたものかを1つ選べ。

1. 厚生労働省　　2. 総務省
3. 農林水産省　　4. 環境省

3 日本国内において酸化防止剤、保存料として使用する亜硫酸塩のワイン1kgの使用可能量を1つ選べ。

1. 0.2g未満　　2. 0.25g未満
3. 0.3g未満　　4. 0.35g未満

4 日本国内において保存料として認可されているソルビン酸のワイン1kgの使用可能量を1つ選べ。

1. 0.2g以下　　2. 0.25g以下
3. 0.3g以下　　4. 0.35g以下

5 日本へのワインの輸入に関する用語で「蔵出し」にあたるものを1つ選べ。

1. FCA　　2. FOB　　3. CFR (C&F)　　4. Ex Works (EXW)

1 正解 4. 生産者は早く現金を手にするメリットがあり、インポーターはプリムール価格で購入できる

解説 1. 翌々年 ⇒ 翌年
2. ユニオン・デ・グラン・クリュが ⇒ シャトーがネゴシアン経由で
3. 翌年の7月〜翌々年の2月まで ⇒ 年の7月〜翌年の2月まで

2 正解 1. 厚生労働省

解説 指定添加物は、製造、輸入、使用、販売などを認めるものとして厚生労働省の指定を受ける。

3 正解 4. 0.35g未満

解説 原則として食品に使用した添加物は、すべて表示することが義務付けられている。

4 正解 1. 0.2g以下

解説 表示は原則として物質名で記載され、保存料、甘味料などの用途で使用されたものについてはその用途名も併記する。

5 正解 4. Ex Works (EXW)

解説 Ex Works (EXW) は、工場渡条件のこと。買い手は生産者のセラーから自らの費用とリスクで商品を引き取る。
1. FCA (Free Carrier) ⇒ 運送人渡条件。輸出地における輸出通関後の指定場所で輸入者が指定した運送人に荷物を引き渡す条件
2. FOB (Free On Board) ⇒ 本船渡条件
3. CFR (C&F) ⇒「Cost and Freight」の略号で、輸入港までの運賃込条件

6 日本へのワインの輸入に関する用語で「本船渡条件」にあたるものを1つ選べ。

1. CFR (C&F)　　2. FOB
3. Ex Works (EXW)　　4. CIF

---

7 日本へのワインの輸入に関する用語で「CIF」の説明に該当するものを1つ選べ。

1. 買い手は生産者のセラーから自らの費用とリスクで商品を引き取る
2. 輸出者が、輸出港で輸入者指定の船舶に物品を積み込むまでの一切の責任と費用を持つもの
3. 輸入港までの運賃に保険料を加算するという条件

---

8 酒税法、食品衛生法などの規定、また税関の指導により、輸入されたワインに貼付するステッカーで義務表示とされる事項を1つ選べ。

1. 輸出業者名　　2. 有機などの表示
3. アルコール分　　4. 妊産婦の飲酒に対する注意表示

---

9 酒税法、食品衛生法などの規定、また税関の指導により、輸入されたワインに貼付するステッカーで任意表示とされる事項を1つ選べ。

1. 未成年者の飲酒防止の表示　　2. 有機などの表示
3. 輸入業者名　　4. アルコール分

---

10 ワインの保管に関しての説明で正しいものを1つ選べ。

1. 比較的涼しく、温度差の少ない場所、12〜15度の温度が最適
2. 湿度は85％前後が最適。湿度が高すぎると、ラベルにカビなどが発生する場合がある
3. 熟成のため、振動は適度にあったほうがよい
4. ワインのボトルは立てて保存

---

6 **正解** 2. FOB (Free On Board)

〔解説〕 FOBは、輸出者が輸出港で輸入者指定の船舶に物品を積み込むまでの費用や責任を負担するもの。

7 **正解** 3. 輸入港までの運賃に保険料を加算するという条件

〔解説〕 CIFは「Cost, Insurance and Freight」の略号。

1. ⇒ Ex Works (EXW) ／工場渡条件

2. ⇒ FOB ／本船渡条件

8 **正解** 3. アルコール分

〔解説〕 アルコール分は、「度」または「％」と表示する義務表示事項。有機などの表示と、妊産婦の飲酒に対する注意表示は任意表示事項。

9 **正解** 2. 有機などの表示

〔解説〕 有機などの表示は妊産婦の飲酒に対する注意表示とともに任意表示事項。未成年者の飲酒防止の表示、輸入業者名、アルコール分は義務表示事項。

10 **正解** 1. 比較的涼しく、温度差の少ない場所、12 ～ 15度の温度が最適

〔解説〕 2. 85％ ⇒ 70 ～ 75％前後

3. ⇒ 瓶内で静かに熟成しているため、不要な振動は変質の原因

4. ⇒ ワインのボトルは横に寝かして保存

11 熟成速度を左右するワイン中に含まれる要素を1つ選べ。

1. 残存糖分の量　　　2. ソルビン酸の量
3. 亜硝酸塩の量　　　4. L-アスコルビン酸の量

---

12 以下のワインにおいて、飲用するにあたり熟成年数が長いことが適しているワインを1つ選べ。

1. ブルゴーニュ赤　　　2. ボルドー白（甘口）
3. ボルドー赤　　　　　4. シャンパーニュ N.V.

---

13 「原価率 ＝ 当月の原価 □ 売上金額」。□に入るものを1つ選べ。

1. ×　　　2. ÷　　　3. −　　　4. ＋

---

14 あるレストランの1ヵ月間の飲料売上が1,000万円、前月棚卸在庫金額が650万円、当月仕入金額が350万円、当月棚卸在庫金額が620万円だった場合の原価率を1つ選べ。

1. 30%　　　2. 35%　　　3. 38%　　　4. 42%

---

15 前月棚卸在庫金額が500万円、当月の仕入れが200万円、当月の棚卸在庫金額が400万円の店舗で、原価率を30%にする場合の1ヵ月のワイン売上金額を1つ選べ。

1. 900万円　　　2. 1,000万円　　　3. 1,100万円　　　4. 1,200万円

---

16 日本の成人1人あたりのワイン消費量（2021年実績）を1つ選べ。

1. 3.99ℓ　　　2. 3.85ℓ　　　3. 3.67ℓ　　　4. 3.29ℓ

---

17 2022年、スティルワインの輸入状況において、CIF単価が一番安い国を1つ選べ。

1. ポルトガル　　　2. スペイン　　　3. チリ　　　4. イタリア

---

11 **正解** 1. 残存糖分の量
解説 残存糖分の量のほか、有機酸の量、ポリフェノール（アントシアン、フラボノイド、タンニン）の量、アルコール度数、グリセリンなど糖以外のエキス分の量、遊離亜硫酸の量が熟成スピードを左右する。

12 **正解** 2. ボルドー白（甘口）
解説 ボルドーのChateau d'Yquem（シャトー・ディケム）の飲み頃は10～100年も続くとされ、ロバート・パーカーは、1996年に1811年ヴィンテージのChateau d'Yquemを味わいに100点の評点を付けた。

13 **正解** 2. ÷
解説 原価率とは、当月の原価を売上金額で割ったものである。

14 **正解** 3. 38%
解説 （650 + 350 − 620）÷ 1,000 × 100 = 38

15 **正解** 2. 1,000万円
解説 （500 + 200 − 400）÷ 0.3 = 1,000　※0.3 = 30%

16 **正解** 4. 3.29ℓ
解説 2020年度は、3.40ℓ。
※ワイン消費量は、果実酒と甘味果実酒の合計。ちなみに、2023年10月より果実酒・清酒ともに1kℓあたりの酒税額は100,000円。

17 **正解** 3. チリ
解説 CIF単価が一番安いチリは379円／ℓとなる。数量（ℓ）ベースでは、フランスがチリを上回っている。

34

ソムリエの職責とサービス実技

1 ワインの温度に関する記述で、温度を上げた時に感じる味わいとして適切なものを1つ選べ。

1. フレッシュ感が際立つ　2. 酸味がよりシャープな印象となる
3. 熟成感、複雑性が高まる　4. 果実香など第一アロマが際立つ

---

2 ワインの空気接触（開栓後）によって最も期待できる効果を1つ選べ。

1. 樽香が弱まる　2. 複雑性が強まる
3. 還元による影響が強まる　4. フレッシュ感が強まる

---

3 一般的なワインサービス手順で「最後に行うサービス」を1つ選べ。

1. ホストへのワインサービス　2. ホストのテイスティング
3. ソムリエのテイスティング　4. メインゲストへのワインサービス

---

4 スタンダード・シャンパーニュの供出温度として最も望ましいものを1つ選べ。

1. 6～8℃　2. 8～12℃　3. 12～14℃　4. 16～18℃

---

5 ヴィンテージ・ポルトの供出温度として最も望ましいものを1つ選べ。

1. 21～23℃　2. 18～20℃
3. 15～17℃　4. 12～14℃

---

6 食前酒の中でワイン系アペリティフを1つ選べ。

1. Lillet　2. Berger　3. Ouzo　4. Ricard

1 　**正解**　3．熟成感、複雑性が高まる
　解説 「熟成感、複雑性が高まる」は、温度を上げた時に感じる味わい。「フレッシュ感が際立つ」「酸味がよりシャープな印象となる」「果実香など第一アロマが際立つ」のは、温度を下げた時に感じる味わい。

2 　**正解**　2．複雑性が強まる
　解説 早めに開栓して空気に触れさせると、ワインと空気が接触することにより、眠っていたタンニンやブーケを目覚めさせることができる。

3 　**正解**　1．ホストへのワインサービス
　解説 ホストへのサービスは最後に行い、サービス後、ボトルはテーブル上などお客様の見える位置に置く。

4 　**正解**　1．6～8℃
　解説 スタンダード・シャンパーニュの香り・味わいを最大限に活かすには、6～8℃でサーブすることが適切。ただし理想的な温度は、シャンパーニュの熟成年数や種類によっても異なる。

5 　**正解**　2．18～20℃
　解説 ヴィンテージ・ポルトは、10年単位の長い年月をかけて、最長50年ほどの瓶内熟成が期待される。すぐに開けてももちろんおいしいが、数年待ってから飲む方が良い。飲む温度としては18～20℃が望ましい。

6 　**正解**　1．Lillet（リレ）
　解説 Lilletはワイン系アペリティフ。ほかにはDubonnet（デュボネ）、Saint Rafael（サン・ラファエル）、Ambassadour（アンバサダー）などがある。Berger（ベルジェ）、Ouzo（ウーゾ）、Ricard（リカール）はスピリッツ系アペリティフ。

7 食前酒の中でスピリッツ系アペリティフを1つ選べ。

1. Cinzano　　2. Martini　　3. Noilly Prat　　4. Campari

---

8 食前酒のスピリッツの中で、Bitters系のアペリティフを1つ選べ。

〔難〕

1. Ricard　　2. Pernord
3. Fernet Branca　　4. Pastis 51

---

9 シャンパーニュのボトルサイズ「Nabuchodonosor」の容量に該当するものを1つ選べ。

1. 6,000mℓ　　2. 9,000mℓ
3. 12,000mℓ　　4. 15,000mℓ

---

10 ボルドーのボトルサイズで4,500mℓのサイズ名称を1つ選べ。

1. Bouteille　　2. Double-magnum
3. Jéroboam　　4. Impérial

---

11 ボルドーのImpérialボトルの2倍の容量にあたるシャンパーニュのボトルのサイズ名称を1つ選べ。

1. Jéroboam　　2. Balthazar
3. Mathusalem　　4. Réhoboam

---

12 1ヘクタールは約何坪か、1つ選べ。

1. 100坪　　2. 300坪　　3. 1000坪　　4. 3000坪

---

13 1トノーは何リットルか、1つ選べ。

1. 800ℓ　　2. 900ℓ　　3. 1,000ℓ　　4. 1,200ℓ

---

14 1 hℓは何リットルか、1つ選べ。

1. 10ℓ　　2. 100ℓ　　3. 1,000ℓ　　4. 10,000ℓ

7 正解 4. Campari（カンパリ）
解説 Campariはスピリッツ系アペリティフ。ほかにはPernord（ペルノ）、Pastis51（パスティス51）、Amer Picon（アメール・ピコン）などがある。Cinzano（チンザノ）、Martini（マルティーニ）、Noilly Prat（ノイリー・プラット）はワイン系アペリティフ。

8 正解 3. Fernet Branca（フェルネット・ブランカ）
解説 Ricard、Pernord、Pastis 51はすべてAnisés（アニス）系アペリティフ。

9 正解 4. 15,000mℓ（Nabuchodonosor／ナビュコドノゾール）
解説 以下はすべてシャンパーニュのボトルサイズ。
1. 6,000mℓ ⇒ Mathusalem（マチュザレム）
2. 9,000mℓ ⇒ Salmanazar（サルマナザール）
3. 12,000mℓ ⇒ Balthazar（バルタザール）

10 正解 3. Jéroboam（ジェロボアム／4,500mℓ）
解説 以下はすべてボルドーのボトルサイズ。
1. Bouteille（ブテイユ）⇒ 750mℓ
2. Double-magnum（ドゥブル・マグナム）⇒ 3,000mℓ
4. Impérial（アンペリアル）⇒ 6,000mℓ

11 正解 2. Balthazar（バルタザール／12,000mℓ）
解説 ボルドーのImpérialボトルの容量は6,000 mℓ。その倍量にあたる容量12,000 mℓのシャンパーニュのボトルはBalthazar。

12 正解 4. 3000坪
解説 1ヘクタール＝100m×100m≒3000坪

13 正解 2. 900ℓ（＝1トノー／Tonneau）
解説 1トノー ＝ 900ℓ ＝ 1,200本（750mℓ換算）＝ 100ケース（12本入れ換算）

14 正解 2. 100ℓ
解説 hℓはヘクトリットルと読み、ヘクトというのは100倍を表す単位。ちなみにkℓのkは1,000倍の単位なので、1kℓ＝1,000ℓ。

参考文献とウェブサイト

共通
『2024 日本ソムリエ協会 教本』（一社）日本ソムリエ協会、2024
『ワイン用 葡萄品種大事典：1,368品種の完全ガイド』 ジャンシス・ロビンソン他、共立出版、2019
『世界のワイン図鑑 第8版』 ヒュー・ジョンソン他、ガイアブックス、2021
農林水産省 https://www.maff.go.jp/
国税庁 https://www.nta.go.jp/
酒類総合研究所 https://www.nrib.go.jp/
WSET Global https://www.wsetglobal.com/

❶ワイン概論
日本ブドウ・ワイン学会 https://asevjpn.jp/
山梨大学ワイン科学研究センター http://www.wine.yamanashi.ac.jp/
欧州企業ワイン委員会（CEEV） https://www.ceev.eu/

❷酒類飲料概論
日本酒造組合中央会 https://japansake.or.jp/
日本吟醸酒協会 https://www.ginjyoshu.jp/
日本洋酒輸入協会 https://youshu-yunyu.org/
食品安全委員会 https://www.fsc.go.jp/

❸飲料概論
日本ミネラルウォーター協会 https://minekyo.net/
日本紅茶協会 https://www.tea-a.gr.jp/

❹日本
中央果実協会 https://www.japanfruit.jp/
農研機構 https://www.naro.go.jp/

❺アメリカ
米国農務省農業統計局 https://www.nass.usda.gov/
酒類・タバコ税貿易管理局（TTB） https://www.ttb.gov/
Wine Institute https://wineinstitute.org/

❻アルゼンチン

Wines of Argentina　https://www.winesofargentina.org/en/

❼イタリア

『最新 基本イタリアワイン 増補改訂第4版』 林茂、CCCメディアハウス、2018

ブルネッロ・ディ・モンタルチーノワイン生産者協会

https://www.consorziobrunellodimontalcino.it/jp/

フランチャコルタ協会　https://franciacorta.wine/ja/

Consorzio Vino Chianti Classico　https://www.chianticlassico.com/

Regione Piemonte　https://www.regione.piemonte.it/

Vivi Umbria　https://www.viviumbria.org/

❽ウルグアイ

Uruguay Wine　https://uruguay.wine/en/

Instituto Nacional de Vitivinicultura（INAVI）　https://www.inavi.com.uy/

❾英国

英国食品基準庁　https://www.food.gov.uk/

Wines of Great Britain　https://winegb.co.uk/

GOV.WALES　https://www.gov.wales/

❿オーストラリア

オーストラリア・ニュージーランド食品基準機関（FSANZ）　https://www.foodstandards.gov.au/

西オーストラリア州第一次産業・地域開発省　https://www.agric.wa.gov.au/

Australian Wine Research Institute（AWRI）　https://www.awri.com.au/

Wine Australia　https://www.wineaustralia.com/

The University of Adelaide　https://www.adelaide.edu.au/

⓫オーストリア

オーストリア政府観光局　https://www.austria.info/jp/

Austrian Wine Marketing Board　https://www.austrianwine.jp/

⓬カナダ

Wines of Canada　https://winesofcanada.ca/

Wine Growers CANADA　https://www.winegrowerscanada.ca/

⓭ギリシャ

ギリシャ統計局　https://www.statistics.gr/

New Wines of Greece　https://www.newwinesofgreece.com/

⓮クロアチア

VINA Croatia　https://vinacroatia.hr/

⓯ジョージア

National Wine Agency of Georgia　https://www.georgianwine.jp/

Wines of Georgia　https://winesgeorgia.com/

⓰スイス

スイス連邦農業局　https://www.blw.admin.ch/blw/en/

Swiss Wine　https://swisswine.ch/en/

⓱スペイン

スペイン農業漁業食料省　https://www.mapa.gob.es/

Foods and Wines from Spain　http://www.jp.foodswinesfromspain.com/

CAVA規制評議会　https://www.cava.wine/

DOCa Rioja規制評議会　https://riojawine.com/

Sherry Wine　https://www.sherry.wine/

⓲スロヴェニア

スロヴェニア共和国統計局　https://www.stat.si/

I FEEL SLOVENIA　https://www.slovenia.info/en/

⓳チリ

Wines of Chile　https://www.winesofchile.org/

South America Wine Guide　https://southamericawineguide.com/

⓴ドイツ

日本ドイツワイン協会連合会　https://germanwine.jp/

Deutsches Weininstitut　https://www.deutscheweine.de/

㉑ニュージーランド

New Zealand Wine　https://www.nzwine.com/en/

Te Ara　https://teara.govt.nz/en/

㉒ハンガリー

ハンガリーワイン協会　https://hungaryjapan.com/

HUNGARIAN WINE JAPAN　https://hungarian-wine.com/

㉓フランス

国立原産地名称研究所（INAO）　https://www.inao.gouv.fr/

Champagne Fr　https://www.champagne.fr/
Vins Alsace　https://www.vinsalsace.com/
Vins du Jura　https://www.jura-vins.com/
Vin de Bourgogne　https://www.bourgogne-wines.jp/
Vins Rhone　https://www.vins-rhone.com/
Vins de Provence　https://www.vinsdeprovence.com/
Vins de Bordeaux　https://www.bordeaux.com/
Vins du val de Loire　https://www.vinsvaldeloire.fr/

❷④ブルガリア
ブルガリア共和国観光省　https://bulgariatravel.org/
Bulgarian Wine.com　https://bulgarianwine.com/

❷⑤ポルトガル
ポルトガル観光局　https://www.visitportugal.com/ja/
Wines of Portugal　https://winesofportugal.com/en/

❷⑥南アフリカ
Wines of south Africa　https://www.wosa.co.za/
SA Wine Industry Information And Systems（SAWIS）　https://www.sawis.co.za/

❷⑦モルドバ
モルドバ＆ジャパン　https://moldova-and-japan.com/
Wine of Moldova　https://wineofmoldova.com/

❷⑧ルーマニア
ルーマニア政府観光局　https://www.romaniatabi.jp/
WINES OF ROMANIA　https://winesofromania.com/en/

❷⑨ルクセンブルク
AOP-Luxenbourg　https://aop.public.lu/en.html/

❸❸ワインの購入・熟成・保管・販売
厚生労働省　https://www.mhlw.go.jp/
日本貿易振興機構　https://www.jetro.go.jp/
財務省関税局　https://www.customs.go.jp/

著者紹介

藤代浩之
ふじしろ・ひろゆき

(一社) 日本ソムリエ協会認定　シニア・ソムリエ
(一社) 日本ソムリエ協会認定　シニア・ワインアドバイザー
1960年東京都生まれ。大学卒業後、㈱東芝グループに入社。90年にレミー・ジャポン㈱に転職し、東京をメインとする業務用営業でワイン、シャンパーニュ、コニャックの販売に携わる。2002年、ワイン事業への思いからレミー・ジャポン㈱を退社し、メルシャン㈱に入社。ワインとシャンパーニュの販売を主体に東京や名古屋のマーケットで活躍。業務用営業のプロとして多くの料飲店の繁盛を手伝う。その活動の中で、料飲店担当者を対象とする"ソムリエ資格取得対策講座"を酒販店とともに開設。15年3月末、メルシャン㈱を退社し、独自のワインスクールを東京・六本木に開校。講座開設以来、累積400名以上の合格者を輩出。著書に『ワインのゴロ覚え2018/19』(美術出版社刊)がある。

藤代美穂
ふじしろ・みほ

(一社) 日本ソムリエ協会認定　ソムリエ
1964年兵庫県神戸市生まれ。地方テレビ局勤務を経て、酒類飲料業界に転職。レミー・ジャポン㈱のマーケティング部で、コニャックの「Remy Martin」、シャンパーニュの「KRUG」「Charles Heidsieck」「Piper Heidsieck」などの広報・宣伝を担当し、各ブランドの日本進出時におけるプロモーションなどに携わる。結婚、出産、子育て後にソムリエ資格を取得し、夫とともに東京・六本木でワインスクールを主宰。2018年4月から日本テレビ・よみうりカルチャーセンターなどでワイン講座を担当中。著書に『ワインのゴロ覚え2018/19』(美術出版社刊)がある。

(有) ワインクリンクス　　https://www.wineclinks.com

覚えやすく、学びやすい、ソムリエ試験対策問題集　2024年度版
CBT方式に勝つ！　受験のプロが分析した出題高確率の1250問

初版印刷　2024年4月30日
初版発行　2024年5月15日

著者Ⓒ　藤代浩之、藤代美穂
発行者　丸山兼一
発行所　株式会社 柴田書店
　　　　〒113-8477　東京都文京区湯島3-26-9　イヤサカビル
　　　　電話　営業部　03-5816-8282 (注文・問合せ)
　　　　　　　書籍編集部　03-5816-8260
　　　　URL　https://www.shibatashoten.co.jp
印刷・製本　シナノ書籍印刷 株式会社

ISBN 978-4-388-15460-9
Printed in Japan
©Hiroyuki Fujishiro, Miho Fujishiro 2024